JN396284

토마스 아퀴나스의
가톨릭 교리서

'*Opusculum 16, expositio Symboli Apostolorum*', '*Opusculum 7, expositio Orationis Dominicae*',
'*Opusculum 8, expositio Salutationis Angelicae*', '*Opusculum 4, de Decem Praeceptis et Lege Caritatis*' and
'*Opusculum 5, de Articulus Fidei et Ecclesiae Sacramentis*'
preached by St. Thomas Aquinas in 1273 from 《*Opuscula theologica, vol.II: De re spirituali*》(Editio Marietti).

Korean translation copyright ⓒ 2025 Catholic Publishing House

토마스 아퀴나스의 가톨릭 교리서

2024년 12월 12일 교회 인가
2025년 4월 30일 초판 1쇄 펴냄

지은이 · 토마스 아퀴나스
옮긴이 · 정종휴
감수 · 이재룡
펴낸이 · 정순택
펴낸곳 · 가톨릭출판사
편집 겸 인쇄인 · 김대영
편집 · 김지현, 강서윤, 김지영, 박다솜
디자인 · 이경숙, 강해인, 정호진
마케팅 · 임찬양, 안효진, 황희진, 노가영

본사 · 서울특별시 중구 중림로 27
등록 · 1958. 1. 16. 제2-314호
전자우편 · edit@catholicbook.kr
전화 · 1544-1886(대표 번호)
지로번호 · 3000997

ISBN 978-89-321-1950-2 03230

값 34,000원

성경 · 전례문 · 교회문헌 ⓒ 한국천주교중앙협의회, 2025.

이 책은 저작권법에 의해 보호를 받는 저작물이므로 무단 전재와 무단 복제를 금합니다.

가톨릭의 모든 도서와 성물, 디지털 콘텐츠를 '**가톨릭북플러스**'에서 만날 수 있습니다.
https://www.catholicbookplus.kr | (02)6365-1888(구입 문의)

KATECHISMUS
DES HL. THOMAS VON AQUIN

토마스 아퀴나스의 가톨릭 교리서

토마스 아퀴나스 지음 | 정종휴 옮김 | 이재룡 감수

가톨릭출판사

추천의 글

토마스 아퀴나스(1225-1274) 성인은 귀족 출신으로 다섯 살 때 전통 깊은 베네딕토 수도회의 몬테카시노Monte Cassino 수도원에 '봉납자oblatus'로 맡겨져 기본 교육을 받았지만, 가난한 삶을 방편으로 삼고 진리 탐구에 전념하는 혁신적인 탁발수도회(도미니코회)에 입회하였다. 그는 13세기라는 역사상 드문 문화사적 격변기에 당시 막 창안된 '대학(大學, universitas)'이라는 획기적인 교육제도를 주요 수단으로 삼아, 교부들을 통해 전해진 그리스도교의 진리와 고대 그리스 철학, 스토아 윤리, 로마 법철학, 이슬람 종교와 과학 등 당대 유럽에 알려진 인류 문화 전체를 체계적으로 종합하는 업적을 이루었다. 이는 '역사상 가장 위대한 혁명(체스터튼)'이자, 하나의 '새로운 문명(피퍼)'이라 할 만하다. 이런 그에게 교회는 '천사적 박사Doctor

Angelicus', '인류의 스승Doctor Humanitatis', '진리의 사도Apostolus Veritatis', '교회의 빛Lumen Ecclesiae' 등의 찬사를 아끼지 않는다. 그는 49세라는 길지 않은 생애 동안 엄청난 양의 진리 탐구의 결실을 우리에게 남겼는데, 특히 제2차 파리대학 시절부터 나폴리로 이어지는 생애 마지막 5년간은 사도적 소명감을 더욱 강하게 느꼈고, '음식과 수면을 위해서는 그야말로 최소한의 시간만 할애하며(토코)' 마치 불꽃처럼 교육lectio, 연구studium, 토론disputatio, 집필compilatio, 설교praedicatio 등 전방위적 직무에 열정적으로 헌신하였다.

성인은 생애 마지막 시기인 1273년 사순절에 나폴리 시민들을 상대로 매일 신앙 강좌를 열었다. 50년 뒤에 이루어진 시성 과정에서 이 강좌에 참석했던 증언자들은 한결같이, '구름떼처럼 몰려온 시민들의 반응이 참으로 뜨거웠다.'고 전했다. 한 증언자에 따르면 "그것은 마치 하느님께서 토마스 수사의 입을 통해 직접 말씀하시는 것 같았다."고 한다. 방대한 분량의 중세 스콜라학을 체계적으로 정리한 2000년 그리스도교 역사에서 가장 위대한 신학자가 천 마디로 되어 있는 그리스도교 진리를 일반 신앙인을 상대로 간결하고 명료하게 전한 것이다. "먼저 관상觀想하고, 남들에게 전하라Contemplata aliis tradere."는 도미니코 수도회의 기본 모토가 수도자의 생애에 그대로 구현되는 모범적 사례를 토마스 성인의 생애와 활동에서 확인할 수 있다.

토마스 성인의 마지막 가르침이라 할 수 있는 《토마스 아퀴나스의 가톨릭 교리서》에서는 구원에 필요한 가장 기본적인 그리스도교의 핵심 교리를 한 단락으로 압축하고 있다.

"사람이 구원을 받기 위해 꼭 알아야 할 것이 세 가지가 있으니, 곧 마땅히 믿어야[신앙] 할 진리가 무엇인지 알아야 하고, 마땅히 바라야[희망] 할 것이 무엇인지 알아야 하며, 마땅히 행해야[사랑] 할 것이 무엇인지 알아야 합니다. 첫 번째 진리는 그리스도교 신앙의 진수를 압축해 담고 있는 '사도 신경'에서 가르치고, 두 번째 진리는 '주님의 기도'에서 가르치며, 세 번째 진리는 법, 곧 '참사랑의 두 계명'과 '십계명'에서 가르칩니다."(n.1128)

이 귀중한 작품을 번역한 정종휴 교수는 일본 교토대학京都大學에서 법학박사 학위를 받고 평생을 전남대학교에서 민법교수로 봉직했으며 주 교황청 대사를 역임했다. 본 추천자가 유학을 마치고 귀국하자마자 (교의신학을 전공한 원주교구 조규만 주교님과 윤리신학을 전공한 이동익 신부님과 공동으로) 펴낸 책이 600여 쪽에 달하는 번역서 《성 토마스 아퀴나스의 신학대전 요약》이었는데, 정 교수는 그 책의 출간을 그토록 반가워하며, 일본의 토마스 연구 실태와 《신학대전》의 일어 번역 현황을 소상히 알려 주었고, 그 뒤로도 긴밀히 소통하며 우리나라에서의 토마스 작품들의 번역 작업과 보급을 위해 적극적인 도움과 격려를 지속해 왔다.

정 교수는 법학과 신앙의 핵심 연결고리라 할 수 있는 '자연법' 사상을 해명하는 작업을 꾸준히 이어 오는 것은 물론, '우리 시대의 두 교황' 가운데 한 분, 즉 요한 바오로 2세 성인 교황님과 더불어 현대 가톨릭 교회의 쌍벽을 이루는 신학자이자 최고 목자인 라칭거-베네딕토 16세 교황님의 시대 진단과 가르침이야말로 이 극심한 혼돈의 시대에 교회가 나아갈 올바른 방향이라 여겼다. 그래서 그분의 핵심 가르침을 담고 있는 《그래도 로마가 중요하다》(1994)를 필두로 《이 땅의 소금》(2000), 《하느님과 세상》(2004), 《전례의 정신》(2006) 등을 잇달아 번역하기에 이른다. 또 젊은 시절부터 복잡다단하고 세속화의 일로를 걷고 있는 현대의 혼란스러운 사조를 헤쳐 나가는 데 가장 강력하고 효과적인 도구가 있다면 그것은 바로 토마스 성인의 사상이라고 확신하고, 일본의 대표적인 토미스트로 세계적인 명성을 얻고 있던 이나가키 료스케(稻垣良典, 1928-2022) 교수의 《현대 가톨리시즘의 사상》(박영사, 1980)을 번역하여, 관련 자료가 거의 없다시피 하던 시절에 현대 가톨릭 사상의 기본 방향과 개요를 일괄할 수 있도록 큰 디딤돌을 놓았다. 그리고 1995년에는 이나가키 교수가 오랜 시간 연구하고 결과로 내놓은 《토마스 아퀴나스》(새남)를 번역했다. 비록 200쪽에 못 미치는 소책자이지만 토마스 성인이 13세기라는 문화적 격변기 동안 인식론적-존재론적 실재주의라는 독창적이며 혁명적인 형이상학적 통찰을 무기로 당시 그리스도교에 처한 절박한 위기를 어떻게 극복할 수 있었는지 대가다운 필치로 생생하게 해설하고 있는 명작이다. 이는 1879년 레오 13세 교황의 유명한 회칙 〈영원하신 아버지 *Aeterni Patris*〉를 기점으로 20세기에 질송, 마리탱, 파브로, 루슬로, 슈뉘 등 저명한 토미스트들을 중심으로 폭발적으로 전개된 토마스 사상에 관한 연구 결실과, 성인의 선종 700주년(1974년)을 전후로 펼쳐진 제임스 와이스헤이플이나 마우러와 같은 후속 세대들의 연구 결실을 총망라한다는 평가를 할 수 있다.

30년이 지난 현시점에 토마스 성인의 유작이라고 해도 과언이 아닌 《토마스 아퀴나스의 가톨릭 교리서》의 번역은 여러모로 큰 의미가 있다. 라틴어로 번역되어 문자 속에 갇혀 있던 나폴리에서의 사순절 육성 방언 설교를 우리나라의 일반 대중이 알아들을 수 있는 쉬운 우리말로 되살려 내는 작업을 한 셈이니 말이다.

이 책은 인간과 인류의 구원을 위해 육화(肉化)되어 오셔서 말씀과 삶의 모범으로 가르쳐 주신 예수 그리스도의 복음의 진리와 기도하는 법의 요체를 간단 명료하고 맛깔스럽게 해설한다. 신앙의 위기와 가치관의 혼란으로 심각한 위기를 겪고 있는 오늘날 우리나라 신앙인들의 재복음화 또는 새로운 복음화에 밝은 빛과 힘찬 활력을 전해 주리라 확신하며, 탄생 800주년을 맞이하는 토마스 성인의 마지막 가르침을 기쁜 마음으로 추천한다.

한국성토마스연구소 소장

이재룡 신부

옮긴이의 글

I. 가톨릭 신앙의 기본 리듬

가톨릭 신자들에게는 믿고 싶어도 믿어서는 안 될 것이 있고, 믿기 싫어도 믿어야 할 것이 있습니다. 믿어야 할 것은 '사도 신경 Credo'에 있습니다. 소원(희망)은 '주님의 기도 Pater noster'입니다. 처음부터 끝까지 소원으로 가득한 주님의 기도는 우리의 소원이요, 우리 삶의 크고 작은 소원들은 그 연장선에 설 때만 참다운 것이 됩니다. 교회는 믿고 소망하는 것과 더불어 사랑(말, 생각, 행동)도 남다를 것을 요구합니다. 참사랑은 하느님 사랑과 이웃 사랑입니다. 십계명 Decalogus과 교회법은 그 구체화입니다. 십계명과 교회법에서 벗어나면 아무리 아름답고 감동적일지언정 '거짓 사랑'이라고 가르칩니다.

그런데 사람 일이 뜻대로 되는 게 아니기 때문에 보다 잘 믿고 바라고 살 수 있도록 죽는 날까지 돕는 특효약도 있습니다. 그릇된 것을 믿거나 소망하거나 행할 위험에서, 또는 믿었거나 소망했거나 행했을 때, 우리를 구하는 명약은 '기도와 성사'입니다.

'가톨릭 교리'는 그리스도교 초기부터 형성된 '가르침의 핵심'입니다. 한국천주교중앙협의회에서 낸 《가톨릭 교회 교리서》와 그 '요약편'은 제2차 바티칸 공의회의 성과를 반영한 표준 교리서입니다.

II. 조각난 교리의 숙명적 결과

이 교리서 작성에 크게 기여하신 베네딕토 16세 교황님은 공의회 이후 공의회 문헌을 무시한 '공의회의 정신'이란 미명 아래 신앙과 전례가 망가져 '유기적 일체인 신앙 교리'가 '조각난 교리'가 되어 버렸다고 탄식하셨습니다(요셉 라칭거, 《그래도 로마가 중요하다》, 바오로딸, 1994, 84쪽). 원인은 공의회 이후 신학의 붕괴에 있습니다. 신학자들이 현대 사상에 물들어 초월적 진리(교리)를 부정 · 왜곡 · 폐기하는 일이 벌어졌습니다. 우리 주변에는 기본적인 교리를 무시하는 듯한 신학 서적과 논문, 교리서와 강론이 수없이 많습니다. 초월적인 것은 뭐든지 부인하다시피 하는 성직자와 수도자도 많습니다.

신자들 각자의 지적 수준에 합당한 교리 지식을 갖추지 못하면 21세기 현대 문화의 갖가지 이단 · 오류 · 유혹과 싸울 수 없습니다. 교리에 대한 확신이 약해지면 예비자 교리, 기도문, 전례, 성사, 신학교, 사제직, 수도원, 교도권, 해외 선교, 개신교(및 타 종교)로부터의 개종 등 가톨릭 교회의 신앙 전반이 타격을 받습니다. 2023년 통계로 약 597만 명의 한국 가톨릭 신자 가운데 주일미사 참여자 수는 평균 80만 5천 명 수준으로 13.5퍼센트 정도입니다. 젊은이들의 경우는 10퍼센트도 채 안 됩니다. 이와 같은 조직의 미래는 어둡습니다. 신자 수 14억 명을 자랑하는 가톨릭 교회의 국제적 위상이 전보다 훨씬 약해진 것도 숫자만 많지 신앙의 공통 분모(신앙과 전례)가 강하지 못하기 때문이 아니겠습니까. 하지만 우리는 세상 끝까지 복음을 전하라 하신 예수 그리스도의 말씀대로 21세기 '설계도를 잃어버린 공사판 같은' 교회(되프너 추기경)를 살려야 합니다. 그러려면 우선 신앙의 선조들이 피로써 증거한 신앙의 회복, 곧 교리와 전례를 시급히 회복해야 합니다.

III. 천재 신학자의 불꽃 같은 삶

이 책은 토마스 아퀴나스 성인이 21세기의 피곤한 현대인에게 육성으로 전하는 가톨릭 교리 강의입니다. 2024년에 선종 750년이 되고 2025년에 탄생 800년이 되는 성인의 강의가 진선미의 종합과 같은 아름다운 가톨릭 신앙에 든든한 보탬이 되기를 바랍니다.

토마스 아퀴나스는 1224/5년 이탈리아 나폴리 근방 로카세카 성에서 영주의 자녀들 중 막내로 태어났습니다. 다섯 살 때 베네딕토 수도회의 몬테카시노 수도원에서 교육을 받고, 나폴리대학에서 아리스토텔레스 철학을 만납니다. 집안에서는 영주 아들답게 대학을 마치고 집안과 관계가 깊은 베네딕토 수도회의 대수도원장이 되어 안정된 삶을 누리길 바랐지만, 토마스는 다른 뜻을 품었습니다.

13세기에는 그리스도의 가르침을 철저히 실천하며 산중의 수도 생활을 도시, 사람들 사이로 가져오자는 움직임이 일어납니다. '설교자들의 수도회'인 도미니코회는 "복음을 설파할 사람에게는 고도의 학문 연구가 불가결하다"는 생각을 따르고 있었습니다. 토마스는 가족의 반대를 무릅쓰고 도미니코회에 들어갔고, 형들은 토마스의 수도복을 벗기려 했습니다. 형들은 그를 로카세카 성에 감금하고 방에 선정적인 차림의 젊은 여성을 들여보냈습니다. 육체적 충동을 느낀 토마스는 곧장 난로에서 불타는 장작을 꺼내 그 여성을 내쫓았습니다. 그리고 그 장작으로 벽에 십자가를 긋고는 무릎을 꿇고 기도했습니다. 1년여 만에 풀려난 그는 고향을 떠나 파리로 갑니다. 그때 토마스는 갓 스무 살이었습니다. 파리에서 스승 알베르토 마뉴스를 만났고 1248년 그를 따라 쾰른으로 갑니다. 토마스는 쾰른대학 '초대총장'으로 추앙받는 알베르토 밑에서 공부하기 시작합니다. 토마스가 수업 중 주로 침묵으로 일관하다시피 하자 학생들은 '벙어리 황소bos mutus, dumb ox'라는 별명으로 놀렸습니다. 알베르토 교수는 이렇게 말했습니다. "우리는 이 사람을 벙어리 황소라 불렀으나 앞으로 그의 가르침은 세상에 울려 퍼질 것이다."

사제가 된 토마스는 스승을 따라 다시 파리대학으로 와 1256년 신학교수가 됩니다. 몇 년 후 이탈리아로 돌아와 여러 수도원에서 강의하고 집필하다 다시 파리로 돌아갑니다. 하지만 나폴리에 도미니코회 학원 설립의 책임을 맡아 이탈리아로 다시 돌아온 토마스는 교황의 명으로 제2차 리옹 공의회에 참석하러 가는 길에 병을 얻어 1274년 포사노바에서 선종합니다. 이렇다 할 교통수단이 없던 당시에 나폴리에서 파리까지 가느라 알프스를 두 번 넘었고, 파리에서 로마로, 나폴리로 돌아오느라 다시 알프스를 두 번 넘었습니다.

Ⅳ. 혼란기일수록 토마스를 바라봐야

무엇이 토마스로 하여금 이러한 고행을 무릅쓰게 했을까요. 그것은 바로 베리타스veritas, '진리'에 대한 열망 때문이었습니다. 진리란 우리가 알건 모르건, 인정하건 부인하건 '참으로 있는 것'입니다. 진리란 우리에게 주어져 있는 것이며 우리가 전율 속에 발견하는 것이지 다수결로 결정할 수 있는 것이 아닙니다(베네딕토 16세 교황). 모든 게 다 진리에 달려 있습니다. '진리를 바라보려고 날아오르는 두 날개'가 '신앙과 이성fides et ratio'입니다. 토마스는 "이성의 빛과 신앙의 빛은 둘 다 하느님에게서 오는 것이고, 따라서 양자 사이에는 어떠한 모순도 있을 수 없다."고 논증했습니다(요한 바오로 2세 교황).

트리엔트 공의회 교부들은 《신학대전》에서 의견·근거·해답을 구했고(레오 13세) 제2차 바티칸 공의회에 기여한 신학자들의 작업도 토미즘 철학의 부흥의 결실이었습니다(성 요한 바오로 2세). 《가톨릭 교회 교리서》도 토마스의 연구 성과와 밀접한 관계가 있습니다.

토마스는 1273년 사순절 동안 나폴리의 산 도메니코 마죠레 성당에서 교리를 강의했습니다. 라틴어로 강의하고 집필하던 그가 고향 사람들을 위해 그 지방 방언으로 쉽게 풀이했고 그것을 제자들이 정리한 것이 《토마스 아퀴나스의 가톨릭 교리서》입니다.

토마스 연구의 최고 전문가 이재룡 신부님(한국성토마스연구소장)께서는 '감수'의 단계를 넘어 번역상의 오류 지적 외에 라틴어 표준본에 맞춰 내용을 보충해 주셨으며, 토마스 문헌 일련번호를 붙여 주셨습니다. 가톨릭출판사 사장 김대영 신부님께서는 이 책의 뒷부분에 '요점 정리'가 들어갈 수 있게 해 주셨습니다. 750년 전 나폴리 대성당에서 한 성인의 강의가 21세기 한국어로 더 잘 태어날 수 있도록 도움을 주신 두 분 신부님께 깊은 사의를 표합니다.

독자 여러분께서는 토마스의 문장과 문장 사이에 숨겨진 천재성, 심오한 사상과 명료한 가르침을 엿볼 수 있을 것입니다. 천재 신학자가 전하는 고귀한 진리에 귀를 기울이며, 영롱한 빛을 감추고 있는 오래된, 그러나 늘 새로운 보물을 음미하시기 바랍니다. 가톨릭 교회에 대한 사랑이 샘솟을 것입니다. 크고 작은 개념들이 질서 정연하게 전개되고 있는 이 책을 공들여 읽으면 읽을수록, 그 내용의 풍요로움이 더해져서 우리 각자의 영혼을 천당으로 이끄는 데 도움이 되지 않을까 기대해 봅니다.

2025년 3월 7일
정 종 휴

일러두기

1. 토마스 아퀴나스의 보고록

토마스 아퀴나스의 작품들은 《신학대전》과 같이 그가 직접 저술한 것도 있지만, 그의 제자들이 그의 강의와 설교를 정리하여 세상에 알린 것도 적지 않다. 이 중에서 토마스가 직접 교열한 것을 '강의록Lectura'이라 하고, 그렇지 않은 것을 '보고록Reportatio'이라 하는데, 보고록의 대표적인 저작물이 바로 이 책 《토마스 아퀴나스의 가톨릭 교리서》이다. 이 책은 다음과 같이 이루어져 있다.

- Opusculum 16, expositio Symboli Apostolorum(사도 신경 풀이)
- Opusculum 7, expositio Orationis Dominicae(주님의 기도 풀이)
- Opusculum 8, expositio Salutationis Angelicae(성모송 풀이)
- Opusculum 4, de Decem Praeceptis et Lege Caritatis(참사랑의 두 계명)
- Opusculum 5, de Articulus Fidei et Ecclesiae Sacramentis(십계명)

2. 나폴리 방언을 라틴어로 옮김

1272년 파리를 떠나 나폴리대학 신학 교수로 부임한 토마스는 1273년 사순절 동안 나폴리의 산 도메니코 마조레 성당에서 학생들과 일반 신자들을 대상으로 16, 7, 8, 4, 5를 강의하여 특별한 감동을 일으켰다. 나폴리 지역 방언으로 된 일련의 강의를 라틴어로 옮긴 이는 주로 토마스가 신뢰하는 비서 레지날드 피페르노(Reginaldus di Piperno, 1230-1290)였다.

토마스는 그해 12월 6일 성 니콜라오 주교 기념일 미사 중 '이상한 변화를 느끼고' 그 후로는 집필하거나 구술하는 일을 모두 그만두었다. 《신학대전》에 '고해성사' 부분을 집필하려던 순간에 펜을 놓아 버린 것이다. 레지날도가 놀라서 몇 번이나 계속할 것을 요청했지만 "난 못해."라는 말만 되풀이할 뿐이었다.

"레지날도, 난 더 못 쓰겠어. 지금까지 내가 쓴 것은 내가 본 것과 내게 보여 주신 데 비하면 지푸라기 같은 거라네."

토마스의 '신비 체험과 절필'은 가톨릭 교회사에서 유명한 대목으로 꼽힌다. 이듬해 2월 토마스는 리옹에서 열리는 공의회에 참석차 나폴리를 떠났으나 병이 심해져 포사노바 수도원에서 3월 7일 아침 선종한다.

3. 토마스 아퀴나스 강의의 특징

《토마스 아퀴나스의 가톨릭 교리서》는 그의 마지막 저작물이라 할 만하다. 아울러 이 강의는 토마스 신학 사상의 요약이며 특히 그리스도교 교리 교육의 모범적인 예를 보여 준다. 사도 신경 풀이 중 우상 숭배 발생의 여러 가지 이유처럼 《신학대전》에는 포함되지 않은 설명 방식도 선보인다.

성인은 바오로와 아우구스티노(Augustinus, 354-430)처럼 그리스도교를 믿음信 · 희망望 · 사랑愛으로 요약하며, 삶의 궁극 목적은 구원이라 전했다. 믿음 · 희망 · 사랑은 인류 구원에 필요한 세 가지 덕목이다. 이 가운데 우리가 믿어야 할 지식은 '사도 신경'에, 희망해야 할 지식은 '주님의 기도'에, 행해야 할 지식은 '법', 특히 '참사랑의 두 계명과 십계명'에 있다.

토마스는 듣는 이의 이해 수준에 맞춰 쉽고 간단하게 요점을 이야기했다. 한 사람 한 사람에게 말하듯이 정치한 논의를 생략하고, 이해하기 쉽도록 비근한 것과 관심이 큰 것부터 설명했다. 신앙의 네 가지 효과를 설명할 때, 하느님의 존재를 난롯불의 예로 들었던 것처럼 말이다.

토마스는 설명할 때 근본 개념과 원리를 명확히 제시한다. 예컨대, 신앙 개조에 관하여 성경, 교회의 가르침, 교부, 이성의 근거를 제시하고, 또는 이단에 대해서도 그 오류의 근본 원리를 명시한다. 신앙의 진리를 말할 때는 그에 반하는 사상과의 공통점과 유사점, 다른 점을 명확히 제시한다.

토마스는 자신의 신학 사상의 특징인 교의와 윤리, 이론과 실천의 통일을 관철한다. 예컨대, 전능하신 하느님을 믿는다면, 또는 그리스도가 이렇게 하셨음을 믿는다면, 그 신앙을 삶 속에 생각과 말과 행동으로 나타내야 하는 것이다. 신앙의 진리가 삶으로 드러나야 함을 강조하는 것이다.

4. 성경 인용

토마스 아퀴나스는 강의할 때 불가타 성경(라틴어)과 '파리본'이라 통칭되는 텍스트를 아주 많이 인용했다. '파리본'은 불가타 성경의 여러 판본 중 하나로, 주로 13세기와 14세기 동안 유럽에서 사용되었다. 파리본은 불가타 성경의 전통적인 텍스트를 따르면서도, 특정한 지역적 또는 교회의 필요에 따라 수정된 내용이나 주석을 포함하고 있다.

성경이나 다른 텍스트의 인용은 온전히 토마스의 기억에 의한 것이었다. 한 번 보면 모두 외워 버린다는 토마스지만, 그 강의에는 당시의 전례문에 쓰이던 성경 어구가 잘못 인용되기도 했다. 그래서 원문의 성경 인용은 지금의《성경》과 같지 않은 곳이 많고, 또 인용되는 성경 이름과 장, 절의 숫자 실수도 적지 않다. 이러한 것들은 이 책의 여러 번역서들을 참고하여, 현재 우리가 쓰고 있는 한국천주교중앙협의회《성경》에 맞춰 표기하려 했다. 이 책에 인용된 성경의 내용이 현재 한국에서 쓰이는《성경》과

의미가 다를 경우에는 '(*성경 이름, 장, 절 참조)' (예: *욥 1,2 참조) 방식으로 표시하였다.

성경을 통해 교리의 정통성을 확보한 토마스 아퀴나스의 가르침을 독자들이 더욱 깊이 이해하길 바란다.

5. 번역 대본
이 책은 1882년 스위스 루체른에서 나온 독일어판을 번역한 것이다.

* Katechismus des hl. Thomas von Aquin (oder Erklärung des apostolischen Glaubensbekenntnisses, des Vater unser, Ave Maria und der zehn Gebote Gottes) Übersetzt und mit Anmerkungen versehen von A. Portmann, Professor der Theologie, Subrgens am basel'schen bischöflichen Priesterseminar, und X. Kunz, Direktor des luzernischen Lehrerseminars, Mitglieder der ehemaligen Thomas-Akademie zu Luzern(Verlag der Gebrüder Räber, Luzern, 1882)

토마스 아퀴나스의 대가 이재룡 신부님께서는 이 번역 텍스트를 최종적으로 라틴어 '마리에티Marietti판' 《토마스 아퀴나스 성인의 교리》에 맞추어 주셨다. 라틴어 마리에티판은 토마스 저작의 비판본인 레오판을 대본으로 한 것이다. 신부님께서는 여러 해 전부터 토마스 아퀴나스 성인의 불후의 걸작 《신학대전》의 '라틴어-한국어' 대역판(총 72권)의 완간에 전력을 투구하고 계신다. 강원도 산골에서 벌써 몇 년째 고3 수험생 같은 나날을 보내시는 가운데 참으로 귀한 시간을 내시어 이 교리서의 내용을 점검해 주셨고 '일련번호'(일러두기 6번 참고)를 붙여 주셨다. 신부님의 손길로 한국어판은 독일어판보다 라틴어판에 가까운 것이 되지 않았을까 독자들께 조심스럽게 전할 수 있어 흐뭇하다.

6. 일련번호

오늘날 토마스 연구자들이 가장 널리 활용하고 있는 토마스 아퀴나스 저작 전집은 휴대와 사용에 독보적으로 편리한 마리에티판editio Marietti이다. 마리에티판에는 작품의 단락마다 일련번호가 붙어 있는 경우가 있다. 예컨대 우리 책에서 '860'으로 시작하는 숫자가 그러하다. 이것은 성경의 장-절처럼 지적하고 찾아보고 인용하기 편리한 '구분 번호'이다. 이 책 전체에 이 번호를 붙여 주신 이재룡 신부님의 설명을 간단히 정리하는 것은 토마스의 다른 작품을 이해하는 데에도 도움이 될 것이다.

토마스 시대 당시 대학교수의 주요 활동 가운데 하나였던 공개토론회는 다음과 같은 방식으로 전개되었다.

① 반론들objectiones: 주제에 대해 간결한 삼단논법적 구조를 지님
② 재반론sed contra: 그와 정반대되는 논거 제시
③ 발표자의 답변respondeo: 비교적 상세하게 전개
④ 해답solutio: 앞에 제기된 반론들 하나하나에 답함

토마스의 수많은 작품은 '토론 전개의 기본 틀과 '집필된 것인지 아닌지'에 따라 두 종류로 구분된다.

첫째, 《토론문제집》들과 《신학대전》과 《명제집 주해》 등과 같은 작품은 위와 같은 토론 전개의 틀을 기본으로 삼고 집필된 것이다. 마리에티판에서는 이 부류에 속하는 작품들에는 일련번호를 붙이지 않았다. 토론회의 기본 틀을 따르기 때문에 지적과 인용이 어렵지 않기 때문이다.

둘째, 토론 전개의 틀을 따르지 않고 집필된 작품들이 있다. 이를테면 《대이교도대전》과 《신학요강》 등의 작품과 성경 주해서들, 그리고 아리스토텔레스, 보에티우스, 위디오니시우스 등의 고전들에 대한 주해 작품들, 그리고 분량이 적은 '소품들opuscula'들이 포함된다. 마리에티판에서는 이 부류에 속하는 작품들에 대해, 지적과 인용과 찾기가 쉽도록 단락마다 일

련번호를 매겼다. 이 가운데 마리에티판에서는 분량이 적은 여러 소품들을 철학과 신학으로 나눠, 신학 소품들은 다시 교의-윤리 관련 소품들과 영성 관련 소품들로 나눠, 《철학소품집Opuscula philosophica》 한 권과 《신학소품집Opuscula theologica》 두 권, 모두 합쳐 세 권의 소품집으로 출판하였다. 출판사는 각 소품집을 마치 하나의 단행본처럼 간주하여 첫 작품의 첫 단락부터 끝까지 일련번호를 매겼다. 《토마스 아퀴나스의 가톨릭 교리서》에 소개된 다섯 편의 보고록은 《신학소품집, 제2권: 영성 관련 작품집Opuscula theologica, vol.II: De re spirituali》에 속한다.

7. 번역상의 유념 사항과 주석

토마스의 강의는 750년 전 이탈리아 나폴리에서 이루어진 것이다. 당연히 시대적 제약을 받는 설명이 들어 있다. 예를 들면 당시에는 돈을 빌려 주고 이자 받는 것을 금기시했다. 또 유다인에 관한 표현이라든가 21세기 현대인의 사고와 어울리기 힘든 표현도 눈에 띈다. 이 번역에서는 필요에 따라 생략하거나 표현을 일부 손질했다. 또 《신학대전》 등 직접 관련된 곳과 등장인물에 대한 내용을 넣은 각주가 여럿 있다. 독일어판 '원주' 외에는 역자가 독자의 편의를 위해 임의로 붙인 것이다.

8. 원서와 순서가 다른 '주님의 기도'와 '십계명'

원서의 '주님의 기도'는 '우리 아버지' 다음에 '하늘에 계신'이 이어진다. 이는 우리말과 어순이 다른 데에서 오는 차이이므로, 이 책에는 우리말 기도문에 따라 '하늘에 계신' 다음에 '우리 아버지'를 실었다. 또 토마스는 '남의 재물을 탐내지 마라.'와 '남의 아내를 탐내지 마라.' 순으로 십계명을 설명했지만, 이 책은 《가톨릭 기도서》에 수록된 순서에 맞춰 실었다.

차 례

추천의 글   05
옮긴이의 글   10
일러두기   16

제1장
사도 신경

I 들어가는 말: 신앙 일반에 관하여
신앙의 이로움   36
신앙이 주는 분별력   39

II 12개 신조
제1신조   한 분이신 하느님을 저는 믿나이다   42
           전능하신 천주 성부 천지의 창조주를 저는 믿나이다   49
제2신조   그 외아들 우리 주 예수 그리스도님   58
제3신조   성령으로 인하여 동정녀 마리아께 잉태되어 나시고   68

제4신조	본시오 빌라도 통치 아래서 고난을 받으시고	
	십자가에 못 박혀 돌아가시고 묻히셨으며	77
제5신조	저승에 가시어 사흘날에	
	죽은 이들 가운데서 부활하시고	87
제6신조	하늘에 올라 전능하신 천주 성부 오른편에 앉으시며	101
제7신조	그리로부터 산 이와 죽은 이를	
	심판하러 오시리라 믿나이다	107
제8신조	성령을 믿으며	116
제9신조	거룩하고 보편된 교회와	123
제10신조	모든 성인의 통공을 믿으며 죄의 용서와	
	(성인들의 공동체, 죄 사함)	131
제11신조	육신의 부활을 믿으며	141
제12신조	영원한 삶을 믿나이다. 아멘	148
사도 신경의 핵심 내용		155

제2장
주님의 기도와 성모송

I 주님의 기도

들어가는 말	163
하늘에 계신	170
우리 아버지	176
첫 번째 소원 아버지의 이름이 거룩히 빛나시며	181

두 번째 소원	아버지의 나라가 오시며	186
세 번째 소원	아버지의 뜻이 하늘에서와 같이 땅에서도 이루어지소서!	192
네 번째 소원	오늘 저희에게 일용할 양식을 주시고	200
다섯 번째 소원	저희에게 잘못한 이를 저희가 용서하오니 저희 죄를 용서하시고	206
여섯 번째 소원	저희를 유혹에 빠지지 않게 하시고	213
일곱 번째 소원	악에서 구하소서. 아멘	221
주님의 기도 핵심 내용		225

II 성모송
천사의 인사   229

제3장
두 가지 참사랑의 법과 하느님의 십계명

I 두 가지 참사랑의 법
들어가는 말   247
사랑의 법에 관하여   252
하느님 사랑에 관하여   265
이웃 사랑에 관하여   272

II 십계명
들어가는 말   285

제1계명	한 분이신 하느님을 흠숭하여라	**286**
제2계명	하느님의 이름을 함부로 부르지 마라	**295**
제3계명	주일을 거룩히 지내라	**304**
제4계명	부모에게 효도하여라	**318**
제5계명	사람을 죽이지 마라	**331**
제6계명	간음하지 마라	**345**
제7계명	도둑질을 하지 마라	**354**
제8계명	거짓 증언을 하지 마라	**361**
제9계명	남의 아내를 탐내지(갈망하지) 마라	**372**
제10계명	남의 재물을 탐내지 마라	**378**
십계명의 핵심 내용		**382**

《토마스 아퀴나스의 가톨릭 교리서》요점 정리   **384**

제1장

사도 신경

사도 신경

전능하신 천주 성부,
천지의 창조주를 저는 믿나이다.
그 외아들 우리 주 예수 그리스도님
성령으로 인하여 동정 마리아께 잉태되어 나시고
본시오 빌라도 통치 아래서 고난을 받으시고
십자가에 못 박혀 돌아가시고 묻히셨으며
저승에 가시어 사흘날에
죽은 이들 가운데서 부활하시고
하늘에 올라 전능하신 천주 성부
오른편에 앉으시며
그리로부터 산 이와 죽은 이를
심판하러 오시리라 믿나이다.
성령을 믿으며
거룩하고 보편된 교회와
모든 성인의 통공을 믿으며
죄의 용서와 육신의 부활을 믿으며
영원한 삶을 믿나이다.
아멘.

Credo

Credo in Deum Patrem omnipoténtem,

Creatórem cæli et terræ,

et in Iesum Christum, Fílium eius únicum,

Dóminum nostrum,

qui concéptus est de Spíritu Sancto,

natus ex María Vírgine,

passus sub Póntio Piláto,

crucifixus, mórtuus, et sepúltus,

descéndit ad ínfernos,

tértia die resurréxit a mórtuis,

ascénit ad cælos,

sedet ad déxteram Dei Patris omnipoténtis,

inde ventúrus est iudicáre vivos et mórtuos.

Credo in Spíritum Sanctum,

sanctam Ecclésiam cathólicam,

sanctórum communiónem,

remissiónem peccatórum,

carnis resurrectiónem,

vitam ætérnam. Amen.

니케아-콘스탄티노폴리스 신경

한 분이신 하느님을 저는 믿나이다.

전능하신 아버지,

하늘과 땅과

유형무형한 만물의 창조주를 믿나이다.

또한 한 분이신 주 예수 그리스도,

하느님의 외아들

영원으로부터 성부에게서 나신 분을 믿나이다.

하느님에게서 나신 하느님,

빛에서 나신 빛

참 하느님에게서 나신 참 하느님으로서,

창조되지 않고 나시어

성부와 한 본체로서

만물을 창조하셨음을 믿나이다.

성자께서는 저희 인간을 위하여,

저희 구원을 위하여

하늘에서 내려오셨음을 믿나이다.

또한 성령으로 인하여

동정 마리아에게서 육신을 취하시어

사람이 되셨음을 믿나이다.

본시오 빌라도 통치 아래서

저희를 위하여

십자가에 못박혀 수난하고 묻히셨으며

성서 말씀대로 사흘날에 부활하시어

하늘에 올라

성부 오른편에 앉아계심을 믿나이다.

그분께서는 산 이와 죽은 이를 심판하러

영광 속에 다시 오시리니

그분의 나라는 끝이 없으리이다.

또한 주님이시며

생명을 주시는 성령을 믿나이다.

성령께서는 성부와 성자에게서 발하시고

성부와 성자와 더불어

영광과 흠숭을 받으시며

예언자들을 통하여 말씀하셨나이다.

하나이고 거룩하고 보편되며

사도로부터 이어오는 교회를 믿나이다.

죄를 씻는 유일한 세례를 믿으며

죽은 이들의

부활과 내세의 삶을 기다리나이다.

아멘.

Credo

Credo in unum Deum,

Patrem omnipoténtem,

factórem cæli et terræ,

visibílium ómnium et invisibílium.

Et in unum Dóminum Iesum Christum,

Fílium Dei Unigénitum,

et ex Patre natum ante ómnia sǽcula.

Deum de Deo,

lumen de lúmine,

Deum verum de Deo vero,

génitum, non factum, consubstantiálem Patri:

per quem ómnia facta sunt.

Qui propter nos hómines

et propter nostram salútem

descéndit de cælis.

Et incarnátus est de Spíritu Sancto

ex María Vírgine, et homo factus est.

Crucifíxus étiam pro nobis sub Póntio Piláto;

passus et sepúltus est,

et resurréxit tértia die, secúndum Scriptúras,

et ascéndit in cælum, sedet ad déxteram Patris.

Et íterum ventúrus est cum glória,

iudicáre vivos et mórtuos,

cuius regni non erit finis.

Et in Spíritum Sanctum, Dóminum et vivificántem:

qui ex Patre Filióque procédit.

Qui cum Patre et Fílio

simul adorátur et conglorificátur:

qui locútus est per prophétas.

Et unam, sanctam, cathólicam

et apostólicam Ecclésiam.

Confíteor unum baptísma

in remissiónem peccatórum.

Et exspécto resurrectiónem mortuórum,

et vitam ventúri sǽculi.

Amen.

I

들어가는 말: 신앙 일반에 관하여

우리가 구원을 받기 위해서는 '무엇을 믿어야 하는지', '무엇을 원해야 하는지', '무엇을 해야 하는지', 이 세 가지를 알아야 합니다. 첫 번째는 교회의 전승으로 내려 온 신앙 고백의 가르침에서, 두 번째는 주님의 기도에서, 세 번째는 십계명에서 배울 수 있습니다.[1]

860   그리스도인에게 가장 필요한 것은 신앙[2]입니다. 신앙이 없는 그리스도인은 존재할 수 없습니다.

---

1   이는 원문의 십계명의 시작 부분에서 따온 것이다. 토마스 성인의 세 가지 기도문 해설은 서로 맞물려 있으며, 신앙 고백으로 시작한다. 그것은 이 내용이 op. 4 앞이 아니라 op. 6 앞에 놓인 이유일 것이다. 이 내용은 옛날부터 전해지는 아우구스티노식을 따랐다(Aug. Enchirid. cp. 3 참조).

2   《신학대전》 제2부 제2편 제3문 제2절.

신앙의 이로움

신앙이 주는 이로움은 네 가지입니다.

1) 하느님과 결합

성경은 이것을 결혼에 비유합니다. "신앙 속에서 너와 약혼하겠다."(*호세 2,21 참조) 우리는 세례를 받을 때 '하느님을 믿느냐'라는 사제의 질문에 "예, 믿습니다."라고 신앙 고백부터 합니다. 세례는 믿음의 성사 중 첫째입니다.[3] 주님께서 이렇게 말씀하셨습니다. "믿고 세례를 받는 이는 구원을 받고 믿지 않는 자는 단죄를 받을 것이다."(마르 16,16) 신앙 없는 세례는 아무 소용이 없고, 신앙 없는 이가 하느님 마음에 들기는 어렵습니다. "믿음이 없이는 하느님 마음에 들 수 없습니다."(히브 11,6) 아우구스티노 성인도 "영원불변의 진리를 인정하지 않는다면 아무리 훌륭한 미덕이라도 거짓에 불과하다"[4]라고 했습니다.

---

[3] 《신학대전》 제3부 제65문 제2절.
[4] 아우구스티노(Augustinus, 354-430): 초대 그리스도교 교부, 주교, 성인, 교회박사. 가톨릭, 개신교, 정교회 모두에서 추앙받는다. 《고백록》, 《신국론》, 《삼위일체론》 등 수많은 저작을 남겼다. 토마스 아퀴나스도 이 교리에서 《성경》 다음으로 아우구스티노의 저작을 많이 인용한다.

2) 영원한 생명의 시작

861 신앙이 주는 두 번째 이로움은 영원한 생명의 시작, 곧 하느님을 알아보기 시작하는 데에 있습니다. 주님께서는 "영원한 생명이란 홀로 참하느님이신 아버지를 알고 아버지께서 보내신 예수 그리스도를 아는 것입니다."(요한 17,3)라고 하셨습니다. 하느님을 알아차리는 일은 신앙으로 시작해서 영원한 생명을 얻게 되는 것, 즉 구원으로 완성됩니다. 성경에서도 "믿음은 우리가 바라는 것들의 보증"(히브 11,1)이라고 알려 줍니다. 신앙을 통해 하느님을 알게 되는 이들은 천국에서 누리는 '참행복beatitudo'에 닿을 수 있습니다.[5] "보지 않고도 믿는 사람은 행복하다."(요한 20,29)

3) 우리 삶의 길잡이

862 신앙이 주는 세 번째 이로움은 우리가 바르게 사는 데 필요한 것을 알려 준다는 것입니다. 신앙은 우리를 바르게 이끌어 주는 길잡이입니다. '좋은 삶'을 살려면 올바로 사는 데 꼭 필요한 게 무엇인지 알아야 합니다. 이 모든 것을 스스로 알아내야 한다면, 도저히 그러지 못하거나, 알게 되더라도 시간이 많이 걸릴 것입니다. 하

---

[5] 《신학대전》 제2부 제1편 제2문 제8절 답변.

지만 신앙은 우리가 알아야 할 모든 것을 알려 줍니다. 또 신앙은 선한 이에게 상을 주시고 악한 이를 벌하시는 한 분이신 하느님의 존재를 알게 하는 힘입니다. "땅이 주님을 앎으로 가득"(이사 11,9)하리라는 예언자의 이야기 또한 신앙으로 말미암은 것이지요.

4) 유혹의 극복

863 신앙이 주는 네 번째 이로움은 유혹의 극복입니다. "성인들은 믿음으로 온갖 유혹을 이겨 냈습니다."(*히브 11,33 참조) 유혹은 마귀나 육신의 욕망에서 비롯합니다. 마귀는 사람을 부추겨 하느님의 말씀을 거역하게 만듭니다. 하지만 우리는 신앙으로 여러 유혹을 이겨 낼 수 있습니다. 하느님께서 만물의 주인이며, 하느님의 말씀대로 살아야 한다는 깨달음은 신앙으로 얻게 되는 선물입니다. 베드로 사도는 일찍이 "정신을 차리고 깨어 있도록 하십시오. 여러분의 적대자 악마가 으르렁거리는 사자처럼 누구를 삼킬까 하고 찾아 돌아다닙니다."(1베드 5,8)라고 이야기했습니다.

가끔 세상은 행운으로 꾀거나 불행으로 겁주는 방식으로 우리를 유혹합니다. 하지만 신앙은 다른 삶, 더 나은 삶을 보여 줍니다. "세상을 이긴 그 승리는 바로 우리 믿음의 승리입니다."(1요한 5,4) 아울러 신앙이 유혹보다 더 큰 악인 지옥을 보여 주는 방법도 있습니다.

육신은 찰나의 욕망으로 우리를 유혹하지만 신앙은 허락되지 않은 이 욕망에 골몰하다가 영원한 행복을 잃게 된다는 것을 깨닫게 합니다. 흔들리기 쉬운 우리에게 성경은 이렇게 말합니다. "무엇보다도 믿음의 방패를 잡으십시오."(에페 6,16)

신앙이 주는 분별력

864 보이지 않거나 이해되지 않는 것은 믿을 수 없다는 사람이 있을지도 모르겠습니다. 다음 내용을 보면 그런 생각이 완전히 사라질 것입니다.

1) 불완전한 우리의 지식

눈에 보이는 것과 볼 수 없는 것을 훤히 다 안다면, 이해되지 않는 것에 대한 믿음이 어리석다고 생각할지도 모릅니다. 그러나 우리 지식으로는 모기 한 마리의 본성조차 알아내기 어렵습니다. 하느님께서는 인간의 한계를 넘어서는 분입니다. 우리가 그분의 모든 것을 이해하거나 알아차리기는 어렵습니다. "보십시오, 하느님께서는 우리가 깨달을 수 없이 위대하시고"(욥 36,26) 이 말씀은 하느님을 인간의 이해 범위로만 믿으려는 우리를 두고 하는 말입니다.

2) 인간의 한계 너머에 계시는 하느님

865 어느 학자가 자신의 전문 분야에서 어떤 명제를 세운다고 가정해 봅시다. 그 분야에 지식이 없는 사람이 그 명제를 이해하지 못한 채 학자의 주장을 부정한다면, 그는 어리석은 사람으로 보이기 쉬울 것입니다. 그 사람과 학자 사이의 이해 능력 차이보다 학자와 천사 사이의 지성 차이가 훨씬 큽니다. 천사가 한 말을 학자가 믿으려 하지 않는다면, 그 역시 어리석다고 해야 할 것입니다. 하물며 인간이 하느님의 말씀을 믿지 않겠다면 더 할 말이 있겠습니까? "네가 보는 그 일은 인간의 이해를 넘어서는 것이다."(집회 3,23)

3) 온전히 믿을 수 있는 존재

866 스스로 아는 것 외에 아무것도 믿으려 하지 않으면, 이 세상에 사는 것조차 불가능해집니다. 어찌 그럴 수가 있다는 말이냐, 이 사람 또는 저 사람이 자기 아버지라는 것을 어떻게 믿을 수 있냐는 말입니다. 그래서 확실하지 않더라도 다른 사람 말을 믿을 수밖에 없습니다. 하지만 세상에는 하느님보다 더 믿을 만한 존재는 없습니다. 그러니 신앙의 말씀을 믿지 않는 이들은 "교만해져서 아무것도 깨닫지 못할 뿐만 아니라 논쟁과 설전에 병적인 열정을 쏟습니다."(1티모 6,4)라는 바오로 사도의 말씀처럼 현명한 게 아니라 어

리석고 오만하다 하겠습니다. 그래서 바오로 사도는 "나는 내가 누구를 믿는지 잘 알고(2티모 1,12)" 있다고 외칩니다. 이런 구절도 있습니다. "주님을 경외하는 이들아,"(집회 2,7) "그분을 믿어라."(집회 2,6)

4) 참된 진리의 확인

신앙이 가르치는 것이 진실로 참되다는 것을 하느님께서 확인해 주신다는 대답도 가능합니다. 임금의 인장으로 봉인된 편지는 임금의 뜻이 담긴 편지입니다. 그리스도의 가르침은 하느님의 인장으로 봉인된 것입니다. 그 인장은 피조물이 완성할 수 없는 작품과 같습니다. 그리스도께서 보여 주신 기적들이 바로 그 인장입니다.

867   기적을 본 사람이 없다고 반박한다면, 이렇게 답하고 싶습니다. "온 세상이 우상을 섬기고 그리스도의 가르침을 박해한 것은 이교도들의 역사에서조차 전해지는 사실이다. 그런데 현자와 지체 높은 이들과 부자들과 세력가들과 위인들이 그리스도를 전파하는 보잘것없는 사람들의 말에 그리스도교로 개종했다. 이런 일들이야말로 기적이 아닌가? 기적이 아니라면 기적도 없이 개종하는 일보다 더 큰 기적이 어디 있겠는가?"

868   아무도 신앙의 진리를 의심할 수 없고, 신앙에 관한 일이라면 보이는 것 이상으로 믿어야 합니다. 사람의 눈은 속기 쉬우나 하느님의 지식은 결코 속일 수가 없는 까닭입니다.

II

12개 신조

제1신조: 한 분[6]이신 하느님을 저는 믿나이다

1) 믿음

869 우리가 절대 놓치면 안 되는 것 중 하나가 오직 한 분이신 하느님께서 계신다는 사실입니다.[7] 여기서 '하느님'이란 '만사와 만물을 주관하고 관리하시는 분'이라는 뜻이며, 한 분뿐이신 하느님

---

6   '한 분unum'은 '니케아-콘스탄티노폴리스 신경'에만 추가된 것이다. 니케아-콘스탄티노폴리스 신경은 니케아 공의회(325년)와 콘스탄티노폴리스 공의회(381년)에서 채택한 신앙 고백문이다.

7   《신학대전》제1부 제2문 제3절.

의 존재를 진정으로 믿는 사람은 세상만사를 하느님께서 주관하시고 다스리신다는 것 또한 믿고 받아들입니다. 신앙인은 모든 만물이 그저 우연에 의해, 자연의 섭리에 따른 것이라 생각할 수 없기 때문입니다. 해와 달과 별들, 그밖에 다른 자연 만물의 존재는 하느님의 능력으로 이루어진 것들입니다. 우리는 보이는 것만으로 판단하는 어리석음을 벗어 버리고 자연의 섭리, 우주의 질서를 넘어서는 하느님의 존재를 믿어야 합니다. "어리석은 자 마음속으로 '하느님은 없다.' 말하네."(시편 14,1)

870   하느님께서 자연 만물을 다스리고 주관하신다고 믿으면서도 그분의 섭리가 행동에는 닿지 않으며 인간 행동의 주체자 또한 하느님이 아니라고 생각하는 사람들이 있습니다. 착한 사람들이 고통을 당하고 악한 자들이 행복하게 사는 모습을 너무나도 자주 본 터라 인간과 관련한 하느님의 섭리는 배제하기에 이른 듯합니다. 욥기의 말씀처럼 말입니다. "하늘나라에서 이 궁전 저 궁전 거닐고 다니시며 우리 걱정은 하지 않으시지."(*욥 22,14 참조)

하지만 그 또한 어리석은 생각입니다. 이는 마치 의학적 필요에 따라 어느 환자에게는 물을 주고, 다른 환자에게는 포도주를 주는 의사의 처방에 불만을 품는 것과 같습니다. 스스로 의학을 모르는 탓에 그저 우연히 그렇게 된 것뿐이라고 우기는 것입니다. 그 의사는 객관적인 근거로 각자에게 적절한 처방을 한 것입니다.

871 하느님께서 하시는 일도 똑같습니다. 하느님께서는 적절한 근거를 가지고, 당신의 섭리에 따라 사람에게 가장 좋은 것을 안배하십니다. 하느님께서 선한 사람들을 괴롭게 하시는가 하면, 행복하게 두는 악인이 많을 때도 있는데, 그게 다 그런 이치입니다. 그래서 그것이 우연에서 일어난 것뿐이라고 믿는 사람은 정녕 어리석다는 소리를 들을 수밖에 없습니다. 그저 하느님이 세상을 다스리는 이유와 그분의 계획을 이해하지 못하니 그렇게밖에 생각할 수 없는 노릇입니다. 그런 사람에게는 욥처럼 "'하느님께서 네게 당신 지혜의 신비와 당신의 계획들이 얼마나 다양한지 보여 주기'(*욥 11,6 참조)를 바란다!"고 외치고 싶습니다.

우리는 하느님의 섭리가 자연뿐만 아니라 인간 행동에도 닿는다는 사실을 믿어야 합니다. 그러면 이런 말까지는 하지 않아도 될 것입니다. "그들은 말합니다. '주님은 보지 않는다. 야곱의 하느님은 깨닫지 못한다.' 백성 가운데 미욱한 자들아, 깨달아라. 미련한 자들아, 언제 알아들으려느냐? 귀를 심으신 분께서 듣지 못하신단 말이냐? 눈을 빚으신 분께서 보지 못하신단 말이냐? …… 주님께서는 알고 계시다, 사람들의 생각을, 그들은 입김일 뿐임을."(시편 94,7-11)

하느님께서는 사람의 생각과 숨은 의도까지 모두 다 알고 계십니다. 그러니 사람에게는 착하게 살아야 할 의무가 있습니다. 생각하고 행동하는 것, 모두 다 하느님 눈에 훤히 드러나니 말입니다. "그분의 눈에는 모든 게 다 훤히 보인다."(*히브 4,13 참조)

2) 다신론의 네 가지 원인

872   우리는 모든 것을 다스리시는 분이 오직 하느님뿐이라는 사실을 반드시 기억해야 합니다. 사람의 일도 한 사람이 처리하고 진행하는 편이 나을 때가 있습니다. 여러 명이 하다가는 분열이 생기기도 합니다. 하느님의 다스림은 인간의 상황과는 비교할 수 없이 완전합니다. 그러니 이 세상을 다스리는 일은 여러 신이 아니라 오직 한 분이신 하느님에 의해서만 이루어질 수 있는 것입니다.

873   그런데도 사람들이 여러 신을 받아들이는 이유가 네 가지 있습니다.

인간 정신의 나약함

인간의 지혜가 감각을 넘어서지 못한 나머지, 볼 수 없고 만질 수 없는 것들을 믿지 못하는 것입니다. 그들은 이렇게 생각하지요. 여러 가지 물체 가운데 다른 것보다 더 높은 것이 있어서 그것이 세상을 다스린다고 말입니다. 그래서 하느님께 바쳐야 마땅한 흠숭을 우주, 해, 달, 별 같은 것들에 바칩니다. 그들은 왕을 만나려고 왕궁에 가서 잘 차려입은 관리 하나를 왕이라 착각하는 것과 다를 바 없습니다. 성경에서는 이들을 이렇게 표현합니다. "오히려 불이나 바람이나 빠른 공기, 별들의 무리나 거친 물, 하늘의 빛물체들을 세상을 통치하는 신들로 여겼다."(지혜 13,2) "너희는 하늘로 눈을 들어라. 아래로 땅을 바라보아라. 하늘은 연기처럼 스러지고 땅은 옷처럼 해지며 그 주민들은 모기 떼처럼 죽어 가리라. 그러나 나의 구원은 영원하고 나의 의로움은 꺾이지 않으리라."(이사 51,6)

사람의 아첨

874 왕이나 영주들에게 아첨하려고 그들에게 순종을 맹세하며 오직 하느님께만 바쳐야 할 영광을 노래하는 자들도 있습니다. 더러는 그들이 죽고 난 뒤에 신으로 떠받드는가 하면, 생전에 벌써 신이라 부르기도 합니다. 성경에서는 이렇게 이야기합니다. "온 백성들에게 알리거라. 네부카드네자르님이 지상의 신이요 그분 말고는 다른 신이 없노라."(*유딧 5,29 참조)[8]

혈족에 대한 애착

875 혈족에 애착이 큰 사람들이 있습니다. 애정이 지나쳐서 그 사람이 죽고 난 뒤 조각상을 만들기도 하고 급기야 이 조각상을 숭배합니다. 이런 사람들을 성경에서는 이렇게 말합니다. "하느님만 가질 수 있는 이름을 돌이나 나무에 새기기도 한다."(*지혜 14,21 참조)

---

[8] 한국천주교중앙협의회 《성경》의 유딧기 5장은 24절로 끝나고, 6장 2절에 다음과 같은 내용이 있다. "네부카드네자르 말고 신이 또 어디 있단 말이냐?"

마귀의 간계

876 마귀는 하느님과 대등해지려고 이런 말을 합니다. "나의 왕좌를 북극성에 앉히고 하늘로 올라가서 지극히 높으신 분과 똑같아지리라."(*이사 14,13 참조) 마귀는 쉽게 포기하지 않습니다. 사람들이 자신을 숭배하고, 자신을 위해 희생하게 하려고 온갖 짓을 가리지 않습니다. 개나 고양이 따위의 희생양에 만족하지 않고, 하느님께 올리는 영광을 자기에게 해 주기를 바랍니다. 그들은 여기서 멈추지 않고 그리스도를 시험하기까지 합니다. "당신이 땅에 엎드려 나에게 경배하면 저 모든 것을 당신에게 주겠소."(마태 4,9) 또 우상을 바치는 사람들에게도 자신들을 경배하게 합니다. 성경은 이런 마귀들에게 일침을 가하지요. "이교도 족속들의 신들은 모두 다 마귀들이다."(*시편 115,4 참조) "이교도들이 희생을 바친다고 하나, 마귀들에게 그러는 것이지 하느님께 그러는 게 아닙니다."(*1코린 10,20 참조)

3) 다신론자들

877 경악스러운 일임이 분명하지만, 다신론에 자주 빠져드는 다섯 부류의 사람들이 있습니다. 그들의 행동에서 여러 신을 믿고 있음이 분명하게 드러납니다.

별이 사람에게 영향을 미친다고 믿는 이들

별이 사람의 의지에 영향을 준다고 믿는 사람들은 별의 움직임을 보기 위해 관측하는 기구를 만들고, 그 별을 신으로 받아들이기도 합니다. 그들에게 예언자는 이렇게 경고합니다. "이민족들의 길을 배우지 말고 하늘의 표징에 두려워 떨지 마라. 그런 것은 이민족들이나 두려워 떤다. 그 백성들의 관습은 헛것이다."(예레 10,2-3)

하느님보다 왕후장상에 더 순종하는 이들

마찬가지로 하느님보다 영주들에게 더 순종하거나, 영주들을 신으로 만드는 자들에게 성경은 이렇게 말합니다. "사람에게 순종하는 것보다 하느님께 순종하는 것이 더욱 마땅합니다."(사도 5,29)

자식과 친척을 하느님보다 더 사랑하는 이들

자식들이나 혈연을 하느님보다 더 사랑하는 이들은 여러 신을 모시는 것과 같습니다.

음식과 술을 하느님보다 더 좋아하는 이들

음식과 술을 하느님보다 더 좋아하는 자들도 있는데, 그런 자들을 성경은 이렇게 꾸짖습니다. "그들의 신은 그들의 배입니다."(*필리 3,19 참조)

마술과 미신을 숭배하는 이들

마술이나 미신의 도구들을 숭배하는 자들은 그것이 신이라고 믿습니다. 감추어진 일이라든가 앞으로 일어날 일을 악령 또는 마귀에게 요구합니다.

우리가 첫째로 굳게 믿어야 하는 것은, 하느님은 오직 한 분이라는 사실입니다.

전능하신 천주 성부 천지의 창조주를 저는 믿나이다

878 우리가 믿어야 할 두 번째 진리는 하느님께서 하늘과 땅, 보이는 것과 보이지 않는 것들 모두 창조하셨다는 사실입니다.[9] 그 사실을 보여 주는 간단한 예 하나를 들어 보겠습니다. 우리가 어느 집에 들어서고 있다고 상상해 봅시다. 문을 여는 순간부터 온기를 느꼈는데 집 안으로 들어갈수록 그 온기가 더 강해진다면, 벽난로에 불이 활활 타고 있는 것을 눈으로 보지 않더라도, 무언가가 그 집을 데우고 있다고 생각하기 마련입니다.

이 세상을 바라볼 때도 마찬가지입니다. 우리는 아름답고 다양

---

[9] 《신학대전》 제1부 제45문 제1-5절.

한 만물을 볼 수 있는데, 하느님과의 거리가 가까울수록 더 완전하게 볼 수 있습니다. 이 세상은 오직 한 분이신 지극히 높으신 존재로부터 비롯하였기 때문입니다. 하느님께서는 각각의 것이 존재하도록 해 주시고, 완전하게 해 주시는 분입니다. 성경에 이를 전하는 구절이 나옵니다. "하느님에 대한 무지가 그 안에 들어찬 사람들은 본디 모두 아둔하여 눈에 보이는 좋은 것들을 보면서도 존재하시는 분을 보지 못하고 작품에 주의를 기울이면서도 그것을 만든 장인을 알아보지 못하였다."(지혜 13,1) 그 뒤에는 이런 말이 이어집니다. "피조물의 웅대함과 아름다움으로 미루어 보아 그 창조자를 알 수 있다."(지혜 13,5) 그러니 이 세상에 존재하는 모든 것은 하느님께로부터 비롯한다는 사실이 우리에게 분명해질 수밖에 없습니다.[10]

1) 하느님의 창조와 관련한 오류

879 이와 관련하여 피해야 할 오류가 세 가지 있습니다.

마니교도의 오류

마니교도[11]들은 눈에 보이는 것(형체가 있는 것)은 모두 악마(사악한

---

10 《신학대전》 제1부 제44문 제1절; 제2문 제3절.
11 마니교도Manichaeista는 3세기 페르시아인 마니Mani가 창시한 이원론적 이단 사상의 추종자들

근원)가 지은 것이고, 하느님께서는 오직 눈에 보이지 않는 것(정신적인 것)만 창조하셨다고 말합니다.[12] 하느님을 더없이 높은 선으로 파악한 것은 지극히 옳지만, 이것을 바탕으로 한 추론에 따르면 선에서 비롯한 것은 그 자체도 선할 수밖에 없습니다. 그런데 그들은 선과 악 사이를 정확하게 구분하지 않고, 어떤 면에서 악하다 싶으면 모두 악한 것이라고 해 버립니다. 이를테면 사람에게 화상을 입히거나 물건을 태울 수 있다는 이유로 불을 악하다 단정하고, 사람이 빠지면 죽을 수 있다고 하여 물이 나쁘다고 말하는 식입니다. 그러니까 눈에 보이는 것 가운데 그냥 선하기만 한 게 아니라 악한 면도 있고 또 나빠질 수도 있다고 하여, 가시적인 것은 모두 선한 신이 아니라 악한 신이 만들었다고 주장하는 것입니다.

아우구스티노 성인은 이들을 다음과 같이 비유합니다. 예술가의 작업실에 들어간 어떤 사람이 작품을 만들 때 사용하는 위험한 연장을 보고 놀라서 그 예술가를 악한 사람이라 말했습니다. 위험해 보이는 연장이지만 꼭 필요한 도구이니 예술가는 당황스러웠겠지요. 성인의 비유는 연장의 위험한 면만 생각하고 해로운 것이라 단

로, 세상은 영과 물질, 빛과 어둠, 선과 악, 신과 악마의 대립 원리에 유래하고 양자가 부단한 투쟁 중에 있음을 근본 사상으로 믿는다. 아우구스티노는 마니교에 깊이 빠진 적이 있었으나 개종 후 마니교도들과 격렬히 싸웠다. 중세에 이르기까지 숨어 있었으나 11세기 카타리파 또는 알비파로 다시 출현했다가 15세기에 일시 소멸한다. 가톨릭에서는 제4차 라테란 공의회(1215년)에서 공식적으로 배척되었다.

12 《신학대전》 제1부 제45문 제1-5절.

정하는 마니교도들의 어리석음을 빗댄 것입니다.

이는 교회의 가르침과도 맞지 않습니다. 우리는 이러한 오류를 경계하며, 하느님께서는 '보이는 것과 보이지 않는 것'(니케아-콘스탄티노폴리스 신경 참조)[13]의 창조주라고 신앙 고백을 합니다. 또 이런 성경 말씀도 눈에 띕니다. "한 처음에 하느님께서 하늘과 땅을 창조하셨다."(창세 1,1) "모든 것이 그분을 통하여 생겨났고 그분 없이 생겨난 것은 하나도 없다."(요한 1,3)

세상이 처음부터 존재했다고 믿는 이들의 오류

880 베드로 사도는 그릇된 가르침을 펼치는 자들을 나무랍니다. "사실 조상들이 세상을 떠나고 나서도, 창조 이래 모든 것이 그대로 있지 않소?"(2베드 3,4) 세상이 영원히 존재했다는 것은 세상의 시작을 모르고 하는 말이기 때문입니다.

모세 마이모니데스[14] 랍비는 "저들은 태어나자마자 섬에 보내져 자기 출생에 대해 아무것도 모르는 아이와도 같다."고 했습니다. 세상과 단절된 채 홀로 자란 그에게 '당신은 여자의 몸에서 태어났다.'고 말해도 그 말을 믿지 않을 거라는 말입니다. 탄생의 신비를 모르

---

[13] 《신학대전》 제1부 제65문 제1절.
[14] 모세 마이모니데스(Moses Maimonides, 1135~1204)는 아랍 아리스토텔레스주의자들의 주장을 반박하고 이성과 신앙의 조화를 시도했다.

는 이라면 사람이 사람의 몸에 잉태되어 머물다가 세상으로 나오는 신비를 불가능하게 생각할 수도 있지 않겠습니까? 이 그릇된 가르침을 전하는 자들도 이 세상의 현재 상태를 보면서 세상의 시작이 있었다는 것을 이해하려 하지 않았습니다.[15]

교회의 가르침에도 반하는 이런 오류를 거스르기 위해 성경은 "온 세상의 창조주creator"(2마카 7,23)라든가 "그분이 말씀하시자 저들이 생겨났다."(*시편 148,5 참조)라고 명확하게 이야기합니다.

하느님께서 이미 있던 질료로 세상을 창조하셨다고 믿는 이들의 오류

881 하느님께서 이미 있던 질료로 세상을 창조하셨다고 주장하는 이들이 있습니다. 하느님의 전지전능하심을 우리의 역량으로 가늠해 보려다 이런 주장에 다다른 것입니다. 사람은 재료 없이는 아무것도 만들 수가 없으니 하느님도 마찬가지일 거라 판단하고 만물을 지으실 때 이미 주어진 질료가 있었으리라 짐작했을 것입니다.

하지만 그렇지 않습니다. 사람의 능력은 제한적이어서 정해진 재료가 있어야 무언가를 만들 수 있습니다. 그러니 인간의 힘(능력)은 모양(결과)에만 미치고 그 모양의 원인만 될 수 있습니다. 그러나 하느님께서는 만물의 절대 근원이시요, 형상뿐만 아니라 그 질료까

---

15 《신학대전》 제1부 제46문.

지 창조하는 분입니다. 하느님의 창조는 무無에서 시작되었고[16] 그분은 하늘과 땅의 창조주creator이십니다. 여기서 새로 지어내는 창조creare와 만들어 내는 제작facere을 구분해야 합니다. 창조가 무에서 유를 만들어 내는 일이라면, 제작은 이미 존재하는 것으로 무언가를 만들어 내는 일입니다. 그래서 무에서 만물을 만들었다면, 모든 것이 다 파괴되어 없어지더라도 다시 만들 수 있어야 합니다. 그러기에 눈먼 사람에게 시력을 찾아 주시고, 죽은 사람을 부활시키시며 그밖에 다른 기적들을 일으키실 수 있는 것입니다.[17] "당신께서는 무엇이든지 원하시는 때에 하실 능력이 있으십니다."(지혜 12,18)

2) 하느님을 창조주로 믿는 것의 이로움

882 이 진리들로 얻을 수 있는 이로움은 다섯 가지입니다.

하느님의 엄위하심 깨닫기

하느님의 엄위하심입니다. 창조주는 피조물들보다 뛰어나십니다. 만물을 지은 분이시니, 만물보다 탁월하실 수밖에 없습니다. "그 아름다움을 보는 기쁨에서 그것들을 신으로 생각하였다면 그

---

16 《신학대전》 제1부 제45문 제1절.
17 《신학대전》 제2부 제2편 제178문 제2절. 기적을 일으키는 힘은 창조주 권능의 필연적 결과다.

주님께서는 얼마나 훌륭하신지 그들은 알아야 한다. 아름다움을 만드신 분께서 그것들을 창조하셨기 때문이다. 또 그것들의 힘과 작용에 감탄하였다면 바로 그것들을 보고 그것들을 만드신 분께서 얼마나 힘이 세신지 알아야 한다."(지혜 13,3-4) 사람의 능력이 아무리 출중하더라도 창조주에 비할 수는 없습니다. "보세요. 하느님께서는 우리가 아는 모든 것보다 위대하고 뛰어나십니다."(*욥 36,26 참조)

감사하는 마음

883   우리가 무엇이고 또 무엇을 가졌든, 그 모든 것은 창조주 하느님께 받은 것입니다. "그대가 가진 것 가운데에서 받지 않은 것이 어디 있습니까?"(1코린 4,7) "주님 것이라네, 세상과 그 안에 가득 찬 것들 누리와 그 안에 사는 것들."(시편 24,1) 그러니 하느님께 감사를 드려야 합니다. "나 무엇으로 주님께 갚으리오? 내게 베푸신 그 모든 은혜를."(시편 116,12)

역경의 인내

884   세상 피조물이 모두 하느님께로부터 나온 것이니, 그 천성은 모두 선합니다. 그런데 때로는 그것이 우리에게 해를 입히거나 고통을 주기도 합니다. 하느님의 창조물이 우리에게 고통을 주더라도 우리는 그것을 받아들여야 합니다. 하느님께로부터 악이 나오는 법은 없다고 해서 죄를 선한 것으로 받아들이면 안 됩니다. 죄는

사람의 의지에 따라 생겨나고 이에 대한 벌은 하느님께로부터 오는 것입니다. 사람이 받아야 할 벌이 있다면 하느님의 그 뜻을 겸허히 받아들여야 합니다. 벌은 죄를 씻어 주고, 죄지은 사람들을 겸손하게 만들며, 선한 사람들이 하느님 사랑으로 향할 수 있도록 이끌어 줍니다. "우리가 하느님에게서 좋은 것을 받는다면, 나쁜 것도 받아들여야 하지 않겠소?"(욥 2,10)

피조물의 바른 사용

885 피조물은 하느님께서 만드신 목적에 맞게 써야 합니다. 피조물이 창조된 이유는 두 가지, 바로 하느님의 영광과 우리의 이로움[18]을 위함입니다. "하느님께서는 당신 때문에, 곧 당신의 영광을 위해 모든 걸 만드셨다."(*잠언 16,4 참조) "그건 너희 주 하느님께서 만백성 보살피시느라 만드신 것이다."(*신명 4,19 참조) 세상의 모든 피조물은 하느님의 영광을 위해, 하느님 마음에 들도록 사용해야 합니다. 또 우리에게 이로워야 하되, 죄의 경계를 넘어서지 않아야 합니다. "모든 것은 당신에게서 오기에, 저희가 당신 손에서 받아 당신께 바쳤을 따름입니다."(1역대 29,14) 그러니 무엇이든, 학문이나 아름다움이더라도 모든 것을 하느님과 관련지어 그분의 영광을 위하여 써야 합니다.

---

18 《신학대전》 제1부 제44문 제4절.

인간의 존엄성에 대한 깨달음

886 시편에서 말씀하시듯 하느님께서 만물을 만드신 것은 사람 때문입니다. "만물을 그의 발아래 두셨습니다."(시편 8,7) 모든 피조물 중에서 사람은 천사 다음으로 하느님과 닮았습니다. 성경에 이런 대목이 나옵니다. "우리와 비슷하게 우리 모습으로 사람을 만들자."(창세 1,26)

하늘이나 별을 만드실 때는 그 비슷한 말씀을 하신 적이 없고, 오직 사람을 만드실 때만 그렇게 하셨습니다. 이것은 사람의 몸이 아니라 영혼과 관련된 것입니다. 사람의 영혼이 자유의지가 있고 또 불사이기에 다른 피조물들보다 하느님과 더 닮았다는 의미입니다. 그러니 사람은 천사 다음으로 나머지 다른 피조물들보다 더 존엄합니다. 그래서 우리는 어떤 식으로든 죄를 짓거나 육신에 대한 욕망을 다스리지 못함으로 말미암아 우리 존엄성을 떨어뜨리는 일을 해서는 안 됩니다. '육신에 대한 것'은 우리 자신보다 하찮은 것이고 우리를 보살피는 데 쓰이라고 만들어진 것입니다. 그러니 우리는 하느님께서 지으시며 우리에게 맡기신 그 자리를 맡아야 합니다. 하느님께서는 지배하라고, 지상에 있는 것들을 지배하라고 사람을 만드셨습니다.

반면에 우리는 하느님께 복종하고 순종해야 합니다. 우리는 모든 것을 지배해야 하고 그 무엇보다 숭고해야 하지만 하느님께는 복종하고 순종해야만 합니다. 그래야 장차 어느 날 하느님 안에서 지극한 복을 누리게 될 것입니다. 하느님께서 당신의 은총으로 우리에게 보장하시려는 그 복을 말입니다.

제2신조: 그 외아들 우리 주 예수 그리스도님

1) 하느님의 아드님이신 그리스도

887 그리스도인이라면 한 분이신 하느님을 믿고, 그분이 하늘과 땅과 만물의 창조자라는 사실을 믿어야 합니다.[19] 그것으로 끝이 아닙니다. 하느님께서 아버지이시고, 그리스도께서 하느님의 아들이라는 사실도 믿어야 합니다. 베드로 사도는 이것이 지어낸 허구가 아니며, 하느님의 말씀을 통해 입증된 사실이라고 전합니다. "사실 우리가 여러분에게 우리 주 예수 그리스도의 권능과 재림을 알려 줄 때, 교묘하게 꾸며 낸 신화를 따라 한 것이 아닙니다. 그분의 위대함을 목격한 자로서 그리한 것입니다. 그분은 정녕 하느님 아버지에게서 영예와 영광을 받으셨습니다. 존귀한 영광의 하느님에게서, '이는 내 아들, 내가 사랑하는 이, 내 마음에 드는 이다.' 하는 소리가 그분께 들려왔을 때의 일입니다. 우리도 그 거룩한 산에 그

---

[19] 《신학대전》 제1부 제27문 제2절; 제3부 제2문 제1절-제6절.

분과 함께 있으면서, 하늘에서 들려온 그 소리를 들었습니다."(2베드 1,16-18) 그리스도께서도 하느님을 아버지라 부르시고 자신을 하느님의 아들이라고 하십니다. 이에 사도들과 교부들뿐만 아니라 우리도 '하느님의 아들 예수 그리스도'를 믿고 따릅니다.

2) 하느님의 아드님이신 그리스도에 대한 이단

888 이를 잘못 해석한 세 가지 이단이 있습니다.

포티누스

포티누스[20]는 '그리스도를 하느님의 아들이라 부르는 것'은 훌륭한 삶을 살면서 하느님의 뜻을 실천한 선량한 사람들 모두가 하느님의 양자로 불릴 만하다는 의미일 뿐이라고 합니다. 그리스도 역시 거룩하게 사셨고 하느님의 뜻을 실천하였기에 하느님의 아들로 불릴 만했다는 뜻입니다. 또 그리스도께서 복되신 동정녀 이전에는 존재한 적이 없고, 복되신 동정녀께 잉태되면서 비로소 존재하기 시작했다고 말합니다. 그는 여기서 두 가지 큰 오류를 범했습니다. 첫째, 그리스도께서 천성적으로 하느님의 아들이라는 사실을 부인

---

20 포티누스(Photeinus, 373년경 사망): 344년 시르미움의 주교가 되어, 3세기에 사모사타의 바오로(Paulos, 272년 이후 사망)가 유포한 그리스도가 양자(養子)였다는 이단설을 부흥시켰다. 345년 말란트 시노드에서 단죄되었다.

했고, 둘째, 전 존재에 비추어 그리스도께서 어떤 특정 시기부터 존재했다는 주장이 바로 그것입니다. 그리스도께서는 본성 자체가 하느님의 아들이며 영원하시다는 우리의 믿음을 굳건히 해야 합니다.

그의 생각이 오류인 이유를 성경에서 찾을 수 있습니다. 그리스도께서는 그저 하느님의 아들일 뿐만 아니라 "하느님 아버지 품에 계신 외아드님"이라는(*요한 1,18 참조) 구절을 통해 첫 번째 주장이 오류임을 알 수 있습니다. 그리고 "나는 아브라함이 태어나기 전부터 있었다."(요한 8,58)라는 말씀에서 그리스도께서는 동정 마리아가 있기 전, 아브라함이 태어나기 전부터 계신 분임을 알 수 있습니다.

교부들은 우리가 이런 오류에 빠지지 않도록 니케아-콘스탄티노폴리스 신경에 "하느님의 외아들"이라는 표현과 더불어 "영원으로부터 성부에게서 나신"이란 구절을 덧붙였습니다.

사벨리우스

889   사벨리우스[21]는 그리스도께서 복되신 동정녀 이전에도 계셨다는 사실은 인정하지만, 아들이 아버지와 서로 다른 위격이 아니라, 아버지께서 직접 사람이 되셨다고 주장합니다. 아버지(성부)의 위격과 아들(성자)의 위격이 똑같다는 것입니다. 그러나 이는 삼위일

---

21 사벨리우스(Sabellius, 260년경 사망): 북아프리카 리비아의 사제. 한 분이신 아버지 하느님께서 그리스도 안에서 사람이 되어 세상의 구원을 위해 수난하고 죽었다고 했다(사벨리우스 단일신론).

체 신비를 부정하는 주장입니다. 요한 복음에서 이를 논박하는 구절을 찾을 수 있습니다. "나 혼자가 아니라, 나와 나를 보내신 아버지께서 함께"(요한 8,16)이시기 때문입니다. 우리는 니케아-콘스탄티노폴리스 신경에서 "하느님에게서 나신 하느님, 빛에서 나신 빛"이라 믿음을 고백하며 하느님(그리스도)께서 아버지 하느님의 아드님이고, 아드님이 빛이신 아버지에게서 오신 빛임을 마음에 새깁니다.

아리우스

890   또 다른 이단 아리우스[22]는 그리스도께서 복되신 동정녀 전에도 계셨고 아버지와 위격이 다르다는 것은 인정합니다. 그런데 그리스도에 관해 세 가지 잘못을 범합니다. 첫째 하느님의 아들은 '시간 안에 지어진 피조물'일 따름이었다고 주장합니다. 그리고 둘째, 이 아들의 생명은 영원하지 않았고, 아들은 아버지가 창조한 가장 높은 위치의 피조물일 뿐이며 아들의 본질이 아버지와 같지 않으므로 참된 하느님이 아니라는 것입니다.

이를 명시적으로 논박하는 가르침을 성경에서 찾을 수 있습니다. "아버지와 나는 하나다."(요한 10,30) 아들과 아버지의 본성이 하나라는 의미입니다. 아버지가 참 하느님이시듯 아들도 참 하느님이

---

[22]   아리우스(Arius, 256경-336): 알렉산드리아의 사제. 318년 전후로 오늘날 아리우스주의로 불리는 이단설을 주장했다.

고 아버지가 영원하신 것처럼 아들도 영원하다는 것입니다. "참 하느님에게서 오신 참 하느님"이란 고백을 담고 있는 니케아-콘스탄티노폴리스 신경을 통해서도 그의 주장이 오류임을 입증할 수 있습니다. 그는 아버지가 아들을 영원이 아닌 시간 안에서 지었다고 했는데, 신경에서는 '창조되었다factum'고 하지 않고 '나시었다genitum'고 표현하고 있습니다. 또 성부와 한 본체 또는 '실체consubstantialem patri'라는 신경의 의미를 되새겨 본다면, 아버지와 아들의 본성이 같지 않다는 주장은 명백한 오류입니다.

891 그러니 우리는 그리스도께서 외아드님이시며 참 하느님의 아드님이시고 성부와 똑같이 영원하시며 성부 하느님과 위격은 다르지만 본성은 똑같다고 믿어야 합니다.

3) 하느님의 말씀이신 그리스도

지금(지상)은 우리가 이 모든 것을 신앙 안에서 믿을 뿐이지만, 영원한 생명(천국)을 얻은 후에는 완전히 보고 깨달을 수 있습니다. 말씀이 사람이 되어 우리에게 오신 신비는 지상에서 이 순간을 살아

가는 우리에게 위로[23]가 되어 줍니다.[24]

892 그러기 위해 먼저 염두에 둘 것이 있습니다. 존재가 다양한 만큼 출산의 방식도 다양하다는 사실입니다. '하느님 안에서의 낳음'은 '창조된 것들에서의 낳음'과는 분명히 다릅니다. 그러니 똑같은 개념이라도 하느님과 가장 가까운 존재의 낳음과 비교를 통해 접근할 수 있습니다. 이 지상에서 인간의 영혼만큼 하느님과 가까운 건 없습니다. 인간의 영혼에도 일종의 '낳음'이 있습니다. 사람이 자기 영혼에서 무언가를 생각할 때 생기는 일입니다. 이를 '자기 지성의 잉태(孕胎, conceptio)'라고 합니다. 영혼에서 비롯하는 것은 곧 그 아버지에게서 비롯하는 것과 같다는 개념입니다. 그리고 '지성의 말verbum' 또는 '인간의 언어'라 일컬어집니다. 즉 영혼은 생각하면서 말(단어)을 낳습니다.

하느님의 아드님도 하느님의 말씀과 다르지 않습니다. 밖으로 발설해서 사라져 버리는 말씀이 아니라 마음에 품은 말씀입니다. 그래서 하느님의 말씀은 하느님과 본성이 같고 하느님 자신과도 같습니다. 요한 사도는 이 말씀에 관한 이야기에서 서로 모순되는 세 명의 이단 주장을 논박합니다(요한 1,3 참조). 폰티누스의 말에는 "한

---

23 원문은 consolationem이나 consolidationem이 더 합당한 것으로 보인다는 중요한 지적이 있다. 그 경우 의미는 '위로'가 아니라 '강화'가 된다. "이 지상에서 (믿음이) 얼마간 강화되도록." (손은실 번역/주해, 《토마스 아퀴나스 사도행전 강해설교》, 새물결플러스, 2018, 97쪽, 주25 참조)

24 《신학대전》 제1부 제27문 제2절. 사변적 로고스 이론의 대중적 설명.

처음에 말씀이 계셨다.", 사벨리우스에는 "말씀은 하느님과 함께 계셨다.", 아리우스에게는 "말씀은 하느님이셨다."라고 말입니다.

893 그렇지만 하느님의 말씀이 우리 인간의 말과 완전히 똑같지는 않습니다. 같은 말이라도 우리 인간의 말은 우유(偶有, accidens), '우연한 것' 또는 '우리에게 달라붙은 것'이지만, 하느님의 말씀은 언제나 하느님과 완전히 같습니다.[25] 하느님 안에 있는 것은 모두 하느님의 속성이기 때문입니다. 하느님께 말씀이 없었다는 것을 주장할 수 있는 사람은 이 세상에 없습니다. 그렇지 않다면 우리는 이성 없이 하느님을 생각해야 할 것입니다. 하느님께서 영원하시듯 말씀도 언제나 있습니다.

894 예술가가 자기 정신에 떠오른 것, 정신의 말에 따라 작품을 만들듯 하느님도 당신의 기예(技藝, ars)[26]처럼 말씀으로 만물을 만드셨습니다. 이에 관해 성경에 이런 말씀이 있습니다. "모든 것이 그분을 통하여 생겨났고 그분 없이 생겨난 것은 하나도 없다."(요한 1,3)

---

25 토마스는 여기에서 아리스토텔레스 및 스콜라학적 존재론의 '우유(偶有, accidens)'와 '실체(實體, substantia)'를 대조하고 있다.

26 [원주]《신학대전》제1부 제44문 제3절. 그리스도교 관념론에 따르면 세상은 눈먼 우연의 산물이 아니라 하느님의 예술작품인데, 무한히 현명하고 더할 데 없이 구체적인 하느님의 우주 계획, 즉 말씀(로고스)에 따라 창조되었다.

4) 하느님의 말씀에 대한 우리의 태도

895   하느님의 말씀이 하느님의 아드님이시니, 하느님의 말씀은 모두 이 (태초의) 말씀과 일정한 유사성이 있습니다. 그래서 우리는 다음 다섯 가지를 명심해야 합니다.

말씀 즐겨 듣기

하느님의 말씀을 기꺼이 들어야 합니다.[27] 하느님의 말씀을 즐겨 듣는 일은 우리가 하느님을 사랑한다는 표시입니다.

말씀 믿기

하느님의 말씀을 믿어야 합니다. 믿음은 그리스도이신 하느님의 말씀을 우리 안에 머물게 합니다. "여러분의 믿음을 통하여 그리스도께서 여러분의 마음 안에 사시며."(에페 3,17) "너희는 또 그분의 말씀이 너희 안에 머무르게 하지 않는다. 그분께서 보내신 이를 너희가 믿지 않기 때문이다."(요한 5,38)

---

[27] 말씀 '듣기'이지 '읽기'가 아님에 유의할 필요가 있다. 보통 사람들은 문자를 읽을 수 없었던 시대였다.

말씀 묵상하기

우리 안에 받아 모신 말씀을 묵상해야 합니다. 말씀이 더 이로워지려면 단순히 믿기만 할 것이 아니라 믿는 것을 사유해야 합니다. 그러면 이 묵상은 죄를 피하는 탁월한 수단이 됩니다.

"당신께 죄짓지 않으려고 마음속에 당신 말씀을 간직합니다."(시편 119,11) 또 성경은 의로운 사람을 이렇게 말합니다. "오히려 주님의 가르침을 좋아하고 그분의 가르침을 밤낮으로 되새기는 사람."(시편 1,2) 그래서 복되신 동정녀 마리아에 대한 이 부분을 강조합니다. "마리아는 이 모든 일을 마음속에 간직하고 곰곰이 되새겼다."(루카 2,19)

말씀 전하기

권고, 설교, 고무 등을 통하여 하느님의 말씀을 다른 사람들에게 전해야 합니다. 바오로 사도는 이렇게 권유합니다.

"여러분의 입에서는 어떠한 나쁜 말도 나와서는 안 됩니다. 신앙의 성장에 좋은 말을 하십시오."(*에페 4,29 참조)

"말씀을 선포하십시오. 기회가 좋든지 나쁘든지 꾸준히 계속하십시오."(2티모 4,2)

말씀의 실천

끝으로 말씀을 행동으로 옮겨야 합니다. "말씀을 실행하는 사람

이 되십시오. 말씀을 듣기만 하여 자신을 속이는 사람이 되지 마십시오."(야고 1,22)

5) 동정 성모 마리아의 본보기

896 동정 성모 마리아께서는 영원하신 말씀을 잉태하실 때 다섯 가지 순서를 따르셨습니다.

첫째, 성모님께서는 맨 처음 천사의 말씀을 들으셨습니다. "성령께서 내려오시겠습니다."(*루카 1,35 참조)

둘째, 성모님께서는 천사에게 믿음으로 응답하십니다. "보십시오, 저는 주님의 종입니다. 말씀하신 대로 저에게 이루어지기를 바랍니다."(루카 1,38)

셋째, 성모님께서는 말씀을 간직하시어 태중에 모십니다.

넷째, 성모님께서는 말씀을 낳으셨습니다.

다섯째, 성모님께서는 젖을 먹여 말씀을 기르십니다. 그래서 교회는 이렇게 노래합니다. "천사들의 왕을 마리아 혼자서 하늘이 충만히 채워 준 가슴에 안아 기르시도다."[28]

---

28 토마스 아퀴나스가 속한 도미니코 수도회가 고유하게 사용하는 성무 일도의 주님 할례 축일 제4 응송. 13세기와 14세기에는 천주의 성모 마리아 대축일(1월 1일)을 '주님 할례 축일'로 기념하였다. 성공회와 루터파 개신교에서는 지금도 1월 1일을 주님 할례 축일로 지낸다.

제3신조: 성령으로 인하여 동정 마리아께 잉태되어 나시고

897 앞서 살펴보았듯이 그리스도인이라면 하느님의 아드님을 믿는 것뿐만 아니라 그분이 사람이 되신 것도 믿어야 합니다.[29] 그래서 요한 사도는 복음서 처음에 하느님의 존재를 우러른 뒤 강생을 빗대어 이렇게 말합니다. "말씀이 사람이 되시어 우리 가운데 사셨다."(요한 1,14)

1) 강생의 이해를 돕는 비유

예수님께서 사람이 되심(강생, 육화)을 이해하기 위해 먼저 두 가지 사례를 살펴봅시다.

발설된 말(개념)

앞에서 하느님의 아드님은 마음에 품고 아직 밖으로 이야기하지 않은 말 또는 개념과 비슷하다고 했습니다. 가슴에 담긴 생각이나 말은 당사자가 아니면 알 수 없습니다. 밖으로 이야기하고 나서야 다른 사람들이 알아차릴 수 있습니다. 하느님의 말씀도 마찬가지입

---

[29] 《신학대전》 제3부 제2문 제1절-제6절; 제4문 제1절-제4절.

니다. 하느님의 마음에 있는 이야기들은 오직 하느님만 알 수 있습니다. 그런데 말에 목소리가 담기듯 그것에 살이 더해지면 이제 비로소 공공연히 드러나서 사람들에게 알려지게 됩니다. "그러고 나서야 땅 위에 슬기가 나타나 사람들과 어울리게 되었다."(바룩 3,38)

적힌 말씀

밖으로 발설된 말씀은 지각할 수 있지만, 눈으로 보거나 만질 수는 없습니다. 종이에 적히고 나서야 비로소 하느님의 말씀도 눈으로 보고 만질 수 있습니다. 마치 우리 살에 써 놓은 것처럼 말이지요. 임금님의 말씀을 써 놓은 종이 자체가 임금님의 말씀verbum이라 불리듯, 하느님의 말씀이 사람이 되어 위격hypostasis 안에서 하나가 되면, 그 사람을 '하느님의 말씀(아들)'이라 부릅니다. 예언자의 다음 말씀도 이런 의미를 나타냅니다. "너는 커다란 서판을 가져다가, 거기에 사람의 철필로 써라."(*이사 8,1 참조) 신경에서도 이를 강조합니다. "성령으로 인하여 동정 마리아께 잉태되어 나시고."

2) 강생에 관한 오류들

898 그런데 이 조항을 잘못 해석한 이들이 나타났습니다. 그래서 거룩한 교부들이 니케아-콘스탄티노폴리스 공의회에서 신경에 자세한 규정을 추가하며 이 오류들을 하나, 하나 다 물리쳤습니다.

오리게네스

오리게네스[30]는 그리스도께서 이 세상에 오신 것은 마귀들까지 다 구원하시기 위해서라고 합니다. 그래서 종말에 이르면 악령들도 모두 구원된다고 하지요. 이것은 성경을 거스릅니다. 구세주께서는 이렇게 말씀하셨습니다. "저주받은 자들아, 나에게서 떠나 악마와 그 부하들을 위하여 준비된 영원한 불 속으로 들어가라."(마태 25,41) 교부들은 신경에 "우리 인간을 위하여"라는 말을 추가합니다. 다시 말해 마귀들이 아니라 '우리의 구원을 위해' 사람이 되셨다는 것입니다. 여기서 보더라도 우리를 향한 하느님의 특별한 사랑이 또렷이 빛납니다.

포티누스

899   포티누스는 그리스도께서 마리아에게서 태어난 그저 한 사람일 뿐이라고 합니다. 훌륭한 삶을 살고 하느님의 뜻을 실천하여 그분의 아들이 되는 공덕을 닦은 것이고, 그런 의미에서 다른 성인들과 마찬가지라는 것입니다. 그러나 그리스도의 말씀은 다릅니다. "나는 내 뜻이 아니라 나를 보내신 분의 뜻을 실천하려고 하늘에서 내려왔기 때문이다."(요한 6,38) 애초에 하늘에 계시지 않았더라면 내려오시지도 않았을 것입니다. 또 그저 사람일 뿐이라면 하늘에 계

---

30 오리게네스(Origenes, 185년경-254년경): 알렉산드리아의 성경 주석가, 신학자, 영적 저술가. 서방 교회에도 큰 영향을 미쳤다. 오리게네스주의라 불리는 그의 갖가지 주장은 553년 제2차 콘스탄티노폴리스 공의회에서 이단으로 단죄되었다.

셨을 리도 만무합니다. 그래서 이런 오류를 배제하느라 신경에 "하늘에서 내려오시어"라는 말을 덧붙였습니다.

마니교

900 마니교에서는 그리스도께서 하느님의 아드님이시고 하늘에서 내려오셨다고 하면서도, 그 몸은 진짜가 아니라 그저 그렇게 보이기만 할 뿐이라고 합니다. 이 역시 잘못입니다. 진리의 스승께서는 스스로 속이는 일이 없으니, 사람의 몸으로 보이셨다면 사람의 몸을 지니셨을 수밖에 없습니다. "나를 만져 보아라. 유령은 살과 뼈가 없지만, 나는 너희도 보다시피 살과 뼈가 있다."(루카 24,39) 신경의 "참 인간이 되셨습니다."[31]라는 구절을 통해서 이들의 오류를 바로잡을 수 있습니다.

유다인 에비온

901 유다인 에비온[32]은 그리스도께서는 마리아에게서 태어났으나 그것은 다만 자연스러운 출산이었을 뿐이라고 합니다. 이 역시

---

31 독일어판에서는 "살이 되시었다."로 읽고, 영어판에서는 "살을 지니셨다."로 읽는다.
32 에비온(Ebion): 1세기에서 4세기에 걸쳐 존재한 그리스도교 분파 에비온파의 창시자로 여겨져 왔으나 현대의 비판적 연구에서는 역사상의 실재 인물이 아니라 에비온파가 표방했던 생활 태도, 즉 산상수훈에서의 제1행복 '가난한 자ebjonim'(*마태 5,3; 루카 4,18 참조)와 관련 있다고 한다. 그리스도의 신성과 그 무염시태를 부정하고, 바오로를 배교자로 여겼다.

그릇된 주장입니다. 천사가 이렇게 말했습니다. "그 몸에 잉태된 아기는 성령으로 말미암은 것이다."(마태 1,20) 교부들은 이 오류를 배척하기 위해 "성령으로"라는 말을 더했습니다.

그노시스파 발렌티누스

902   그노시스파 발렌티누스[33]는 그리스도께서 성령으로 잉태되었다는 사실은 인정하지만, 성령께서 하늘의 몸을 성모님께 전하고, 그 몸이 그리스도의 몸이 되었으며, 그래서 마리아는 마치 그리스도께서 거쳐 지나온 통로였을 뿐이라고 주장했습니다. 이 역시 오류임을 천사가 마리아에게 말씀하신 구절을 통해 알 수 있습니다. "태어날 아기는 거룩하신 분, 하느님의 아드님이라고 불릴 것이다."(루카 1,35) 성경에 이런 구절이 나옵니다. "때가 차자 하느님께서 당신의 아드님을 보내시어 여인에게서 태어나."(갈라 4,4) 이를 토대로 신경에는 "동정녀 마리아에게서 나시고"가 덧붙습니다.

아리우스와 아폴리나리우스

903   아리우스와 아폴리나리우스[34]는 그리스도께서 하느님의 말

---

[33] 발렌티누스(Valentinus, 160년 사망): 2세기 로마에 유포된 그노시스파(Gnosticism, 영지주의) 이단설의 창시자. 135년까지 알렉산드리아에서, 그 후 160년까지 로마에서 가르쳤다.

[34] 아폴리나리우스(Apolinarius, 315년경-390년경): 시리아의 라오디케이아의 주교. 그리스도의 완전한 신성을 주장했으나 그리스도의 완전한 인성을 부인했다. 제1차 콘스탄티노폴리스 공의회

씀이시고 동정녀 마리아에게서 나신 것은 인정하지만, (인간의 정신적) 영혼을 지닌 것이 아니라 신성이 그 자리를 차지하였다고 주장합니다. 그러나 이 역시 성경을 거스르니, 그리스도께서 이렇게 말씀하셨습니다. "제 마음이 산란합니다."(요한 12,27) "내 마음이 너무 괴로워 죽을 지경이다."(마태 26,38) 교부들은 이들의 오류를 바로잡기 위해 "사람이 되셨습니다."라는 말을 덧붙였습니다. 사람이 영혼과 몸으로 이루어졌으니, 그리스도께서는 사람이 지닐 수 있는 것은 다 지니셨는데, 죄만은 예외입니다.

904 "사람이 되셨습니다."라는 이 한 마디로 여기서 살핀 잘못들과 이와 관련한 다른 오류들도 모두 바로잡을 수 있습니다.

유티케스

유티케스[35]는 일종의 혼합을 가정하는데, 그에 따르면 신성과 인성이 합쳐져 그리스도의 본성이 생겨났기에 그리스도께서 진짜 하느님도 아니고 진짜 사람도 아니라고 합니다. 그러나 "사람이 되셨습니다."라는 말에 어긋나기에 이 역시 잘못된 것입니다.

(381년)에서 이단으로 단죄되었다.

35 유티케스(Eutyches, 378년경-454년경): 5세기 중엽 콘스탄티노폴리스 수도원장. 그의 주장은 451년 칼케돈 공의회에서 단죄되었다.

네스토리우스

네스토리우스[36]의 주장도 마찬가지로 폐기됩니다. 네스토리우스는 하느님의 아드님이 사람(그리스도)과 하나가 되지만, 단지 그 안에 내재하는 것일 뿐이라 주장합니다. 이 역시 잘못된 주장입니다. 사람이 아니고(되지 않으시고) 그저 사람 안에 계신 거라면, 진짜 사람은 아닌 셈이기 때문입니다. 이런 주장이 잘못임을 분명하게 밝힌 성경 말씀이 있습니다. "당신 자신을 비우시어 종의 모습을 취하시고 사람들과 같이 되셨습니다."(필리 2,7) 또 주님께서도 이렇게 말씀하십니다. "너희는 지금 …… 사람인 나를 죽이려고 한다."(요한 8,40)

3) 강생의 믿음이 주는 이로움

905   여기에서 우리는 다섯 가지 유익한 결실을 얻을 수 있습니다.

신앙의 강화

먼 나라에는 가 본 적도 없는 사람이 그 나라 이야기를 전한다면 그의 말을 온전히 믿기는 어려울 것입니다. 직접 가 본 사람의 이야기보다 신뢰가 덜하기 때문입니다. 그리스도께서 이 세상에 오시

---

36   네스토리우스(Nestorius, 351년경-451년경): 콘스탄티노폴리스 총대주교. 마리아는 그리스도의 어머니지만 하느님의 어머니는 아니라고 했다. 그 주장은 431년 에페소 공의회에서 단죄되었다.

기 전에 예언자들과 요한 세례자 등이 그 사실을 알렸지만, 사람들은 믿지 않았습니다. 그랬던 우리가 이토록 굳건해진 까닭은 그리스도께서 직접 보여 주시고 들려주셨기 때문입니다. 그래서 우리는 요한 사도의 말을 빌려 이렇게 말할 수 있습니다. "아무도 하느님을 본 적이 없다. 아버지와 가장 가까우신 외아드님 하느님이신 그분께서 알려 주셨다."(요한 1,18) 그리스도의 강생으로 그전에는 드러나지 않았던 여러 가지 신앙의 신비들까지 우리에게 알려졌습니다.

희망을 일깨움

906 하느님의 아드님께서 우리와 똑같은 몸으로 오신 것은 우리를 크게 이롭게 하기 위함이었습니다. 하느님께서 일종의 교환을 하신 셈인데, 지상의 우리 몸을 취하시어 동정녀에서 태어나시고, 사람들에게는 당신의 신성을 선사하셨습니다. 그렇게 사람이 되심으로써 사람을 하느님으로 만드십니다(신성하게 하십니다). "믿음 덕분에, 우리는 그리스도를 통하여 우리가 서 있는 이 은총 속으로 들어올 수 있게 되었습니다. 그리고 하느님 자녀가 되는 영광을 누리게 되리라는 희망을 자랑으로 여깁니다."(*로마 5,2 참조)

불붙는 사랑의 불씨

907 만물의 창조주이신 하느님 스스로가 하나의 피조물이라는 사실, 하느님의 아들이 사람의 아들이 되었다는 사실보다 하느님의

사랑을 더 또렷하게 보여 줄 수 있는 증거는 없습니다. 구세주께서도 직접 강조하십니다. "하느님께서는 세상을 너무나 사랑하신 나머지 외아들을 내주시어."(요한 3,16) 이런 묵상을 하다 보면 하느님을 향한 우리 사랑의 불꽃이 활활 타오름을 느낍니다.

순수한 영혼

908   하느님과의 연결로 우리 본성이 아주 고결해지고 고상해졌습니다. 아브라함과 롯은 천사 앞에서 얼굴을 땅에 대고 엎드렸지만(창세 18,2; 19,1-2 참조), 하느님께서 사람이 되신 후에 천사는 요한 사도가 자기 앞에 엎드리는 것을 마다합니다(묵시 22,8-9 참조). 그전에는 아무리 위대한 인물이라도 그러도록 하였는데 말이지요(창세 18,2; 19,1-2 참조). 우리 사람은 이처럼 높아진 사실을 마음에 새기고 묵상하면서 스스로의 존엄성을 지키며 죄에 빠져 자기 본성을 떨어뜨리지 않도록 조심해야 합니다. 그래서 베드로 사도는 이렇게 말합니다. "그분께서는 그 영광과 능력으로 귀중하고 위대한 약속을 우리에게 내려 주시어, 여러분이 그 약속 덕분에, 욕망으로 이 세상에 빚어진 멸망에서 벗어나 하느님의 본성에 참여하게 하셨습니다."(2베드 1,4)

그리스도를 향한 동경

909   우리의 왕이신 그리스도께서 우리 곁에 오셨으니 사람들은

얼마나 그분과 함께하고 싶었겠습니까? 구세주께서는 그 상황을 빗대어 이렇게 말씀하십니다. "주검이 있는 곳에 독수리들이 모여든다."(마태 24,28) 바오로 사도 역시 그리스도 곁에 가기를 갈망했습니다(필리 1,23 참조). 우리도 그리스도께서 사람이 되신 신비를 묵상하며 이런 동경의 마음을 키워가야 합니다.

제4신조: 본시오 빌라도 통치 아래서 고난을 받으시고 십자가에 못 박혀 돌아가시고 묻히셨으며

1) 상상하기 어려운 예수님의 죽음

910 그리스도인은 누구나 하느님의 아드님이 사람이 되신 신비와 그리스도께서 수난을 당하시고 돌아가셨다는 사실을 믿습니다.[37] 그레고리오 1세 대교황[38]은 이렇게 말씀하셨습니다. "예수님께서 우리까지 구원하지 않으셨다면 예수님의 탄생은 그다지 이로

---

[37] 《신학대전》 제3부 제46문 제3절.

[38] 그레고리오 1세 대교황(Gregorius I, 재위 590년-604년): 성인, 교회박사. 고대에서 중세로의 전환기, 교회 안팎의 어려움에 직면한 교회를 통치하고 교황권의 정치적 지위의 확립, 전례 특히 성가를 정리했다. 토마스가 인용하는 본문의 말은 주님 부활 대축일 전례의 '부활 찬송Exultet'에서 따온 것으로 명확한 근거 없이 그레고리오의 것으로 여겨져 왔다.

운 게 아니었을 것이다."

사실 전지전능하신 그리스도께서 (우리를 위해) 십자가에서 무력하게 돌아가셨다는 것이 우리의 이해력으로는 쉽게 받아들여지지 않습니다. 하느님의 말씀을 인용한 사도행전의 다음 구절에서도 이를 암시합니다. "내가 너희 시대에 한 가지 일을 하리라. 누가 너희에게 일러 주어도 너희가 도무지 믿지 못할 그런 일이다."(사도 13,41) 하바쿡서에도 이런 구절이 나옵니다. "너희 시대에 어떤 일이 이루어지리니 그것을 듣더라도 너희는 믿지 못하리라."(하바 1,5) 우리를 사랑하신 나머지 (인간적인) 죽음마저도 물리치지 않으신 하느님의 구원 계획과 은혜를 우리는 감히 헤아릴 수가 없습니다.

911 그런데 신앙의 가르침에 따르면 그리스도의 죽음은 인간으로서의 죽음일 뿐, 신성의 죽음이 아닙니다. 이를 분명하게 보여 주는 세 가지 본보기가 있습니다.

2) 예수님의 죽음: 인간으로서의 죽음

우리 안의 본보기

하나는 우리 안에서 찾을 수 있습니다. 사람이 죽으면 영혼과 육신이 떨어지는데, 이때 죽는 건 영혼이 아니라 '육신corpus' 또는 '살caro'입니다. 그리스도의 죽음도 마찬가지입니다. 예수님의 죽음은 인간으로서 죽음이었을 뿐 신성의 죽음은 아니었습니다.

임금의 옷

912   유다인들이 죽인 것이 신성이 아닌 인성, 그저 어떤 사람 하나였다면 그 죄가 막중하지 않다고 말하는 사람이 있을지도 모르겠습니다. 이에 대해 사례를 하나 들어 보겠습니다. 임금이 입는 옷을 누군가가 함부로 대했다고 가정해 봅시다. 임금을 직접 해하지는 않았더라도 백성의 신분으로 그의 옷을 함부로 대한 것은 큰 죄입니다. 유다인들이 해한 것이 신성이 아닌 인성뿐이라도 그 죄가 결코 가벼울 수 없습니다.

말씀을 적은 종이

앞에서 하느님의 아들은 하느님의 말씀이라고 했습니다. 또 '말씀이 사람이 되심'은 종이에 임금의 말씀을 적고 인장을 찍은 것으로 비유할 수 있다고 했습니다. 그런데 누군가가 임금의 그 종이를 찢어 버린다면, 임금의 말씀을 없애 버린 것과 같다고 할 수 있습니다. 유다인들의 죄도 그러합니다. 그들은 하느님의 말씀을 없애 버린 것입니다.

3) 그리스도께서 우리를 위해 수난을 당하신 이유

913   그런데 하느님의 말씀이 우리를 위해 왜 수난을 당하셔야 했을까요? 불가피한 이유를 두 가지로 정리할 수 있습니다. 한편으

로 당신의 수난이 죄를 씻어 내는 약이기 때문이고, 다른 한편으로 우리 삶의 모범이 되기 위해서입니다.

먼저 그리스도의 수난은 죄를 씻어 줄 구원의 수단이었습니다. 지은 죄가 쌓이고 쌓여 구원에서 점점 멀어지게 된 우리를 구원해 주기 위함이었던 것입니다.

죄의 얼룩

914 사람이 죄를 지으면 영혼에 얼룩이 생깁니다. 덕이 영혼을 아름답게 만들듯, 죄는 영혼을 일그러뜨리고 더럽힙니다. 성경에도 이런 이야기가 나옵니다. "이스라엘아! 어쩌다가 네가 원수들의 땅에서 살고 죽은 자들로 부정해지고 말았구나."(*바룩 3,10 참조) 그리스도의 수난은 죄로 인한 얼룩을 없애 줍니다. 그리스도께서는 당신의 수난과 피로 죄인들을 씻어 주셨습니다. "당신 피로 우리를 죄에서 풀어 주셨고."(묵시 1,5) 그리스도의 피를 통한 영혼의 씻김은 세례 때 이루어집니다. 그리스도의 피에는 정화의 힘이 있습니다. 세례로 죄 사함을 받은 우리가 다시 죄를 지어 얼룩을 만들면, 그리스도께 수치를 안기는 꼴이므로 이전보다도 더 큰 죄를 지은 것이라 할 수 있습니다. "모세의 율법을 무시한 자는 둘이나 세 증인의 말에 따라 가차 없이 처형됩니다. 그렇다면 하느님의 아드님을 짓밟고, 자기를 거룩하게 해 준 계약의 피를 더러운 것으로 여기고, 은총의 성령을 모독한 자는 얼마나 더 나쁜 벌을 받아야 마땅하겠습니까?"(히브 10,28-29)

하느님의 노여움

915 하느님께서는 영혼의 아름다움에서 오는 영적인 아름다움을 사랑하십니다. 그런데 죄로 영혼을 더럽히는 것은 하느님을 모욕하는 것과 같습니다. 그래서 하느님께서는 죄인을 미워하십니다. "하느님께는 악인과 그의 악행이 똑같이 가증스러워."(지혜 14,9) 하지만 그리스도의 수난으로 우리는 깨끗해지게 됩니다. 그리스도께서 인간의 죄를 대신하여 하느님께 보속satisfactio하셨기 때문입니다. 이 보속은 인간이 스스로는 할 수 없는 일입니다. 당신의 사랑과 순명은 죄와 첫 사람들의 불순종보다 더 위대하여, "우리가 하느님의 원수였을 때에 그분 아드님의 죽음으로 그분과 화해하게 되었다면"(로마 5,10)이라는 바오로 사도의 말처럼 사람은 하느님과 화해하게 되었습니다.

나약함

916 한 번 죄를 지으면 나중에는 멈출 수 없습니다. 처음 죄(원죄)로 본성이 약해진 사람에게 죄를 짓는 성향이 강화되었기 때문이지요. 그래서 죄가 사람을 좌지우지하고, 그 결과 죄가 쌓이고 쌓여 사람은 마침내 구덩이에 빠져 버린 것처럼 하느님의 도움 없이는 일어설 수 없는 지경이 됩니다. 인간이 죄를 짓고나서 우리 본성이 나약해지고 부패하여 죄에 쉽게 빠지는 성향이 생겼습니다.

그러나 그리스도께서 이 나약함과 무력함을 완전히 없애 주진 않으셨어도 덜어 주셨습니다. 인간은 그리스도의 수난 이후에 더 강해지고 죄는 약해져서 더이상 죄가 사람을 좌지우지하지 못하게 되었습니다. 오히려 (그리스도의 수난에서 힘을 얻는) 여러 성사에서 베풀어지는 은총의 지원을 받아 죄와 싸워 죄를 벗어날 수 있습니다. "우리의 옛 인간이 그분과 함께 십자가에 못 박힘으로써 죄의 지배를 받는 몸이 소멸하여"(로마 6,6) 그 결과 그리스도의 수난 전에는 죽을죄(대죄, peccatum mortale)[39]를 지은 사람이 많았지만, 나중에는 죽을죄 없이 살아가는 사람이 많아졌습니다.

처벌의 빚

917 죄를 지은 사람은 누구나 벌을 받는다는 것이 하느님의 정의입니다. 그러나 벌의 크기는 죄의 크기에 따라 정해집니다. 그런데 무한한 선이신 하느님을 거스르는 죽을죄(대죄)의 빚은 무한합니다. 죄인이 하느님의 계명을 무시한다면, 죽을죄에 마땅히 내려질 벌 역시 무한할 수밖에 없습니다. 그런데 그리스도께서는 당신의 수난으로 이 벌을 없애 주신 것을 넘어 손수 짊어지셨습니다. "그분께서는 우리의 죄를 당신의 몸에 친히 지시고."(1베드 2,24) 그리스도의 수난은 온 세상의 수백만 가지 죄를 속량하기에 충분합니다. 그래서 세례를 받는 사람은 모든 죄를 씻을 수 있습니다. 똑같은 이유

---

[39] 토마스 아퀴나스에게 궁극적인 죄의 구별은 사죄(死罪, peccatum mortale), 곧 최종 목적에서 의지적으로 멀어지는 것과 소죄(小罪, peccatum veniale), 곧 단순히 '목적으로부터 빗나간' 것이다. (바티스타 몬딘 지음, 이재룡·안소근·윤주현 옮김, 《성 토마스 개념사전》, 한국성토마스연구소, 2021, 678-679쪽)

로 사제는 죄를 덜어 줄 수 있습니다. 그리스도의 수난에 일치하는 이는 그만큼 더 많은 용서와 은총을 받을 수 있습니다.

왕국 추방

918 임금을 모욕하는 사람이 그 왕국에서 쫓겨날 수밖에 없는 것처럼, 죄지은 사람은 천국에서 쫓겨납니다. 아담은 죄를 짓고 바로 에덴동산에서 쫓겨났고 그 문은 닫혀 버렸지요.

그런데 그리스도께서 당신의 수난으로 이 문을 다시 여시고 쫓겨난 사람들을 천국으로 부르셨습니다. 그리스도의 옆구리가 뚫림으로써 천국의 문이 열린 것입니다. 그리고 그리스도의 피로 죄의 얼룩이 씻겼습니다. 하느님과 화해하고, 나약함에서 벗어나고, 처벌이 속죄되며, 추방자가 천국으로 다시 들어간 것입니다. 그래서 주님은 도둑질한 죄인에게 이렇게 이르십니다. "너는 오늘 나와 함께 낙원에 있을 것이다."(루카 23,43) 그전에는 아무에게도 그런 말씀을 하지 않으셨습니다. 아담도, 아브라함도, 다윗도 듣지 못했습니다. 그런데 도둑질한 죄인이 빌자 그때 천국의 문이 열립니다. 그래서 그는 '오늘' 용서를 받습니다. "우리는 예수님의 피 덕분에 성소에 들어간다는 확신을 가지고 있습니다."(히브 10,19) 이것이 바로 그리스도 수난의 이로움이니, 바로 죄에 대한 구제책입니다.[40] 이로써

---

[40] 《신학대전》 제3부 제49문.

오는 이로움은 명백합니다.

4) 그리스도의 수난은 덕행의 본보기

우리를 위한 본보기로서도 그 이로움이 적지 않습니다.

919　아우구스티노 성인도 그리스도의 수난은 우리 삶의 본보기로서 충분하다고 말씀하셨습니다. 그러니 완전하게 살려는 사람은 십자가의 그리스도께서 경멸하신 것을 경멸하고, 열망하신 것을 열망하면 됩니다.

920　십자가에서 본보기로 찾을 수 없는 덕목은 없습니다.

사랑의 본보기

그리스도께서 말씀하셨습니다. "친구들을 위하여 목숨을 내놓는 것보다 더 큰 사랑은 없다."(요한 15,13) 예수님께서 우리를 위해 당신의 목숨을 바치시는데, 우리도 당신을 위해 고통당하는 것을 어려워해서는 안 될 것입니다. "나 무엇으로 주님께 갚으리오? 내게 베푸신 그 모든 은혜를."(시편 116,12)

인내의 본보기

921　인내의 가장 아름다운 본보기는 십자가에서 찾을 수 있습니다. 인내심이란 두 가지를 통해 높아지니, 수난을 참을성 있게 견

며 내는 것과 피하지 않고 감당하는 것입니다.

그리스도께서는 십자가에서 수난을 견뎌 내셨습니다. "길을 지나가는 이들이여 모두 살펴보고 또 보시오. …… 내가 겪는 이 아픔 같은 것이 또 있는지."(애가 1,12) 그리스도께서는 그 모든 수난에 불평조차 하지 않으셨습니다(*1베드 2,23 참조). "도살장에 끌려가는 어린 양처럼, 털 깎는 사람 앞에 잠자코 서 있는 어미 양처럼 그는 자기 입을 열지 않았다."(이사 53,7)

그리스도께서는 이 수난을 피하실 수 있었으나 그러지 않으셨습니다. "너는 내가 내 아버지께 청할 수 없다고 생각하느냐? 청하기만 하면 당장에 열두 군단이 넘는 천사들을 내 곁에 세워 주실 것이다."(마태 26,53) 십자가에서 보이신 그리스도의 인내심은 더할 나위 없이 큽니다. "우리도 온갖 짐과 그토록 쉽게 달라붙는 죄를 벗어 버리고, 우리가 달려야 할 길을 꾸준히 달려갑시다. 그러면서 우리 믿음의 영도자이시며 완성자이신 예수님을 바라봅시다. 그분께서는 당신 앞에 놓인 기쁨을 내다보시면서, 부끄러움도 아랑곳하지 않으시고 십자가를 견디어 내시어 하느님의 어좌 오른쪽에 앉으셨습니다."(히브 12,1-2)

겸손의 본보기

922 우리는 십자가에 매달려 계신 분을 바라봅니다. 모든 것을 다 하실 수 있는 하느님이시면서도 본시오 빌라도에게 재판을 받고

돌아가신 분입니다. "당신의 일은 악한 사람의 일처럼 잘못 심판되었습니다."(*욥 36,17 참조) 그렇습니다. 정녕코 악한 사람의 일처럼 말입니다. "그에게 수치스러운 죽음을 내리자."(지혜 2,20) 주님께서는 종들을 위해 죽음을 원하셨고, 천사들의 생명이 사람들을 위하여 죽었습니다. "당신 자신을 낮추시어 죽음에 이르기까지, 십자가 죽음에 이르기까지 순종하셨습니다."(필리 2,8)

순명의 본보기

923 우리는 죽음에 이르기까지 하느님께 순명하신 분을 본받아야 합니다. "한 사람의 불순종으로 많은 이가 죄인이 되었듯이, 한 사람의 순종으로 많은 이가 의로운 사람이 될 것입니다."(로마 5,19)

세상일 하찮게 여김의 본보기

924 그리스도께서는 왕 중의 왕이요, 지배자 중의 지배자이시며, 지혜의 보물까지 간직하셨음에도 십자가에 달리시어 벌거벗겨지시고 조롱당하시고 침 뱉음을 당하시고 매 맞으시고 가시관 씌움을 당하시고 식초와 쓸개즙을 마셔야 했습니다. 수난과 십자가에서 돌아가신 것은 세상 것, 세속적인 것에 마음을 쓰지 않으신다는 본보기입니다.

그러니 화려한 옷이나 재산에 매달리지 마십시오. "제 옷을 저희끼리 나누어"(시편 22,19) 가졌으니. 명예에도 매달리지 마십시오. "내 자신 조롱과 구타를 당했으니."[41] 귀함에도 매달리지 마십시오. "가시관을 내 머리에 씌우니."[42] 욕망에도 매달리지 마십시오. "목말라 할 때 초를 마시게 하였습니다."(시편 69,22)

이런 의미에서 아우구스티노 성인도 히브리서 12장 2절의 "그분께서는 당신 앞에 놓인 기쁨을 내다보시면서 …… 십자가를 견디어" 내셨다는 구절에 관해 이렇게 전합니다. "사람이신 그리스도께서 지상의 재화란 재화는 모두 가볍게 여기시어 세상일을 하찮게 보는 법의 본보기를 주시었다."[43]

제5신조: 저승에 가시어 사흗날에 죽은 이들 가운데서 부활하시고

925 앞서 보았듯이 사람이 죽을 때는 육신과 영혼이 분리되지만, 그리스도의 신성은 당신의 인간 본성과 불가분으로 묶여 있습니다. 그래서 몸을 지니신 하느님의 아드님은 무덤에 계시고 영혼

---

[41] 독일어판과 라틴어판에 출처 표시 없음.

[42] 독일어판과 라틴어판에 출처 표시 없음.

[43] 아우구스티노 《성경의 거울 Speculum de Scriptura sacra》, Cap. III, XII, PL 34, c.1028.

을 지니신 그리스도께서는 저승infernus[44]으로 내려가셨습니다.[45]

1) 저승에 가신 이유

926 영혼을 지니신 그리스도께서 저승으로 내려가신 데에는 네 가지 까닭이 있습니다.

인간의 죄를 대속하시려고

죄에 대한 벌을 견뎌 모든 죄과culpa를 대속하시기 위해서입니다. 인간이 죄peccatum를 지으면 그 벌은 육신의 죽음으로 그치지 않고 영혼의 벌로 이어집니다. 죄의 자리가 영혼이니 영혼도 벌을 받습니다. 인간은 그 벌로 하느님을 바라볼 기회를 잃어버립니다.

죄가 완전히 정화되지 않았기에 그리스도께서 오시기 전에는 모두가, 다시 말해 성조들도 죽은 뒤 저승으로 가야 했습니다. 그리스

---

44 한국 가톨릭 교회의 사도 신경 번역에 따라 '저승'으로 표기하기로 하나 '지옥', '고성소', '지하 세계' 등 표현 방식이 다양하므로 교리서를 참고하기 바란다. 그리스도는 그분의 영혼과 더불어 오직 의로운 자들의 지하 세계, 즉 '고성소古聖所'라 번역되던 '림보limbo'로 내려가셨다. 천국은 그리스도의 부활로 열렸다는 그리스도교의 가르침에 따라, 구약 시대의 성인들이 죽은 다음 천국에 이르지 못하고 그리스도의 부활 때까지 기다려야 했던 곳을 말한다(G. 달사쏘-R. 꼬지 지음, 이재룡·이동익·조규만 옮김, 《성 토마스 아퀴나스의 신학대전 요약》, 가톨릭대학교출판부, 1995, 441쪽 주 23).

45 《신학대전》 제3부 제52문 제1절 제5답과 제6답.

도께서는 인류에게 내려진 벌을 모두 대속하시려고 돌아가신 뒤에 저승으로 가십니다. 시편에도 이런 구절이 나옵니다. "저는 구렁으로 내려가는 이들과 똑같이 헤아려지고 아무 도움도 없이 죽은 자들 사이에 홀로 자유롭습니다."(*시편 88,5 참조) 다른 죄인들은 지옥에 억지로 붙들려 있지만, 그리스도께서는 자유로우십니다.

당신 벗들을 온전히 도우시려고

927 그리스도께서는 당신 벗들을 도우시려고 저승으로 내려가셨습니다. 사랑이 있는 사람이라면 누구나 그리스도의 친구였습니다. 저승에는 아브라함, 이삭, 야곱, 모세, 다윗 등 앞으로 오실 구세주에 대한 믿음을 지닌 채 세상을 떠난 이들이 많았습니다. 그리스도께서는 지상의 사람들을 도우시려고 눈에 보이는 모습으로 세상에 오셨고, 저승에 있는 벗들을 도우시려고 저승으로 가십니다. "지상의 신비한 부분 다 꿰뚫고, 잠자는 이들을 모두 찾아서 주님 오시기를 고대하는 이들을 모두 일깨우리니."(*집회 24,45 참조)[46]

마귀를 완전하게 이겨 승리하시려고

928 그리스도께서는 마귀에게서 완전히 승리하시려고 저승에 가셨습니다. 전쟁에서 완전히 이기려면 전장에서의 승리뿐 아니라

---

[46] 한국천주교중앙협의회 《성경》 집회서 24장에는 45절이 없다.

그 본거지까지 차지해야 합니다. 그리스도께서는 악한 적을 완전히 물리치시고, 십자가에서 승리하셨습니다. 그리고 이렇게 말씀하십니다. "이제 이 세상은 심판을 받는다. 이제 이 세상의 우두머리가 밖으로 쫓겨날 것이다."(요한 12,31) 그분께서는 이 전쟁에서 완전히 승리하시려고 마귀의 자리를 빼앗고 지옥에서 마귀를 잡아 그 포획물까지 빼앗으려 하십니다. "권세와 권력들의 무장을 해제하여 그들을 공공연한 구경거리로 삼으시고, 그리스도를 통하여 그들을 이끌고 개선 행진을 하셨습니다."(콜로 2,15) 하늘과 땅의 지배권과 소유권을 지니셨기에 지옥의 권세까지 장악하려 하십니다. 그래서 바오로 사도는 "예수님의 이름 앞에 하늘과 땅 위와 땅 아래에 있는 자들이 다 무릎을 꿇고"(필리 2,10)라고 했고, 구세주께서는 "곧 내 이름으로 마귀들을 쫓아내고"(마르 16,17)라고 하십니다.

저승의 성인들을 해방하시려고

929 그리스도께서는 죽음을 이겨 내시어 살아 있는 자들을 죽음에서 해방하려 하셨듯이, 저승에 있는 성인들을 해방하시려고 지하 세계로 내려가십니다. 예언자들은 오래 전에 이미 이런 이야기를 했습니다. "너에게는 나와 피로 맺은 계약이 있으니 포로가 된 내 백성을 내가 물 없는 구덩이에서 끌어내 주리라."(즈카 9,11) "오, 죽음아, 내 너의 죽음이고자 하노라. 지옥아, 내 너의 물어뜯음이 되리라."(*호세 13,14 참조)

성경 구절대로라면, 그리스도께서 죽음은 완전히 무너뜨리셨지만 지옥만큼은 완전히 무너뜨리지 않으시고 비유하자면 상처만 입히신 셈입니다. 그래서 모두 다 지옥에서 해방된 것이 아니라, 죽을죄가 없고 원죄에서 구출된 이들만 해방된 것입니다. 원죄는 할례를 통해 사해질 수 있습니다. 그리고 할례를 받기 전 아직 이성을 쓸 줄 모르는 이라면 믿음이 바른 부모의 신앙으로, 성인이 된 이들이라면 앞으로 오실 구세주에 대한 믿음과 희생으로 해방될 수 있습니다. 그러나 원죄 때문에 그들은 아직도 그곳에 남아 있습니다. 적어도 그리스도 외에는 이 원죄에서 벗어날 수 있는 사람은 없습니다. 반면에 죄가 막중하여 지옥에 떨어진 인간과 할례받지 않은 아이들은 그곳에 두셨습니다. 그래서 "죽음아, 너의 독침이 어디 있느냐?"(1코린 15,55)라고 하셨던 것입니다.

그리스도께서는 이런 이유로 저승에 내려가셨습니다.[47]

2) 예수님의 저승행에서 배울 점

930   저승에 가신 예수님께로부터 우리 신심에 보탬이 되는 것 네 가지를 배울 수 있습니다.

---

[47] 《신학대전》 제3부 제52문.

하느님에 대한 굳건한 희망

아무리 힘든 어려움에 빠졌을지라도 하느님의 도움을 희망하고 하느님을 신뢰해야 합니다. 지옥에 있는 것보다 더 힘든 일은 없습니다. 그리스도께서 지옥에 있는 사람들을 구해 내셨으니, 하느님의 친구라면 어떤 어려움에 있더라도 구해 주시리라고 믿어야 합니다. "의인이 팔려 갈 때에 지혜는 그를 버리지 않고 죄악에서 구해 내었으며."(지혜 10,13) 하느님께서는 당신을 특별히 섬기는 자들을 도우시기에 특히 하느님을 섬기는 이라면 확신해도 됩니다.

"주님을 경외하는 이는 아무것도 겁내지 않으리라. 주님께서 그의 희망이시니 무서울 것이 없다."(집회 34,16)

경외심 키우고 오만하지 말기

931   그리스도께서 죄인들을 위해 수난을 받으시고 저승에 내려갔다 하시더라도, 그것이 그곳에 있는 모든 사람을 구하시려는 것은 아니었습니다. 그리스도께서는 죽을죄가 없는 이들만 구하셨습니다. 죽을죄를 짓고 지옥에 떨어진 자는 용서받지 못하고, 거룩한 조상들이 천국에서 지내는 동안 영원토록 지옥에 있게 된 것입니다. "그들은 영원한 벌을 받는 곳으로 가고 의인들은 영원한 생명을 누리는 곳으로 갈 것이다."(마태 25,46)

마음에 새겨 조심하기

932 그리스도께서는 우리 구원을 위해 저승에 내려가셨습니다. 우리는 조심하는 마음으로 지옥벌을 자주 생각해야 합니다. "나는 생각하였네. '내 생의 한창때에 나는 떠나야 하는구나. 남은 햇수를 지내러 나는 저승의 문으로 불려 가는구나.'"(이사 38,10) 이렇게 노래하는 히즈키야처럼 묵상을 통해 저승에 열심히 내려가다 보면, 지옥을 떠올리며 죄를 멀리할 테니 죽어서도 그곳에 쉽게 떨어지지 않을 것입니다. 지상에 사는 사람들은 현세에서 받을 처벌 때문에 범죄를 경계합니다. 지옥의 벌은 길이로 보거나 고통의 정도와 다양성으로 보거나 현세의 벌과는 비교할 수 없이 크고 무겁습니다. 그러니 얼마나 죄를 조심하고 멀리해야 하겠습니까? "너의 마지막 때를 생각하여라. 그러면 결코 죄를 짓지 않으리라."(집회 7,36)

사랑의 본보기

933 그리스도께서 저승에 내려가신 것은 당신의 벗들을 거기서 풀어 주시기 위해서입니다. 그들 스스로는 어쩔 수가 없으니 우리도 연옥에 있는 영혼들을 도와야 합니다. 연옥에 있는 것과 비교할 만한 현세의 처벌은 없습니다. 가여운 영혼들이 욥의 입을 빌려 이렇게 이야기합니다. "여보게, 나의 벗들이여, 날 불쌍히 여기게나, 불쌍히 여기게나. 하느님의 손이 나를 치셨다네."(욥 19,21) 성경에 이런 구절도 나옵니다. "죽은 이들을 위하여 속죄를 한 것은 그들이

죄에서 벗어나게 하려는 것이었다."(2마카 12,45)

934 아우구스티노 성인이 말씀하시듯 우리가 연옥의 영혼을 도울 방법은 미사[48]와 기도와 선행입니다. 그레고리오 성인은 여기에 금식을 더했습니다. 벗을 도울 수 있는 이는 벗입니다. 연옥의 영혼들은 그곳에서 아무것도 할 수 없습니다. 그들은 자신들을 위한 벗들의 도움을 누구보다 간절히 기다리고 있습니다.[49]

3) 그리스도의 부활에서 배울 점

935 하느님의 영광과 지옥의 벌은 반드시 알아 두어야 합니다. 우리는 하느님의 영광으로 나아가고 지옥의 벌을 멀리해야 하기 때문입니다. 사람은 지옥의 벌을 떠올리며 죄를 멀리합니다. 그런데 사람이 이를 이해하기는 몹시 어렵습니다. 성경에도 이런 말들이 나옵니다. "하늘의 것을 밝혀낸 자 어디 있겠습니까?"(지혜 9,16) "땅

---

[48] 미사는 성체성사의 거행이며, 그리스도교 최고의 예배 행위이다. 미사는 사람이 되신 하느님의 아드님께서 십자가 위에서 당신 자신을 희생 제물로 봉헌하시면서 성부께 드리셨던 완전한 예배 행위의 '재현'이다. 성자께서는 그 제사로 인류를 구원하셨고(죄의 용서와 하느님의 생명에 참여), 미사는 그리스도께서 다시 오실 때까지 십자가의 제사가 끊임없이 반복되는 것이다(《성 토마스 개념 사전》 237쪽).

[49] 연옥이 존재한다는 사실과 연옥에 있는 영혼을 위하여 현세에서 하는 대속에 의한 원조의 가능성은 제2차 리옹 공의회(1274년), 피렌체 공의회(1439년), 트리엔트 공의회(1547년)에 의해 규정되었다.

에서 난 사람은 땅에 속하고 땅에 속한 것을 말하는데"(요한 3,31)라는 말씀처럼 우리는 지상의 것만 생각하기 쉽습니다. 반면에 "하늘에서 오시는 분은 모든 것 위에"(요한 3,31) 계시니 영적인 사람들에게는 이것이 어렵지 않습니다. 그래서 하느님께서 하늘의 것을 가르치시려고 지상으로 내려오시어 사람이 되셨습니다.

마찬가지로 지옥의 벌을 알기도 어렵습니다. 하느님을 섬기지 않는 무신론자들의 "우리가 알기로 저승에서 돌아온 자도 없다"(지혜 2,1)라는 말처럼 말입니다. 그러나 이제는 그렇게 말할 수가 없습니다. 하느님께서 하늘의 것을 가르치시려 하늘에서 내려오셨듯이, 우리에게 지옥의 세계를 가르치시려 죽은 이들 가운데에서 부활하셨기 때문입니다.[50] 그래서 신경에도 이런 구절이 있습니다. "사흘 날 죽은 이들 가운데에서 부활하시고."

4) 예수님의 부활이 다른 사람들의 부활과 다른 점

936 라자로와 과부의 아들, 야이로의 딸처럼 죽었다가 다시 살아난 사람들이 여럿 있습니다. 하지만 그리스도의 부활[51]은 다른 사람들의 부활과 네 가지 점에서 다릅니다.

---

50 《신학대전》 제3부 제53문 제2절, 제4절.
51 《신학대전》 제3부 제57문 제1절, 제3절.

부활의 원인[52]

다른 사람들은 자신의 힘이 아니라 그리스도의 능력이나 성인의 기도 덕분에 다시 살아났습니다. 그러나 그리스도께서는 당신 스스로 부활하셨습니다. 그저 사람이기만 하신 게 아니라 하느님이기도 하셨고, 또 로고스의 신성이 떨어진 적이 없기 때문입니다. 영혼과도 또 육신과도 떨어지신 적이 없습니다. 그래서 원하시기만 하면 언제든 육신은 영혼을, 영혼은 육신을 취하십니다. 구세주께서 이런 말씀을 하셨습니다. "나는 영혼을 내놓을 권한도 있고 그것을 다시 얻을 권한도 있다."(*요한 10,18 참조) 그리스도께서는 어쩔 수 없이 죽음을 맞이하신 것이 아니라 당신의 권능과 자유의지로 선택하신 것입니다. 숨을 거두실 때 힘찬 목소리로 이야기하신 것도 바로 그런 까닭입니다. 그래서 십자가 아래서 백인대장이 이렇게 외쳤습니다. "참으로 이분은 하느님의 아드님이셨다."(마태 27,54)

그리스도께서는 스스로 목숨(영혼)을 내놓으셨듯이, 다시 받아들이시는 것도 스스로 하십니다. 그리고 "나 자리에 누워 잠들었다 깨어남은"(시편 3,6)이라는 말씀처럼 깨어났다고 하지 않고 "부활하셨다"고 하십니다. "이 예수님을 하느님께서 다시 살리셨고"(사도 2,32)라는 구절과도 어긋나지 않습니다. 아버지 하느님께서 아드님을 깨우시는데, 아버님과 아드님이 똑같은 권세를 지니셨기 때문입니다.

---

52 《신학대전》 제3부 제53문 제4절.

부활 뒤 생명의 차이

937 부활하신 그리스도의 생명은 영광 가득한 영원불멸입니다. 바오로 사도는 "그리스도께서 아버지의 영광을 통하여 죽은 이들 가운데에서 되살아나"(로마 6,4)셨다고 전합니다. 그런데 다른 사람들은 부활한 뒤의 생명이 이전 상태 그대로입니다. 라자로도 그렇고 다른 사람들도 마찬가지입니다.

결실과 효력[53]의 차이

938 그리스도의 부활이 있기에 다른 이들도 부활할 수 있었습니다. "잠자던 많은 성도들의 몸이 되살아났다."(마태 27,52) 또 이런 대목도 있습니다. "그리스도께서는 죽은 이들 가운데에서 되살아나셨습니다. 죽은 이들의 맏물이 되셨습니다."(1코린 15,20) 여기서 그리스도께서 수난을 통해 영광에 이르셨다는 사실을 명심해야 합니다. "그리스도는 그러한 고난을 겪고서 자기의 영광 속에 들어가야 하는 것이 아니냐?"(루카 24,26) 이는 우리도 영광에 이르려면 어떻게 해야 하는지 가르쳐 주시려는 것입니다. "우리가 하느님의 나라에 들어가려면 많은 환난을 겪어야 합니다."(사도 14,22)

---

[53] 《신학대전》 제3부 제56문.

시간의 차이

939　다른 사람들의 부활은 이 세상의 종말까지 연기되었습니다. 복되신 동정녀와 경건한 신앙의 요한 사도처럼 특별한 은혜로 그전에 부활한 사람들이 두엇 있었지만,[54] 그리스도께서는 단 사흘 만에 부활하셨습니다. 그 이유는 그리스도의 탄생과 죽음이 우리의 구원을 위해 일어난 일이고, 적절한 순간에 '부활'하셔야 했기 때문입니다. 당신의 부활을 오래 미루셨더라면, 사도들의 신앙을 확고하게 지켜내지 못하셨을 테니 결국 당신 수난의 의미가 퇴색되었을 것입니다. "제 피가, 제가 구렁으로 떨어지는 것이 무슨 이득이 됩니까?"(시편 30,10) 그리스도께서 사흗날 부활하신 건 당신의 죽음을 믿고 또 사도들이 신앙을 잃지 않도록 하시기 위함이었습니다.[55]

5) 우리 신앙에 덕이 되는 그리스도의 부활

940　그리스도의 부활을 통해 우리 신앙에 덕이 되는 것이 네 가지 있습니다.

---

[54] '성모 승천'이 믿을 교리로 선포된 것은 1950년 11월 1일이다. 그때까지 성모 마리아의 승천의 의미에 관하여 토마스 아퀴나스는 '성모 마리아의 승천=부활'로 받아들였던 것 같다. 요한 사도 또한 부활한 것으로 이해되었던 듯하다.

[55] 《신학대전》 제3부 제53문-제56문.

의로운 삶으로 부활하려는 노력

죄로 말미암을 영혼의 죽음에서 회개를 통한 의로운 삶으로 부활하도록 영적으로 노력해야 합니다. 그런 의미에서 바오로 사도는 이렇게 말합니다. "잠자는 사람아, 깨어나라. 죽은 이들 가운데에서 일어나라. 그리스도께서 너를 비추어 주시리라."(에페 5,14) 이것이 첫째 부활입니다. 묵시록에서도 부활을 이야기합니다. "첫 번째 부활에 참여하는 이는 행복하고 또 거룩한 사람입니다."(묵시 20,6)

미루어서는 안 될 부활

941 자신을 구원하는 일(부활)은 미루지 말고 지금 바로 결심해야 합니다. 그리스도께서는 사흘 만에 부활하셨습니다. 성경에는 이런 구절이 나옵니다. "주님께 돌아가기를 미루지 말고 하루하루 늦추려 하지 마라."(집회 5,7) 병약함에 짓눌리면 자신을 구원하는 일에 몰두할 수 없습니다.

그것은 교회를 통해 주어질 은총을 가로막는 것입니다. 그러다가 수많은 죄악으로 떨어지기 쉽습니다. 베다[56] 성인이 말하듯, 악마에게 오래 사로잡힌 사람일수록 악마를 떼어내기 어렵습니다.

---

56 베다(Bede, 672/673-735): 영국의 베네딕토 수도회 수사로 영국 교회사를 썼다.

부활 후에 다시 죄짓지 않기

942　영원불멸의 생명으로 부활하여 다시 죽는 일이 없어야 한다는 것은 앞으로 더는 죄를 짓지 않겠다고 결심한다는 말입니다. 바오로 사도는 이런 생각을 염두에 두고 말합니다. "우리는 그리스도께서 죽은 이들 가운데에서 되살아나시어 다시는 돌아가시지 않으리라는 것을 압니다. 죽음은 더 이상 그분 위에 군림하지 못합니다."(로마 6,9) 그리고 이렇게 덧붙입니다. "이와 같이 여러분 자신도 죄에서는 죽었지만 그리스도 예수님 안에서 하느님을 위하여 살고 있다고 생각하십시오. 그러므로 죄가 여러분의 죽을 몸을 지배하여 여러분이 그 욕망에 순종하는 일이 없도록 하십시오. 그리고 여러분의 지체를 불의의 도구로 죄에 넘기지 마십시오. 오히려 죽은 이들 가운데에서 살아난 사람으로서 자신을 하느님께 바치십시오."(로마 6,11-13)

더 높은 삶으로 부활

943　우리는 죄의 죽음에 이르게 된 원인이나 사정을 피하면서, 더 높은 삶으로 새롭게 부활해야 합니다. "그리스도께서 아버지의 영광을 통하여 죽은 이들 가운데에서 되살아나신 것처럼, 우리도 새로운 삶을 살아가게 되었습니다."(로마 6,4) 새로운 삶은 정의의 삶으로서, 우리의 영혼을 쇄신하고 영원한 영광으로 이끕니다.

제6신조: 하늘에 올라 전능하신 천주 성부 오른편에 앉으시며

944 우리는 그리스도께서 부활하신 후 승천했다는 사실을 믿어야 합니다.[57] 부활하신 후 40일째 되는 날 하늘로 올라가셨으니, 이를 일러 "하늘에 오르셨다"라고 하지요. 이와 관련하여 세 가지를 알아 두어야 합니다. 승천ascensio의 숭고함, 승천의 확실한 근거, 그리고 승천의 유익함입니다.

1) 숭고한 승천

그리스도께서 하늘나라에 오르셨습니다. 숭고한 일입니다. 여기에는 세 가지 의미가 있습니다.

물리적 하늘 꼭대기에 오르심

그리스도께서는 제일 높은 실체적 하늘에[58] 오르셨습니다. 바오로 사도는 이렇게 말합니다. "가장 높은 하늘로 올라가신 분이십니

---

[57] 《신학대전》 제3부 제57문 제1절, 제3절.

[58] 《신학대전》 제3부 제57문 제4절. 토마스는 고대 천문학의 체계에 따라 다수의 물리적 하늘을 구별하고 있으나, 그리스도의 물리적 하늘로의 승천은 우주 공간과는 무관한 성질의 것이다.

다."(에페 4,10) 이런 일은 선례가 없습니다. 그리스도께서 맨 처음입니다. 그전까지 지상의 몸들은 오로지 지상에만 있는 게 철칙이어서, 아담조차도 지상의 낙원에 있었습니다.

영적인 하늘 꼭대기에 오르심

그리스도께서는 영적인 하늘[59] 맨 꼭대기로 오르셨습니다. 다시 말해 순전히 영적인 존재로서 위로 가셨습니다. 에페소 신자들에게 보낸 서간에 이런 구절이 나옵니다. "하느님께서는 그리스도 안에서 그 능력을 펼치시어, …… 당신 오른쪽에 앉히셨습니다. 모든 권세와 권력과 권능과 주권 위에, 그리고 현세만이 아니라 내세에서도 불릴 모든 이름 위에 뛰어나게 하신 것입니다. 또한 만물을 그리스도의 발아래 굴복시키시고, 만물 위에 계신 그분을 교회에 머리로 주셨습니다."(에페 1,20-22)

천주 성부 오른편에 앉으심

그리스도께서는 아버지 하느님의 자리[60]까지 오르셨습니다. 다니엘서와 마르코 복음에 이런 구절이 나옵니다. "사람의 아들 같은 이가 하늘의 구름을 타고 나타나 연로하신 분께 가자 그분 앞으로

---

59 《신학대전》 제3부 제57문 제5절.
60 《신학대전》 제3부 제58문 제3절.

인도되었다."(다니 7,13) "주 예수님께서는 제자들에게 말씀하신 다음 승천하시어 하느님 오른쪽에 앉으셨다."(마르 16,19)

945　하지만 이는 하느님의 신체적 오른쪽을 의미하는 것이 아니라, 비유의 의미로 이해해야 합니다. 즉, 아버지의 오른편에 앉으셨다는 말은 같은 자리에 앉으셨다, 대등하시다는 의미입니다. 아버지 오른편에 앉는다면 아버지의 재화에 관여한다는 말이기도 합니다. 악마가 노리는 것도 바로 이것입니다. 이사야서에 이런 구절이 나옵니다. "하늘로 올라가야지. 하느님의 별들 위로 올라서 계약의 산에 남쪽을 향해 앉아야지. 그리고 구름보다 더 높이 올라 더없이 높으신 분과 같아져야지."(*이사 14,13-14 참조) 그러나 그 누구도 그리스도보다 높이 올라가지는 못합니다. 그래서 "승천하시어 하느님 오른쪽에 앉으셨다"라고 하지요. 시편에도 이런 대목이 나옵니다. "주님께서 내 주군께 하신 말씀. '내 오른쪽에 앉아라.'"(시편 110,1)

2) 승천의 확실한 근거

946　둘째로 그리스도의 승천은 근거[61]가 확실합니다. 다시 말해 이성에 어긋나지 않는다는 말입니다. 그 이유는 세 가지입니다.

---

61 《신학대전》 제3부 제57문 제1절.

하늘에서 비롯한 그리스도 본성

그리스도의 본성에 비추어 볼 때 하늘은 마땅히 그리스도께서 차지할 곳입니다. 모든 존재는 저마다 그 기원이 비롯한 곳으로 돌아갑니다. 그리스도께서는 처음부터 만물을 굽어보시는 하느님이셨습니다. 그래서 성경에서도 이렇게 말합니다. "나는 아버지에게서 나와 세상에 왔다가, 다시 세상을 떠나 아버지께 간다."(요한 16,28) 또 이런 말씀도 있습니다. "하늘에서 내려온 이, 곧 사람의 아들 말고는 하늘로 올라간 이가 없다."(요한 3,13) 성인들도 하늘나라에 들어가지만 그리스도와 같은 방식은 아닙니다. 그리스도께서는 스스로 오르셨지만 성인들은 "나를 당신에게 끌어 주셔요."(아가 1,4)라는 구절처럼 그분의 이끄심으로 오른 것입니다. 그렇지 않고 하늘에 스스로 오를 수 있는 이는 정녕 그리스도밖에 없습니다. 그래서 구세주께서도 이렇게 말씀하십니다. "주검이 있는 곳에 독수리들이 모여든다."(마태 24,28)

그리스도의 승리

그리스도께서 승리하셨기에 하늘은 그분 차지입니다. 그리스도께서는 악마를 상대로 싸우기 위해 이 세상에 오셨는데, 승리하셨으니 만물 위에 오르시게 된 것입니다. "내가 승리한 뒤에 내 아버지의 어좌에 그분과 함께 앉은 것처럼."(묵시 3,21)

그리스도의 겸손

그리스도의 겸손 덕에 하늘은 그분 차지입니다. 그리스도의 겸손처럼 위대한 겸손은 다시 없으니, 바오로 사도의 말씀처럼 그리스도께서는 하느님이시면서도 사람이 되려 하셨고(필리 2,7-8 참조), 주님이시면서도 종의 모습을 취하셨습니다. 심지어 저승에까지 가셨고 다시 하늘에 오르셨습니다. 겸손이야말로 높아지는 길입니다. 성경에 이런 대목이 있습니다. "누구든지 자신을 높이는 이는 낮아지고 자신을 낮추는 이는 높아질 것이다."(루카 14,11) 특히 그리스도에 관하여 이런 구절이 나옵니다. "내려오셨던 그분이 바로 만물을 충만케 하시려고 가장 높은 하늘로 올라가신 분이십니다."(에페 4,10)

3) 그리스도의 승천이 주는 이로움

947 그리스도의 승천이 이로운 까닭[62]은 세 가지입니다.

하늘에 오르는 길의 제시

그리스도께서는 승천하심으로써 하늘에 오르는 길을 우리에게 보여 주십니다. 우리를 그곳으로 인도하시려고 하늘에 오르셨다는 말입니다. 그리스도께서 보여 주지 않으셨다면 우리는 그 길을 알

---

[62] 《신학대전》 제3부 제57문 제6절.

지 못할 것입니다. 그래서 예언자는 이렇게 말합니다. "그분이 그들 앞에서 올라가 길을 열리라."(*미카 2,13 참조) 여기에 조금 덧붙이자면 하늘나라의 소유 관계를 우리에게 확실하게 해 주시기 위해서입니다. 성경에 이런 말씀이 나옵니다. "내가 너희를 위하여 자리를 마련하러 간다."(요한 14,2)

구원의 확실한 보장

그리스도의 승천은 우리 구원의 확실한 보장입니다. 우리를 대변하시기 위해 하늘에 오르셨으니 말입니다. "그분을 통해 우리는 하느님 앞에 나아갈 수 있습니다. 그분은 늘 우리를 위하여 빌어 주십니다."(*히브 7,25 참조) "하느님 앞에서 우리를 변호해 주시는 분이 계십니다. 곧 의로우신 예수 그리스도이십니다."(1요한 2,1)

우리 마음을 이끄심

그리스도께서는 우리 마음을 당신께로 이끄십니다. "사실 너의 보물이 있는 곳에 너의 마음도 있다."(마태 6,21) 그리하여 우리가 하늘의 것을 추구하도록 합니다. 바오로 사도 역시 우리에게 이렇게 훈계하십니다. "그러므로 여러분은 그리스도와 함께 다시 살아났으니, 저 위에 있는 것을 추구하십시오. 거기에는 그리스도께서 하느님의 오른쪽에 앉아 계십니다. 위에 있는 것을 생각하고 땅에 있는 것은 생각하지 마십시오."(콜로 3,1-2)

제7신조: 그리로부터 산 이와 죽은 이를 심판하러 오시리라 믿나이다

948 심판이란 임금과 주인의 직무에 들어갑니다. 잠언에도 이런 대목이 있습니다. "꼭대기 재판석에 앉아 눈길로 모든 악을 흩어 버리는 게 왕이지 않은가."(*잠언 20,8 참조) 그러니 그리스도께서 승천하시어 만물을 주재하는 주님으로서 아버지 하느님 오른편에 앉으셨으니, 심판도 그분의 몫입니다.[63] 그래서 우리 가톨릭 신앙에서는 그리스도께서 "오시어 산 이와 죽은 자들을 심판하러 오시리라"고 고백합니다. 이 사실은 승천할 때 천사들이 전한 바이기도 하지요. "너희를 떠나 승천하신 저 예수님께서는, 너희가 보는 앞에서 하늘로 올라가신 모습 그대로 다시 오실 것이다."(사도 1,11)

949 이 재판에 관하여 세 가지를 생각해 보아야 합니다. 첫째는 '심판의 형식'이고, 둘째는 '심판의 두려움'이며, 셋째는 '심판의 준비'입니다.[64]

---

[63] 《신학대전》 제3부 제59문 제1절, 제2절.

[64] 《신학대전》 보충부 제69문-제99문.

1) 심판의 형식

심판의 형식과 관련하여 세 가지 문제가 있습니다.[65] 바로 누가 심판관이며, 누가 심판을 받을 사람들이며, 무엇에 관한 심판인가 하는 것입니다.

950 심판관은 물론 그리스도입니다. 성경도 그렇게 전합니다. "하느님께서 당신을 산 이들과 죽은 이들의 심판관으로 임명하셨다."(사도 10,42) 그런데 죽은 이들이 죄인이고 산 사람들을 정의로운 이들이라고 할 수 있을까요? 아니면 산 사람이란 말 그대로 아직 숨이 붙어 있는 이들이고, 죽은 이들이란 모두 숨이 없는 이들이라 할 수 있을까요? 이 판단을 하시는 재판관은 하느님이시기만 한 것이 아니라 인간이시기도 합니다. 다음 세 가지 이유 때문입니다.

눈에 보여야 할 심판관 모습

심판을 받는 이들에게는 재판관의 모습이 보여야 합니다. 그런

---

[65] 토마스가 여기서 언급하는 것은 세상의 끝에 있을 인류 전체에 대한 보편적 심판 또는 '공심판公審判'이라 부르는 것에 한정된다. 이 밖에, 사람의 죽음과 더불어 즉시 하느님께서 행하는 개별적 판단으로서 '사심판私審判'이라 부르는 것이 있다. 사심판에서 각자는 그 인생 전체에 대한 심판의 결과에 따라 영혼의 행방(천국, 연옥, 지옥)이 결정된다. 공심판은 세상의 종말에 행해지는 그리스도의 심판이다. 이 심판의 존재는 교회의 여러 공의회와 교도권에 의해 확인되었다. 제2차 리옹 공의회(1274년), 베네딕토 12세(재위 1334-42년)의 회칙 〈베네딕투스 데우스*Benedictus Deus*〉(1336), 〈피렌체 공의회 교령*Decretum pro Graecis*〉(1439년), 비오 5세(재위 1566-72년)의 〈로마 교리*Catechismus Romanus*〉(1566)에서이다.

데 아무도 하느님의 신성을 볼 수 없습니다. 저주를 받은 이들이라면 더욱 그렇습니다. 그래서 심판관은 모든 이들이 볼 수 있도록 사람의 형상이어야 합니다. "아버지께서는 또 그가 사람의 아들이므로 심판을 하는 권한도 주셨다."(요한 5,27)

스스로 부당한 심판을 당하셨기 때문에

그리스도께서는 인간으로서 이 직책을 받아 마땅합니다. 그리스도께서도 인간으로서 부당한 재판을 당하신 적이 있기 때문입니다. 그래서 하느님께서는 그리스도를 심판관으로 삼으셨습니다. 경건한 욥의 경우에 빗대자면 이런 구절과 어울립니다. "당신의 일은 부정한 이의 일처럼 심판을 받았기에, 당신에게 재판권이 있습니다."(*욥 36,17 참조)

두려움과 절망을 덜어 줌

인간에 의한 심판이 그들에게 엄습할 두려움을 덜어 주고, 인간의 손에 재판받을 때 절망에서 벗어나게 합니다. 사람이 오로지 하느님에게만 심판받는다면 공포에 질려 좌절하기 마련입니다. 루카 복음서에서 이런 구절이 나옵니다. "'사람의 아들'이 권능과 큰 영광을 떨치며 '구름을 타고 오는 것'을 사람들이 볼 것이다."(루카 21,27)

그렇다면 살아 있는 사람과 살았던 사람, 앞으로 살 사람 모두가 재판을 받는 대상이 됩니다. 바오로 사도는 이렇게 말합니다.

"우리 모두 그리스도의 심판대 앞에 나서야 합니다. 그래서 저마다 좋은 것이든 나쁜 것이든, 이 몸으로 한 일에 따라 갚음을 받게 됩니다."(2코린 5,10)

2) 심판받는 사람들의 차이

951　그레고리오 성인은 심판받는 사람들을 네 부류로 나눕니다.

무신론자

악인들 가운데 벌은 영원히 받지만, 심판을 받지 않는 이들이 있습니다. 그 행실을 조사하지 않는 무신론자들 이야기입니다. 요한 사도의 말씀처럼 "믿지 않는 자는 이미 심판을 받았기"(요한 3,18) 때문입니다.

죽을죄를 지은 자

유죄 판결을 받고 처벌받는 사람들입니다. 그리스도교 신자이지만 죽을죄를 짓고 죽은 사람들 말입니다. "죄가 주는 품삯은 죽음"(로마 6,23)이기 때문입니다. 이들에게 믿음이 있더라도 심판에서조차 배제되지는 않습니다.

마음이 가난한 사람들

952 선한 사람들 가운데는 이미 구원받아 처벌받지 않는 이들이 있습니다. 마음이 가난한 사람들입니다. 오히려 이들이 다른 이들을 재판합니다. 성경에 이런 대목이 나옵니다. "사람의 아들이 영광스러운 자기 옥좌에 앉게 되는 새 세상이 오면, 나를 따른 너희도 열두 옥좌에 앉아 이스라엘의 열두 지파를 심판할 것이다."(마태 19,28) 이것은 비단 사도들에게만 해당하는 게 아니라 가난한 사람들 모두라고 이해해야 합니다. 그렇지 않다면 누구보다 더 많이 일한 바오로 사도는 거기 들지 못할 테니 말입니다. 이 말씀은 사도들을 따른 사람들과 사도적인 열정을 가진 사람들 모두로 이해할 수 있습니다. 바오로 사도는 이렇게 말합니다. "우리가 천사들을 심판하리라는 것을 모릅니까?"(1코린 6,3) 이사야 예언자도 이렇게 전합니다. "주님께서 당신 백성의 원로들과 고관들에 대한 재판을 여신다."(이사 3,14)

처벌받고 나서 구원받는 사람들

구원을 받았어도 심판받는 사람들이 있습니다. 정의롭게 죽은 이들 말입니다. 정의롭게 죽은 이들도 지상에서 저지른 잘못이 있다면, 구원을 받았어도 그에 대한 처벌을 받습니다. 선한 일과 악한 일 모두 다 심판과 결부돼 있기 때문입니다. 성경에도 이런 대목이 나옵니다. "네 마음이 원하는 길을 걷고 네 눈이 이끄는 대로 가거

라. 다만 이 모든 것에 대하여 하느님께서 너를 심판으로 부르심을 알아라."(코헬 11,9) 그리고 그 말미에 이런 말이 이어집니다. "하느님께서는 좋든 나쁘든 감추어진 온갖 것에 대하여 모든 행동을 심판하신다."(코헬 12,14) 심지어 쓸데없는 말에 관해서도 말씀합니다. "내가 너희에게 말한다. 사람들은 자기가 지껄인 쓸데없는 말을 심판 날에 해명해야 할 것이다."(마태 12,36) 생각과 관련하여 지혜서에는 이런 말이 나옵니다. "부당한 자의 생각에 관해서도 되묻게 되리라."(*지혜 1,9 참조) 이로써 심판의 형식이 밝혀졌습니다.

3) 심판이 두려운 이유

953   심판을 두려워해야 할 이유는 네 가지입니다.

심판관의 지혜

심판관의 지혜 때문입니다. 그분은 우리의 생각, 말, 한 일 등 모든 것을 속속들이 아십니다. "그분 눈에는 모든 것이 벌거숭이로 드러나 있습니다."(히브 4,13) 성경에는 이런 구절도 있습니다. "사람의 길은 모두 그분 눈앞에 드러난다."(*잠언 16,2 참조) 그분은 우리가 하는 말을 다 아십니다. "열성스러운 귀는 모든 것을 다 들으니"(지혜 1,10) 우리 생각까지도 다 아십니다. "사람의 마음은 만물보다 더 교활하여 치유될 가망이 없으니 누가 그 마음을 알리오? 내가 바로 마음을 살피고 속을 떠보는 주님이다. 나는 사람마다 제 길에 따라, 제 행실의 결과에 따라 갚는다."(예레 17,9-10) 바오로 사도는 이렇게 전합니다. "그분 눈에는 모든 것이 벌거숭이로 드러나 있습니다."(히브 4,13) 게다가 틀릴 줄 모르는 증인들까지 있지요. "그들의 양심이 증언하고 그들의 엇갈리는 생각들이 서로 고발하기도 하고 변호하기도 하면서, 그들은 율법에서 요구하는 행위가 자기들의 마음에 쓰여 있음을 보여줍니다. 이러한 사실은 내가 전하는 복음이 가르치는 대로, 하느님께서 그리스도 예수님을 통하여 사람들의 숨은 행실들을 심판하시는 그 날에 드러날 것입니다."(로마 2,15-16)

심판관의 권능

954 심판관의 권능 때문입니다. 심판관은 그 자체로 전지전능하시기에 예언자도 이렇게 말합니다. "보라, 주 하느님께서 권능을 떨치며 오신다."(이사 40,10) 모든 피조물이 다 주님 편에 서서 함께하기에 전능하십니다. "온 세상이 주님 편에 서서 어리석은 자들과 싸울 것이다."(지혜 5,20) 욥의 다음 말도 같은 맥락입니다. "당신의 손에서 벗어날 자 아무도 없습니다."(*욥기 10,7 참조) 시편에도 이런 구절이 나옵니다. "제가 하늘로 올라가도 거기에 당신 계시고 저승에 잠자리를 펴도 거기에 또한 계십니다."(시편 139,8)

심판관의 의로움

955 심판관의 굽힐 줄 모르는 의로움 때문입니다. 지금이야 자비로움의 시간이지만, 그다음은 오직 정의의 시간일 수밖에 없습니다. 지금은 우리의 시간이지만, 그다음은 하느님의 시간이지요. 시편에 이런 경고가 나옵니다. "내가 정한 때가 오면 나는 올바르게 심판하리라."(시편 75,3) 잠언에도 이런 말이 나옵니다. "그 남편은 질투로 격분하여 복수하는 날에 조금도 사정을 보지 않는다. 그 누구도 그 마음을 움직이지 못하고, 몸값으로 제 아무리 많은 선물을 주어도 받으려 하지 않는다."(*잠언 6,34-35 참조)

심판관의 노여움

956 심판관의 노여움 때문입니다. "그들 눈에 광채에 싸인 임금님 모습이 보이리라."(*이사 33,17 참조) 의로운 이들에게는 온화하고 상냥하시지만 악한 자들에게는 사정이 다릅니다. 얼마나 노엽고 무서우신지 그들이 산을 보고 이렇게 말할 지경입니다. "우리 위로 무너져, 어좌에 앉아 계신 분의 얼굴과 어린양의 진노를 피할 수 있도록 우리를 숨겨다오."(묵시 6,16) 이 노여움은 하느님 안에서 감정의 흥분 같은 것이 일어난다는 말이 아니라, 노여움의 효력, 즉 죄인들에게 판결되는 벌, 영원한 벌을 이야기하는 것일 뿐입니다. 그래서 오리게네스도 이렇게 외칩니다. "심판에서 죄인들이 얼마나 들볶이겠는가. 죄인들 위로 어좌에 노여워하시는 심판관이 앉으셨으니."

4) 심판의 두려움 피하는 법

957　심판의 두려움을 피할 수 있는 네 가지 방법이 있습니다.

선행 베풀기

바오로 사도가 이렇게 말합니다. "그대는 권위를 두려워하지 않기를 바랍니까? 선을 행하십시오. 그러면 권위로부터 인정을 받을 것입니다."(로마 13,3)

고백과 보속

고백과 보속에는 '통회contricio', 고백confessio할 때의 '죄에 대한 부끄러움', 보속satisfactio의 '통렬함', 이 세 가지가 꼭 들어가야 합니다.

자선

구세주의 말씀에 따르면 자선이야말로 모든 걸 정화해 줍니다. "재물로 친구들을 만들어라. 그래서 재물이 없어질 때에 그들이 너희를 영원한 거처로 맞아들이게 하여라."(루카 16,9)

사랑

여기서 사랑은 다시 말해 하느님에 대한 사랑과 이웃 사랑입니다. "사랑은 많은 죄를 덮어 줍니다."(1베드 4,8; 잠언 10,12 참조)

제8신조: 성령을 믿으며

1) 성령의 성격

958 앞에서 이야기하였지만, 하느님의 말씀은 하느님의 아드님이십니다. 사람의 말은 죽을 때가 많습니다. 해야 할 바를 생각하고 알면서도 그것을 해야겠다는 의지가 없을 때가 그런 경우입니다. 야고보 사도는 사람이 스스로 믿는 바를 행하지 않으면 그것은 죽은 신앙이라고 했습니다(야고 2,26 참조). 하지만 하느님의 말씀은 살아 계십니다. 바오로 사도는 "하느님의 말씀은 살아 있고"(히브 4,12)라고 말했습니다. 하느님께는 의지와 사랑이 있다는 말입니다.[66] 아우구스티노 성인도 말합니다. "여기서 이야기하는 말씀은 사랑이 함께하는 지식이다."[67] 하느님의 말씀이 하느님 아드님이시듯이, 하느님의 사랑은 성령이십니다. 성경에서 전하는 말씀처럼 하느님을 사랑하면 사람에게도 성령이 깃듭니다. "우리가 받은 성령을 통하여 하느님의 사랑이 우리 마음에 부어졌기 때문입니다."(로마 5,5)

959 그런데 성령에 관해 그릇되게 생각하여, 성령이 성부와 성자보다 못한 피조물로 그저 하느님의 종이고 심부름꾼일 뿐이라고

---

[66] 《신학대전》 제1부 제36문 제1절-제4절; 제37문 제1절-제2절; 제45문 제6절.

[67] 아우구스티노 《삼위일체론 De Trinitate》 IX, 10, PL 42, 969.

하는 이들이 더러 있습니다. 거룩한 교부들은 이 잘못을 바로잡기 위해 니케아-콘스탄티노폴리스 신경에 성령에 관하여 다섯 가지 더 자세한 규정을 보탰습니다.

주님

960 "천사들은 모두 하느님을 시중드는 영"(히브 1,14)이라는 사도의 말씀처럼, 영이지만 하느님의 시종일 뿐인 영은 천사입니다. 성령께서는 주님이라는 사실을 강조해야 합니다. 성경에서도 "하느님은 영이시다."(요한 4,24)라고 하였고, 또 "주님은 영이십니다."(2코린 3,17)라고도 했습니다. "주님의 영이 계신 곳에는 자유가 있습니다."(2코린 3,17) 성령께서는 하느님을 사랑하게 하고 세속의 사랑을 거두어 가십니다. 이를 표현하고자 이 말을 덧붙입니다. "성령, 곧 주님을 믿으며."

생명을 주시는 분

961 영혼이 육체의 생명인 것처럼 하느님께서는 영혼의 생명이십니다. 그래서 이 둘째 규정이 강조하는 바는 하느님과 함께함으로써 영혼의 생명이 성립한다는 사실입니다. 그런데 성령이 곧 하느님의 사랑이시기 때문에, 사랑을 통해 우리를 하느님과 묶어 주시는 건 성령이십니다. 요한 사도는 이렇게 전합니다. "살아 있게 만드는 이는 곧 성령이시다."(*요한 6,63 참조) 그래서 신경에 "생명을 주시는 성령을 믿나이다."라는 말이 더해집니다.

성부와 성자에서 비롯하는 성령

962   세 번째로 더해진 규정에서는 성령의 본성이 성부, 성자와 똑같다는 사실을 강조합니다. 성자께서 성부의 말씀이신 것처럼, 성령께서는 성부와 성자의 사랑이므로, 성령께서는 성부와 성자에게서 발하십니다. 하느님 말씀의 본성이 성부와 똑같으시기에, 사랑의 본성도 성부 그리고 성자와 똑같으십니다. 그래서 이런 말을 덧붙입니다. "성부와 성자에서 발하시고." 여기서도 성령께서 피조물이 아니라는 사실이 밝혀집니다.

성부 성자와 똑같이 성령께 경배

963   넷째 규정이 나타내는 것은 경배와 관련하여 성령이나 성부나 성자가 똑같다는 사실입니다. 성경은 이렇게 전합니다. "진실한 예배자들이 영과 진리 안에서 아버지께 예배를 드릴 때가 온다."(요한 4,23) 또 이런 구절도 있습니다. "너희는 가서 모든 민족들을 제자로 삼아, 아버지와 아들과 성령의 이름으로 세례를 주고……."(마태 28,19) 그래서 신경에 이렇게 덧붙였습니다. "성부와 성자와 더불어 영광과 흠숭을 받으시도다."

예언자의 입을 통해 예언하시는 성령

964   성령께서 하느님과 같다는 사실을 강조하기 위해 덧붙인 다섯 번째 규정은 예언자들이 하느님으로 말미암아 예언하셨다는

의미입니다. 성령께서 하느님이 아니라면 하느님께서 예언자를 통해 말씀하셨다는 말은 나올 수가 없을 것입니다. 베드로 사도는 둘째 편지에서 이렇게 말합니다. "하느님의 거룩한 사람들이 성령의 영감으로 이야기한 것입니다."(*2베드 1,21 참조) 이사야서에도 이런 구절이 있습니다. "주 하느님께서는 나와 함께 당신의 영을 보내셨다."(이사 48,16) 그리고 신경에 "예언자들을 통해 말씀하시었다."라는 내용이 덧붙었습니다.

965 이를 통해 마니교도와 몬타누스교도의 두 가지 오류가 배격되었습니다. 마니교도는 구약이 하느님께로부터 비롯한 것이 아니라고 주장하는데 이는 잘못입니다. 구약은 성령께서 예언자들을 통해 말씀하신 것입니다. 프리스킬라와 몬타누스[68]는 예언자들이 성령으로 말미암아서가 아니라 일종의 착란상태에서 이야기한 것이라고 합니다.

2) 성령이 주는 은혜와 이로움

966 우리가 성령께 얻는 이로움과 은혜는 다양합니다.

---

68 몬타누스(Montanus): 주로 2세기 유포된 광적인 금욕을 표방하는 교회론의 주창자. 프리스킬라는 여성으로 그의 협력자이다. 200년경 아시아 교회회의에서 이단으로 단죄되었다.

죄의 정화

성령께서는 우리를 죄에서 정화해 주십니다. 애초 존재를 주신 바로 그분이 똑같은 것을 다시 지을 수 있기 때문입니다. 영혼은 성령을 통해 만들어졌으니, 하느님께서 당신의 온전한 사랑을 만물의 창조 이유로 삼으시어 모든 것을 성령을 통해 만드셨습니다. 성경에서도 이렇게 이릅니다. "세상 존재하는 것 모두를 사랑하시며, 만드신 것 중에서 미워하시는 건 하나도 없습니다."(*지혜 11,25 참조) 그래서 디오니시우스 아레오파기타[69]도 이렇게 말합니다. "주님이 만드신 존재들은 사랑 때문에 주님 곁에 있습니다." 죄로 망가진 마음도 성령을 통해 다시 만들어질 수 있다는 말과도 잘 맞아떨어집니다. 성경에도 이를 가리키는 말씀이 나옵니다. "당신의 숨을 내보내시면 그들은 창조되고 당신께서는 땅의 얼굴을 새롭게 하십니다."(시편 104,30) 성령께서 죄를 정화한다는데, 죄는 사랑으로 용서할 수 있으니 놀라운 일이 아닙니다. 구세주께서도 말씀하십니다. "이 여자는 많은 죄를 용서받았다. 이 여자가 많이 사랑하였기 때문이다."(*루카 7,47 참조) 잠언에도 이런 구절이 나옵니다. "미움은 싸움을 일으키지만 사랑은 모든 허물을 덮어 준다."(잠언 10,12) 베드로 사도

---

[69] 디오니시우스 아레오파기타(Dyonisius Areopagita): 신비가 디오니시우스, 위(거짓) 디오니시우스(Pseudo-Dionysius)라고도 한다. 신 플라톤주의의 영향을 받은 시리아인 그리스도교 사상가로 추측되고 있다. 그의 저작은 그리스도교 그리스 신비주의 최대 고전에 속하고 9세기 이후 중세 그리스도교 사상, 신비주의에 다대한 영향을 미쳤다.

는 말합니다. "사랑은 많은 죄를 덮어 줍니다."(1베드 4,8)

일깨움

967 성령께서는 우리의 지성을 일깨웁니다. 우리가 믿는 모든 것이 구세주의 말씀처럼 성령으로 말미암은 것이기 때문입니다. "보호자, 곧 아버지께서 내 이름으로 보내실 성령께서 너희에게 모든 것을 가르치시고 내가 너희에게 말한 모든 것을 기억하게 해 주실 것이다."(요한 14,26) 이런 구절도 있습니다. "그분께서 기름부으심으로 여러분에게 모든 것을 가르치십니다."(1요한 2,27)

계명의 준수

968 성령께서는 계명을 지키게 합니다. 하느님의 사랑을 통하지 않고서 하느님의 계율을 지킬 수 있는 사람은 없습니다. "누구든지 나를 사랑하면 내 말을 지킬 것이다."(요한 14,23) 그런데 성령께서는 우리 안에서 이 사랑이 작용하게 하시고 또 계율을 바로 보도록 도와주십니다. 그래서 예언자를 통해 이렇게 말씀하십니다. "너희에게 새 마음을 주고 너희 안에 새 영을 넣어 주겠다. 너희 몸에서 돌로 된 마음을 치우고, 살로 된 마음을 넣어 주겠다. 나는 또 너희 안에 내 영을 넣어 주어, 너희가 나의 규정들을 따르고 나의 법규들을 준수하여 지키게 하겠다."(에제 36,26)

영원한 생명에 대한 희망

969 성령께서는 영원한 생명에 대한 희망에 힘을 실어 주십니다. 성령께서 바로 이 영원한 생명의 희망이란 유산을 우리에게 보증하시기 때문입니다. "여러분도 그리스도 안에서 진리의 말씀, 곧 여러분을 위한 구원의 복음을 듣고 그리스도 안에서 믿게 되었을 때, 약속된 성령의 인장을 받았습니다."(에페 1,13) 성령은 말하자면 영원한 생명의 보증금과도 같습니다. 사람은 하느님의 자녀가 되는 한에서 영원한 생명에 대한 권리가 있습니다. 사람은 그리스도와 닮음으로써 그렇게 되는 것입니다. 그리스도와 닮으려면 그리스도의 정신을 지녀야 하지요. 그런데 성령이야말로 그리스도의 영입니다.[70] "여러분은 사람을 다시 두려움에 빠뜨리는 종살이의 영을 받은 것이 아니라, 여러분을 자녀로 삼도록 해 주시는 영을 받았습니다. 이 성령의 힘으로 우리가 '아빠! 아버지!' 하고 외치는 것입니다. 그리고 이 성령께서 몸소, 우리가 하느님의 자녀임을 우리의 영에게 증언해 주십니다."(로마 8,15-16) "진정 여러분이 자녀인 까닭에 하느님께서 당신 아드님의 영을 우리 마음 안에 보내 주셨습니다. 그 영께서 '아빠! 아버지!' 하고 외치고 계십니다."(갈라 4,6)

---

[70] [원주] 은총의 효력은 성령의 것이다. 은총으로써 사람은 초자연적으로 그리스도와 비슷해졌고, 그로 말미암아 그리스도의 본을 따라 하느님의 자녀가 되었고, 그와 같은 영생의 상속자가 되었으니 성령은 더없이 복되심의 증거이다.

회의에 빠진 우리를 위한 조언과 하느님의 뜻에 대한 가르침

970 　성령은 우리가 회의에 빠질 때 도움을 주고, 하느님의 뜻을 가르치십니다. 묵시록의 말씀입니다. "귀 있는 사람은 성령께서 여러 교회에 하시는 말씀을 들어라."(묵시 2,17) 이사야서에도 이런 구절이 있습니다. "나 그분 말씀 선생님 말씀으로 들으리라."(이사 50,4)

제9신조: 거룩하고 보편된 교회와

971 　사람은 영혼이 하나 그리고 육신이 하나지만, 지체는 여럿입니다. 가톨릭 교회도 하나의 몸에 지체가 여럿입니다. 이 육신에 생명을 부여하는 영혼은 성령입니다.[71] 그래서 우리는 성령을 믿고 거룩한 가톨릭 교회를 믿어야 합니다. 신앙 고백에도 "거룩한 가톨릭 교회"(를 믿습니다.)라고 바로 나옵니다.[72]

972 　교회ecclesia는 '모임' 정도의 뜻입니다. 그러니 '거룩한 교회'는 '신자들의 모임'이 됩니다. 그리고 그리스도인은 저마다 이 교회

71　[원주]《신학대전》제3부 제8문. 성령은 교회의 단일성, 거룩함, 보편성, 사도성 네 가지 근본 속성의 근거다. 교회의 영원불변성, 무과실성, 무흠결성의 보장이다. 교회 안팎의 역사에 대한 거룩한 하느님의 특별한 섭리 원인이며, 교회에 대한 더 고차적이고 참된 해석의 조건이다.

72　《신학대전》제2부 제2편 제81문 제8절; 제3부 제8문 제1절 이하.

의 지체와 같지요. 이에 관하여 성경에 이런 구절이 나옵니다. "배우지 못한 자들아, 내게 가까이 오너라. 내 배움의 집에 모여라."(*집회 51,23 참조) 교회에는 네 가지의 속성이 있습니다. 사도들에서 이어져 온 교회는 하나이고, 거룩하며 보편적catholica이며 굳건합니다.

1) 하나뿐인 교회

973   교회는 하나입니다. 허다한 이단자들이 만들어 낸 여러 종파들은 교회에 속하지 못합니다. 구약 성경 아가에 이런 구절이 나옵니다. "나의 비둘기, 나의 티 없는 여인은 오직 하나."(아가 6,9) 교회의 단일성은 세 가지 작용을 합니다.

신앙의 단일성

교회의 몸에 속하는 그리스도인들은 같은 것을 믿습니다. 그래서 바오로 사도는 "똑같은 말을 쓰세요."(*1코린 1,10 참조)라고 권합니다. 또 이런 구절도 있습니다. "주님도 한 분이시고 믿음도 하나이며 세례도 하나이다."(에페 4,5)

희망의 단일성

974   우리는 모두 같은 희망, 곧 영원한 생명에 대한 희망에 바탕을 두고 있습니다. 그래서 바오로 사도는 이렇게 말합니다. "여러

분의 선택에 대한 하나의 희망에 부름 받은 것처럼 여러분은 몸도 하나, 영도 하나입니다."(*에페 4,4 참조)

사랑의 단일성

975 　모든 그리스도인들은 하느님의 사랑 안에 묶여 있고 또 서로에 대한 사랑으로 묶여 있습니다. 그래서 구세주께서는 이렇게 기도합니다. "아버지께서 저에게 주신 영광을 저도 그들에게 주었습니다. 우리가 하나인 것처럼 그들도 하나가 되게 하려는 것입니다."(요한 17,22) 이 사랑이 참이라면 지체들이 서로를 배려하고 서로 관심으로 관여하여 그 모습이 드러나기 마련입니다. 그래서 바오로 사도는 우리에게 이렇게 말합니다. "그분 덕분에, 영양을 공급하는 각각의 관절로 온몸이 잘 결합되고 연결됩니다. 또한 각 기관이 알맞게 기능을 하여 온몸이 자라나게 됩니다. 그리하여 사랑으로 성장하는 것입니다."(에페 4,16)

976 　그러니 저마다 하느님께서 주신 은총으로 이웃을 섬겨야 하며, 교회를 업신여기거나 교회에서 갈라지거나 벗어나는 일을 두고 보아서는 안 됩니다. 노아의 방주 밖에서 구원받을 수 있는 사람이 아무도 없었던 것처럼 사람들이 영원한 생명을 얻을 수 있는 교회는 오직 하나una ecclesia 뿐입니다.

2) 거룩한 교회

977 교회는 거룩합니다. 또 다른 집회(또는 교회)가 하나 더 있는데, 바로 악인들의 집회입니다. 시편에 이런 구절이 나옵니다. "악인들의 교회를 증오합니다."(*시편 26,5 참조) 악인들의 집회는 악하고, 그리스도의 교회는 거룩합니다. "하느님의 성전은 거룩하고, 여러분이 바로 그 성전입니다."(*1코린 3,17 참조) 신경에서도 "거룩한 교회"라는 대목이 있습니다. 교회의 신자들을 거룩하게 하는 것이 네 가지가 있습니다.

씻기

교회를 축성할 때 물로 씻어 내듯이 그 지체들은 그리스도의 피로 씻게 됩니다. "우리를 사랑하시어 당신 피로 우리를 죄에서 풀어 주셨고"(묵시 1,5) "예수님께서도 당신의 피로 백성을 거룩하게 하시려고 성문 밖에서 고난을 받으셨습니다."(히브 13,12)

도유

978 교회에 성유를 바르듯이 신자들도 거룩해지기 위해 거룩한 (정신적) 도유를 합니다. 그리스도란 '성유 바른 이'를 뜻합니다. 성유 바름은 성령의 은총입니다. 성경에 이런 말씀이 있습니다. "우리에게 기름을 부어 주신 분은 하느님이십니다."(2코린 1,21) 또 이런 구절

도 나옵니다. "여러분은 주 예수 그리스도의 이름과 우리 하느님의 영으로 깨끗이 씻겨졌습니다. 그리고 거룩하게 되었고 또 의롭게 되었습니다."(1코린 6,11)

삼위일체의 내재화

979 하느님께서 머무시는 곳은 거룩합니다. 창세기에 이런 말이 있습니다. "정녕 이곳은 거룩한 곳이다."(*여호 5,15 참조) 그리고 시편에는 이런 구절이 나옵니다. "당신의 집에는 거룩함이 어울립니다. 주님, 길이길이 그러하리이다."(시편 93,5)

자기 관련 기도

980 우리 스스로에 관하여 말씀드리는 기도를 통해 우리는 거룩해집니다. "주님, 당신께서는 저희 한가운데에 계십니다. 저희가 당신의 이름으로 불리니 저희를 버리지 마소서!"(예레 14,9)

981 우리가 거룩해지고 정화되고 나서는 죄로 다시 우리 영혼의 성전을 훼손하지 않도록 조심해야 합니다. 바오로 사도는 이렇게 말합니다. "누구든지 하느님의 성전을 파괴하면 하느님께서도 그자를 파멸시키실 것입니다."(1코린 3,17)

3) 가톨릭 또는 보편된 교회

982   교회는 '가톨릭(catholica)'합니다. 다시 말해 보편되지요. 세 가지 점에서 그렇습니다.

장소

교회는 전 세계로 퍼져 나갔습니다. 도나투스파 사람들에게는 특히 이 사실을 강조해야 합니다.[73] 성경에 이런 구절들이 있습니다. "여러분의 믿음이 온 세상에 알려지고 있기 때문입니다."(로마 1,8) "너희는 온 세상에 가서 모든 피조물에게 복음을 선포하여라."(마르 16,15) 오래 전에 하느님은 유다인들에게만 알려졌으나, 이제는 전 세계에 알려졌습니다. 교회는 세 부분으로 나눌 수 있습니다. 하나는 지상의 교회ecclesia militans이고, 다른 하나는 천상의 교회 ecclesia triumphans이며, 그다음은 연옥의 교회ecclesia purgans입니다.

각양각색의 사람들

983   주인도 종도, 남자도 여자도, 어느 하나 배제되는 사람이 없습니다. "그래서 유다인도 그리스인도 없고, 종도 자유인도 없으

---

[73] [원주] 311년 북아프리카에서 시작된 그리스도교 분파. 교회의 특징을 지적하며 교회의 거룩함과 보편성이 그릇된 것이라고 했다. 제1차 아를 공의회(314년)에서 이단으로 단죄되었다.

며, 남자도 여자도 없습니다. 여러분은 모두 그리스도 예수님 안에서 하나입니다."(갈라 3,28)

시간

984 교회가 일정한 때까지만 지속한다는 주장이 나오곤 합니다. 하지만 틀린 말입니다. 교회는 아벨에서 시작하여 최후의 심판 날까지 이어집니다.[74] 성경의 기록을 봅시다. "보라, 내가 세상 끝 날까지 언제나 너희와 함께 있겠다."(마태 28,20) 세상의 종말 뒤에도 교회는 계속됩니다.

4) 굳건함

985 교회는 굳건합니다. 사도들로부터 이어지기 때문입니다. 단단한 집이 되려면 두 가지가 튼튼해야 합니다.

기반이 단단한 집

기반이 탄탄해야 합니다. 그런데 교회의 본디 기반은 그리스도이십니다. 성경에 이런 말이 나옵니다. "아무도 이미 놓인 기초 외

---

[74] [원주] 교회는 구약에서부터 준비되었고, 그리스도를 통해 완성되었다. 그리고 최후의 종말까지 지속되니, 이것이 바로 쇠하지 않고 결점이 없는 교회의 특징이다.

에 다른 기초를 놓을 수 없기 때문입니다. 그 기초는 예수 그리스도 이십니다."(1코린 3,11) 그다음 기반은 사도들과 그들의 가르침입니다. 그래서 이 집은 튼튼하니, 묵시록에는 도성의 성벽 주춧돌이 열두 개 있고, 그 위에는 열두 사도들의 이름이 씌어 있다는 말이 나옵니다.(묵시 21,14 참조) 그래서 교회를 일컬어 '사도적'이라고 하고 그 단단함을 암시하여 베드로를 우두머리로 삼지요.

흔들려도 무너지지 않는 집

986 충격에 흔들려도 무너지지 않는 집이라야 튼튼한 집입니다. 교회는 아무리 무너뜨리려 해도 절대 무너뜨릴 수가 없습니다. 박해자들이 제아무리 박해해도 그들을 딛고 일어서 물리치는 교회는 더 튼튼해지기만 할 뿐입니다. "그 돌 위에 떨어지는 자는 부서지고, 그 돌에 맞는 자는 누구나 으스러질 것이다."(마태 21,44)

이교도들뿐만 아니라 오류도 마찬가지입니다. 드러나는 오류가 늘면 늘수록 그만큼 진리가 온 사방 천지에 퍼져 빛을 발합니다. 그릇된 가르침의 전도자들에 대해서는 성경에 이런 말씀이 있습니다. "저들은 정신이 썩고 믿음의 낙오자가 된 사람들입니다. 그러나 저들은 더 이상 앞으로 나아가지 못할 것입니다."(2티모 3,8-9)

마귀의 유혹도 교회를 휩쓸려 들게 하진 못합니다. 교회는 악마와 대적해 싸우는 사람 그 누구라도 보호해 주는 성탑과도 같기 때문입니다. "주님의 이름은 견고한 성탑 의인은 그곳으로 달려가 안

전하게 된다."(잠언 18,10) 악마는 그래서 더 교회를 파괴하려 합니다.

그러나 악마가 승리하는 일은 없습니다. 주님께서 이렇게 말씀하셨습니다. "내가 이 반석 위에 내 교회를 세울 터인즉, 저승의 세력도 그것을 이기지 못할 것이다."(마태 16,18) 다시 말하자면 지옥의 세력들이 교회를 상대로 전쟁을 벌이겠지만 우세를 차지하지 못한다는 말입니다. 세상 다른 곳에서는 아예 믿음이 없거나 수많은 오류와 뒤섞여 버리고 오로지 베드로의 교회만 믿음 속에 굳건하게 남습니다. 주님께서 베드로에게 이렇게 말씀하셨습니다. "나는 너의 믿음이 꺼지지 않도록 너를 위하여 기도하였다."(루카 22,32)

제10신조: 모든 성인의 통공을 믿으며 죄의 용서와
(성인들의 공동체, 죄 사함)

987   자연의 육신에서 한 지체의 효력이 몸 전체에 이로움을 주듯이 교회의 영적인 몸도 마찬가지입니다. 신자들이 모두 하나의 몸이기 때문에 한 사람의 선은 다른 사람에게도 적용되지요. 바오로 사도의 말처럼, 우리는 "한 몸을 이루면서 서로서로 지체가"(로마 12,5) 되기 때문입니다. 사도들이 우리에게 믿으라고 전승한 것 말고도 단단히 부여잡아야 할 것이 있으니, 교회 안에 선한 사람들의 공동체에 대한 이야기입니다. 이를 강조하여 표현한 것이 바로 '모든

성인의 통공을 믿으며 죄의 용서와(성인들의 공동체, 죄 사함)'입니다.[75]

988 교회의 지체들에서 가장 중요한 분은 그리스도이십니다. 사도 바오로의 다음 말씀처럼 그분이 교회의 우두머리이십니다. "그분을 교회에 머리로 주셨습니다. 교회는 그리스도의 몸으로써"(에페 1,22-23) 그래서 그리스도의 선하심과 공덕은 그리스도인 모두에게 나누어집니다. 우두머리께서 확인하신 것처럼 말이지요.

1) 성사를 통해 전달되는 그리스도의 선

989 선하심과 공덕의 소통은 교회의 성사 sacramentum[76]를 통해서 이루어지고, 이 성사에서는 그리스도의 수난에 담긴 힘의 효력이 드러납니다. 수난은 그리스도 편에서 보자면 은총과 죄 사함을 부여합니다. 교회의 성사에는 일곱 가지가 있습니다.

세례성사

세례성사 baptisma[77]는 '영적인 다시 태어나기'입니다. 육체적 삶은

---

[75] 《신학대전》 제3부 제21문 제1절; 제26문 제1절; 제3부 제65문 제1절, 제2절, 제4절.

[76] 《신학대전》 제3부 제60문 제2절. /《신국론》 제10권 5. 토마스는 사람을 성화시키는 '거룩한 표지'가 바로 '성사'라고 설명했고, 아우구스티노 또한 성사를 '거룩한 표지'라고 했다.

[77] [원주] 세례에 쓰이는 질료는 참으로 자연 그대로의 물이며, 그 격식은 이러하다. "(세례명), 나는

육체적 탄생을 통해서 이루어지고, 영적인 삶 또는 은총의 삶은 영적으로 다시 태어나기를 통해서 이루어집니다. 바로 세례성사를 통하여 이 영적인 재생이 이루어집니다. 거룩하신 구세주께서도 이렇게 말씀하십니다. "누구든지 물과 성령으로 태어나지 않으면, 하느님 나라에 들어갈 수 없다."(요한 3,5) 여기서 명심할 것은 사람이 오직 한 번 태어났듯이, 세례도 오직 한 번만 받을 수 있다는 사실입니다. 그래서 교부들도 "죄를 씻는 유일한 세례를 믿으며"라는 말을 신앙 고백에 덧붙이셨습니다.

모든 죄를 씻어 주는 세례의 효용은 벌에 관해서까지 영향을 미칩니다. 세례를 받는 사람들에게는 보속을 부과하지 않습니다. 이전에 제아무리 큰 죄인이었다 해도, 세례를 받자마자 죽는다면 그는 영원한 생명을 얻게 됩니다.

제대로 된 정식 세례는 보통 사제들이 베풀지만, 급한 사정이 있을 때는 누구나 세례를 베풀 수 있습니다. 물론 세례를 베푸는 문구는 정확하게 살펴야 합니다. "나는 성부와 성자와 성령의 이름으로

당신에게 성부와 성자와 성령의 이름으로 세례를 줍니다." 세례성사의 집행자는 원칙적으로 천주교회의 사제이다. 그렇지만 급할 때는 부제뿐만 아니라 평신도, 여성, 더 나아가 심지어 이교도와 이단자마저도 세례를 베풀 수 있다. 다만 그 격식이 올바른 것이어야 하고 교회의 세례 의식으로 이루어져야 한다. 급할 때의 세례를 대세(代洗)라 하는데 이 경우 세례를 받을 뜻이 있어야 함과 더불어 네 가지 기본 교리(1. 천주존재 2. 삼위일체 3. 강생구속 4. 상선벌악)를 믿어야 한다. 세례의 효력은 원죄와 본죄(스스로 지은 죄), 그리고 죄에서 나오는 벌까지 모두 사함을 받는 데 있다. 세례받은 뒤 바로 죽으면, 곧바로 하느님의 영광에 들어갈 수 있다. 그래서 세례의 효력은 천국의 문을 여는 것이라 할 수 있다.

○○에게 세례를 줍니다." 바오로 사도의 이야기에 따르면 이 성사의 효력은 그리스도의 수난에서 비롯합니다. "그리스도 예수님과 하나 되는 세례를 받은 우리가 모두 그분의 죽음과 하나 되는 세례를 받았다는 사실을 여러분은 모릅니까?"(로마 6,3) 그리고 그리스도께서 사흘 동안 무덤에 계셨듯이, 세 번 물에 잠깁니다(또는 물을 붓습니다).[78]

견진성사

990 둘째는 견진성사confirmatio[79]입니다. 우리 몸이 움직이는 데 힘이 없어서는 안 되는 것처럼, 영적으로 다시 태어난 사람에게도 성령의 힘이 없어서는 안 됩니다. 사도들도 그리스도께서 승천하신 후 성령을 받아 힘을 키웠습니다. "너희는 높은 데에서 오는 힘을 입을 때까지 예루살렘에 머물러 있어라."(루카 24,49)

우리는 견진성사를 통해 성령의 힘을 받을 수 있습니다. 첫영성체를 한 아이들이 견진성사의 은총을 받을 수 있도록 이끌어야 할

---

[78] 《신학대전》 제3부 제66문 제8절. 토마스 시대에는 세례받을 사람이 물에 세 번 들어가는 침례 형식의 세례가 일반적이었다.

[79] [원주] 견진성사의 질료는 주교가 축성한 성유와 향유이다. 성유는 영혼의 보석을 뜻하고, 향유는 뛰어난 향을 뜻한다. 견진성사는 주교가 집행한다. 사제는 할 수 없다. (현재는 주교의 위임을 받은 사제도 할 수 있다.) 주교는 오른손 엄지로 견진자 이마에 십자 모양으로 성유를 바르면서 "성령 특은의 인호를 받으시오!" 라고 한다. 이렇게 그리스도의 군사가 되어 세속, 육신, 마귀와 싸워야 하므로 견진에 합당한 신덕과 교리 지식이 필요하다. 죽을 위험의 경우가 아니면 어린이들에게는 주지 않는다. 세례성사와 마찬가지로 대부·대모를 세워야 하며 인호가 박히는 성사이기 때문에 일생에 한 번만 받을 수 있다.

의무가 어른들에게 있다는 사실도 유념해야 합니다. 또 견진성사를 받은 사람은 죽더라도 견진성사를 받지 않은 사람보다 더 큰 영광을 받습니다. 이미 여기 지상에서부터 더 많은 은총을 입었습니다.

성체성사

991 셋째 성사는 성체성사eucharistia[80]입니다. 이 세상에 태어난 우리가 힘을 얻고 살아가는 데 음식이 필요하듯, 영적인 생명에서도 마찬가지입니다. 사람에게는 영적인 양식이 필요합니다. 바로 그리스도의 몸입니다. 거룩한 구세주께서 이렇게 말씀하십니다. "너희가 사람의 아들의 살을 먹지 않고 그의 피를 마시지 않으면, 너희는 생명을 얻지 못한다."(요한 6,53) 그리스도인이라면 누구나 교

---

[80] [원주] 성체성사의 질료는 빵과 포도주와 물이다. 포도주를 약간의 물과 섞는 건 그리스도께서 돌아가실 때 가슴에서 물과 피가 흘러 나왔기 때문이며 그리스도와 하느님 백성들이 신비하게 결합함을 의미한다. 성사의 형식은 다음 그리스도의 말씀이다. "이는 너희를 위하여 내어 주는 내 몸이다.", "이는 내 피로 맺는 새로운 계약의 잔이다." 사제는 그리스도의 위격에서 성스러운 변화가 일어날 때 그렇게 말한다. 사제가 아니면 아무도 주님의 몸과 피를 축성할 수 없다. 효력은 실체 변화transsubstantiatio이다. 거룩한 말씀의 힘으로 빵이 그리스도의 몸으로 그리고 포도주는 그리스도의 피로 변하는데, 그것도 그리스도께서 빵의 형상specis panis으로 온전히 계시고 빵의 형상에는 빵의 본질이 남지 않는다. 그리고 포도주 형상에는 그리스도께서 온전히 계시는데, 축성된 빵과 포도주가 나뉘어도 그 각각의 부분은 똑같다. 이 성사의 두 번째 효력은 합당하게 성체를 영하는 이에게는 구세주의 다음 말씀에 따라 그리스도와 하나가 되는 것이다. "내 살을 먹고 내 피를 마시는 사람은 내 안에 머무르고, 나도 그 사람 안에 머무른다."(요한 6,56) 성체는 영적인 삶을 위한 것이다. 그러므로 성체는 은총을 부여한다. 성사로서는 성체를 영하는 이를 위해서만 유효하며, 희생으로서는 다른 이들을 위해서도 유용하다. 그리스도께서 모두를 위하여 돌아가셨기 때문이다.

회의 규정에 따라 적어도 일 년에 한 번은 주님의 몸을 영해야 합니다.[81] 그것도 그럴 만한 자격과 정결한 마음을 갖추고서 말이지요. "주님의 몸을 분별없이 먹고 마시는 자, 그러니까 제대로 고해하지 않거나 아예 버릴 생각이 없는 중죄의 의식을 가진 자는 자신에 대한 심판을 먹고 마시는 것"(*1코린 11,29 참조)이기 때문입니다.

고해성사

992 넷째 성사는 고해성사poenitentia[82]입니다. 살다 보면 여기저기 아픈 순간이 생기기 마련입니다. 제때 치료받지 않으면 죽음에 이르기도 하고요. 영적인 생활에도 병이 찾아드는 건 마찬가지인데, 바로 죄로 말미암은 병입니다. 영적 건강을 되찾으려면 치료제가 필요합니다. 그것이 바로 고해성사에서 내려지는 은총입니다.

---

81 이는 제4차 라테란 공의회(1215년)의 교령 '성별에 관계 없이 모든 신자는Omnis utriusque sexus fidelis'에 근거한다.

82 [원주] 고해성사의 질료는 뉘우치는 감각적 행위이다. 다음의 다섯 가지가 요건이다. 첫째, 그동안 지은 죄를 생각하는 성찰. 둘째, 죄를 진심으로 뉘우치고 아파하는 통회(痛悔, contritio). 셋째, 통회한 죄를 다시는 범하지 않겠다고 결심하는 정개(定改). 넷째, 성찰하고 통회하고 정개한 죄를 겸손하게 사제께 고백하는 고백(告白, confessio). 다섯째, 그 죄에 대한 대가를 치러야 하는 보상으로서의 보속(補贖, satisfactio). 하지만 이 요건의 질료는 바로 죄다. 그러므로 죄가 고해성사의 원질료materia remota이다. 죄에서 멀어지게 하는 고해성사의 형상은 "나는 당신의 죄를 사합니다."라는 경문이며, 이것이 고해성사의 효과이다. 고해성사 중에 의도적으로 죄를 고하지 않는 것은 죄인을 살리기 위해 세우신 하느님의 구원 계획을 모독하는 것이므로 '모고해冒告解'라 한다. 모고해를 다시 용서받으려면 고해소에 들어가 사실을 밝히고 진정으로 통회해야 한다.

시편에서도 이와 관련된 구절이 나옵니다. (주님은) "네 모든 잘못을 용서하시고 네 모든 아픔을 낫게 하시는 분."(시편 103,3)

고해성사에는 세 가지 조건이 필요합니다. 먼저 통회contritio입니다. 지은 죄에 대해 아파하며 다시는 그러지 않겠다는 결심과 함께 합니다. 다음은 죄의 고백confessio입니다. 죄를 지었다면 빠짐없이 고백해야 합니다. 끝으로 선행을 통한 보속satisfactio입니다.

병자성사

993 다섯째 성사는 병자성사extrema unctio[83]입니다. 이 세상에는 모든 죄에서 완전하게 정화되는 것을 가로막는 방해물들이 많습니다. 온전히 정화되지 않고 영원한 생명에 들어갈 수는 없습니다. 그래서 사람이 죄에서 정화되고 나약함에서 벗어나 하늘나라에 들어가기를 준비해 줄 성사가 꼭 필요하지요. 그것이 바로 병자성사입니다. 병자성사라고 해서 육체적인 회복으로만 이어지는 것은 아닙니다. 더 오래 사는 것이 영혼에 꼭 이로운 일이 아닐 수도 있으

---

83 [원주] 병자성사의 질료는 주교가 축성한 올리브 기름이다. 이 성사는 병이나 고령으로 죽을 위험이 있는 사람이 받을 수 있다. 선악의 판단 능력이 없는 아이들은 죽을 위험이 있어도 받을 수 없다. 원래는 사제가 병자들의 다섯 군데에 성유를 발라 주었다. '보는 것으로 지은 죄' 때문에 두 눈에, '냄새로 지은 죄' 때문에 코에, '미각과 말로 지은 죄' 때문에 입에, 그리고 '걸으면서 지은 죄' 때문에 두 다리에 발랐다. 오늘날은 병자의 이마와 양손에 기름을 바르면서 "주님, 이 거룩한 도유와 지극히 어지신 주님의 자비로 성령의 은총을 베푸시어 이 교우를 도와주소서. 또한 이 교우를 죄에서 해방시키시고 구원하시며 자비로이 일으켜 주소서. 아멘."이라고 한다. 성사의 효력은 영혼의 치유요 경우에 따라 육신의 치유를 포함하기도 한다.

니 말입니다. "여러분 가운데에 앓는 사람이 있습니까? 그런 사람은 교회의 원로들을 부르십시오. 원로들은 그를 위하여 기도하고, 주님의 이름으로 그에게 기름을 바르십시오. 그러면 믿음의 기도가 그 아픈 사람을 구원하고, 주님께서는 그를 일으켜 주실 것입니다. 또 그가 죄를 지었으면 용서를 받을 것입니다."(야고 5,14-15)

지금까지 살펴본 다섯 가지 성사는 인간의 탄생에서 인생의 마무리로 이어집니다. 이 성사들은 그러한 직무를 수행하는 이의 손을 통해 이루어집니다. 다음 성사는 바로 이 직무를 수행하는 이를 위한 성사입니다.

성품성사(신품성사)

994 성직자가 되게 하는 성품聖品성사ordo[84]입니다. 성직자는 성사를 관장합니다. 성사가 이루어질 때 그것을 베푸는 사람의 품행

---

[84] [원주] 라틴어 오르도ordo는 '질서', '순서', '차례', '품급'이라는 뜻이다. 성품(신품)은 성직 계급을 말하는 품급이다. 성품은 수동적으로 보면 신권을 받는 것이고 능동적으로 보면 누구에게 신권을 주는 서품식을 뜻한다. 성품성사는 그리스도께서 당신의 사제권司祭權을 인간에게 주시어 그들이 이 성사로 주교, 사제, 부제 등의 성직자가 되게 하며 이들이 성무를 수행하는 데 필요한 은총을 준다. 성직 계급에는 예수님께서 직접 세우신 주교, 사제, 부제가 있고, 이를 위한 준비로 교회에서 세운 준성사인 독서직, 시종직이 있다. 주교직은 서품이라기보다는 교회의 지위란 의미가 크다. 이 성사의 질료는 건네 주면서 서품이 베풀어지는 그런 대상물이다. 예컨대 주교가 사제품을 받는 사람의 손에 희생 제물을 얹을 때, 즉 포도주가 담긴 제작과 제병이 담긴 성반을 그의 손에 얹으면서 "축성하는 힘을 받으시오."가 발음되면서 사제 서품이 이루어지는 식이다. 성품성사의 형상인 축성 기도문은 "받아라.", "하여라."와 같은 명령형이다. 성품은 힘의 전달 또는 힘의 참여이기 때문이다.

이 문제가 되지는 않습니다. 중요한 건 성사의 효력은 그리스도로부터 나오는 힘이란 사실입니다. 성사를 베푸는 사람들은 그저 그 힘의 효력을 이어 줄 뿐입니다. 바오로 사도는 이렇게 이야기합니다. "그러므로 누구든지 우리를 그리스도의 시종으로, 하느님의 신비를 맡은 관리인으로 생각해야 합니다."(1코린 4,1)

혼인성사(혼배성사)

995 일곱 번째는 혼인성사matrimonium[85]입니다. 혼인성사의 효력 안에서 정절을 지키며 순결하게 산 사람은 큰 죄 없이 구원에 이를 수 있습니다. 그러나 결혼한 사람이 그 목적을 벗어날 정도는 아니더라도, 인간의 욕정에 휩쓸리다가는 죄에 연루될 수 있습니다. 욕정이 결혼이라는 선을 벗어나면 대죄를 짓는 것입니다.

---

[85] [원주] 혼인성사는 교회와 그리스도의 합일을 본딴 것이다. 교회가 말하는 혼인은 '합법적인 인격으로서 한 남자와 한 여자의 결합unio maritalis'이다. 결혼하는 사람들 서로 간의 (교회에서 지정한 형식에 따라 소리 내어 말하는) 동의로 체결된다. 혼인의 선익은 세 가지다. 바로 자녀의 출산과 양육, 그리고 부부 상호간의 협력이다. 자녀의 출산을 위한 부부 관계는 거룩하다. 또 부부 관계가 부부간에 당연히 지녀야 하는 성실성을 지향한다면 정의로운 것이다. 이 한계를 벗어나면 죄가 된다. 혼인성사 자체의 직접적인 효력은 바로 혼인의 불가해소성으로, 혼인은 교회와 그리스도의 불가해소적인 결합의 모상이 된다.

2) 죄의 사함

996 우리는 이 일곱 가지 성사를 통해 죄 사함을 받습니다. 신앙 고백에 '죄의 사함'이 포함되어 있습니다. 사도들에게 죄 사함의 권능이 주어진 것도 다 그 이유 때문입니다. 교회 안에서 이 풀고 매는 권능을 성직자들은 사도들로부터, 그리고 사도들은 그리스도로부터 받았다는 게 신앙의 진리입니다. 아울러 죄 사함의 전권이 교회에 있다는 사실도 마찬가지입니다. 그렇지만 일정한 등급이 있으니, 교황에서 시작하여 성직자들로 내려갑니다.

997 끝으로 명심해야 할 것은, 그리스도 수난뿐만 아니라 그리스도 일생의 공로 또한 우리에게 이로움을 준다는 사실입니다. 모든 성인에게서 오는 선善도 하느님의 사랑과 은총 속에 있는 사람들에게 이어집니다. 모두가 하나이기 때문입니다. "저는 당신을 경외하는 모든 이들의, 당신의 규정을 지키는 모든 이들의 벗입니다."(시편 119,63) 그래서 사랑 속에 사는 사람들은 세상에서 일어나는 모든 선한 일에 관여하게 됩니다. 특별한 사람들을 위해 특별히 좋은 일을 베풀기도 합니다. 여러 수도회가 함께 훌륭한 일을 하는 경우처럼 다른 사람을 위해 보속할 수 있기 때문입니다.

3) 성인들의 통공의 이로움

998 우리가 성인들의 통공을 통해 얻을 수 있는 이로움은 두 가지입니다. 한편으로 그리스도의 공로가 모든 사람들에게 전해지고, 다른 한편으로는 한 사람의 선한 행실이 다른 사람들에게도 이로움을 줍니다. 반면에 파문당한 사람들은 교회 밖에 있는 탓에, 좋은 일에 대한 몫을 잃어버리고 맙니다. 그 무엇보다도 큰 손실입니다. 또 다른 위험도 있습니다. 공동체의 기도와 도움 덕분에 마귀의 유혹을 물리칠 수 있는데, 공동체에서 배제된 사람은 악마에게 쉽게 넘어가고 말 것입니다. 옛날 교회에서 파문[86]당한 사람이 악마에게 육체적으로까지 괴롭힘을 당한 이유도 그런 것이었습니다.

제11신조: 육신의 부활을 믿으며

999 성령께서 영혼의 차원에서만 교회를 거룩하게 하는 것이 아니라 그 힘 안에서 장차 우리 몸도 부활합니다. "우리 주 예수님을 죽은 이들 가운데에서 일으키신 분"(로마 4,24)이 성령이시고, "죽음이 한

---

86 '파문(破門, excommunicatio)'은 죄인을 신자들의 친교와 성사들의 참여에서 배제하는 교회의 문책이다. 《성 토마스 개념사전》 762쪽)

사람을 통하여 왔으므로 부활도 한 사람을 통하여"(1코린 15,21) 옵니다. 그래서 우리는 우리 신앙에 따라 죽은 이들의 부활을 믿습니다.[87]

1000 이와 관련하여 따져 볼 것이 네 가지입니다. 첫째가 부활의 믿음에서 오는 이로움, 둘째는 부활하는 사람들의 일반적인 상태, 셋째는 선한 사람들의 상태, 넷째는 악한 사람들의 상태입니다.

1) 부활에 대한 믿음에서 오는 이로움

부활에 대한 믿음과 희망에서 오는 이로움이 네 가지입니다.

사랑하는 가족의 죽음에서 오는 슬픔 몰아내기

사랑하는 사람의 죽음에 슬퍼하지 않기란 불가능한 일입니다. 그렇지만 부활을 생각하면 죽음으로 인한 아픔이 크게 줄어듭니다. 바오로 사도는 테살로니카 사람들을 이렇게 위로합니다. "형제 여러분, 죽은 이들의 문제를 여러분도 알기를 바랍니다. 그리하여 희망을 가지지 못하는 다른 사람들처럼 슬퍼하지 말라는 것입니다."(1테살 4,13)

---

[87] 《신학대전》 제1부 제97문 제3절; 제3부 제2문 제6절.

죽음에 대한 두려움 벗어나기

1001 사람이 죽고 난 뒤 더 나은 삶에 대한 희망이 없으면 죽음은 몹시 두려워해야 할 일입니다. 이 죽음을 벗어나겠다고 무슨 일이든, 심지어 해서는 안 될 일까지 할 수도 있습니다. 그러나 더 나은 삶이 있다고 믿으면 죽음을 두려워하지 않아도 될 것입니다. 그리스도께서는 "죽음의 권능을 쥐고 있는 자, 곧 악마를 당신의 죽음으로 파멸시키시고, 죽음의 공포 때문에 한평생 종살이에 얽매여 있는 이들을 풀어"(히브 2,14) 주시려고 죽음을 선택하셨습니다.

선한 일에 최선을 다하기

1002 지금의 삶 외에 다른 삶이 없다면 사람은 선한 일을 하는 데 별로 애쓰지 않을 것입니다. 만사가 다 하찮고 아무래도 상관이 없어 보일 테니까요. 유한한 삶 안에서 할 수 있는 선한 일을 통해서도 간절한 바람을 채울 길이 없을 것입니다. 그런데 우리가 이 세상에서 한 일 덕분에 부활을 꿈꾸며 영원한 복을 받을 수 있다고 믿으면 우리는 있는 힘을 다해 좋은 일을 할 것입니다. 바오로 사도는 이렇게 말합니다. "우리가 현세만을 위하여 그리스도께 희망을 걸고 있다면, 우리는 모든 인간 가운데에서 가장 불쌍한 사람일 것입니다."(1코린 15,19)

죄에 대한 경각심

1003 보상에 대한 희망으로 선한 일을 하듯이, 악인들을 위해 예

비되어 있다고 믿는 벌에 대한 두려움 때문에 악을 멀리하게 됩니다. "그들이 무덤에서 나와, 선을 행한 이들은 부활하여 생명을 얻고 악을 저지른 자들은 부활하여 심판을 받을 것이다."(요한 5,29)

2) 부활하는 사람들의 상태와 모습

1004 부활하는 사람들의 모습에는 네 가지 특징이 있습니다.

부활하는 몸의 동일성

부활하는 몸은 지금 우리 몸과 똑같습니다. 똑같은 살과 뼈를 지니고 부활하는 것입니다. 썩어 없어진 몸은 부활하지 않는다고 주장하는 사람이 더러 있기도 합니다. 바오로 사도는 그런 주장에 이렇게 일침을 가합니다. "이 썩는 몸은 썩지 않는 것을 입고 이 죽는 몸은 죽지 않는 것을 입어야 합니다."(1코린 15,53) 또 성경에는 하느님의 힘으로 똑같은 몸이 살아날 거라는 말씀도 나옵니다. "다시 내 살갗을 두르고 내 살로 하느님을 우러르리라."(*욥 19,26 참조)

부활한 몸의 상태

1005 부활한 몸은 지금과 다릅니다. 선한 이들이나 악한 이들이나 썩지 않는 몸이 됩니다. 선한 이들은 영원히 영광스러운 모습이고, 악한 이들은 영원히 벌을 받습니다. 바로 앞에서도 이야기한 것

처럼 말입니다. "이 썩는 몸은 썩지 않는 것을 입고 이 죽는 몸은 죽지 않는 것을 입어야 합니다."(1코린 15,53) 썩거나 죽지 않는 몸의 성질 때문에 음식이나 혼인 생활도 필요 없어집니다. 구세주의 말씀에 따르면 "부활 때에는 장가드는 일도 시집가는 일도 없이 하늘에 있는 천사들과 같아진다."(마태 22,30)라고 했습니다. 이에 대해 유다인들과 이슬람교도들은 다르게 생각합니다. 하지만 성경은 그들의 생각이 그릇됨을 알려 줍니다. (사람은) "다시는 제집으로 돌아가지 못하고 그가 있던 자리도 그를 다시는 알아보지 못합니다."(욥 7,10)

부활한 몸의 완전성

1006 우리는 모두 흠이라곤 없는 완전한 몸으로 부활합니다. 앞을 보지 못하거나 마비가 있거나 혹은 그밖에 결함 있는 장애인도 없습니다. 사도 바오로는 이렇게 말합니다. "죽은 이들이 썩지 않는 몸으로 되살아나고 우리는 변화할 것입니다."(1코린 15,52) 다시 말해, 신체적 결함이라고는 아예 없는 몸으로 되살아납니다.

부활한 몸의 나이

1007 우리는 모두 완전한 나이, 서른둘이나 서른셋 나이의 몸으로 부활합니다.[88] 아직 이 나이에 이르지 못한 이들은 완전한 나이

---

[88] "그리스도의 나이로 부활할 것이다."(《대이교도대전》 제4권 제88장 n.4231.)

가 차지 못했고, 노인들은 이미 그 나이를 넘겼지요. 그래서 어린 사람은 모자라는 나이만큼 채워 주고, 노인들은 최고의 나이로 돌아가게 합니다. "그리하여 우리 모두 그리스도께서 이 세상의 일을 완수하신 나이, 완전한 어른의 상태에 다다릅니다."(*에페 4,13 참조)

3) 선한 사람들의 부활

1008 선한 이들이 부활할 때는 다음 네 가지 특성이 생깁니다.[89]

빛에 휩싸임(광채, claritas)

성경은 "의인들은 아버지의 나라에서 해처럼 빛날 것이다."(마태 13,43)라고 전합니다.

고통을 모름(무손상, impassibilitas)

"비천한 것으로 묻히지만 영광스러운 것으로 되살아납니다. 약한 것으로 묻히지만 강한 것으로 되살아납니다."(1코린 15,43) "그들의 눈에서 모든 눈물을 닦아 주실 것이다. 다시는 죽음이 없고 다시는 슬픔도 울부짖음도 괴로움도 없을 것이다. 이전 것들이 사라져 버렸기 때문이다."(묵시 21,4)

---

89 《성 토마스 아퀴나스의 신학대전 요약》(개정판, 570쪽).

가벼운 몸놀림(신속, agilitas)

"의로운 사람들 빛이 나고 갈대숲의 불꽃처럼 이리저리 번쩍거린다."(*지혜 3,7 참조)

영묘함(투철, subtilitas)

"물질적인 몸으로 묻히지만 영적인 몸으로 되살아납니다."(1코린 15,44) 아주 영이 되는 것은 아니지만, 그래도 영에게 완전히 복종하는 것과 같습니다.

4) 저주받은 자들의 부활

1009 저주받은 이들은 축복받은 이들과 완전히 반대 상태가 됩니다. 영원한 벌에 떨어진 그들에게는 네 가지 화가 따릅니다.

어둠에 묻힘 obscura

그들의 몸은 어두워집니다. "그들의 얼굴 모습이 불에 타버리리라."(*이사 13,8 참조)

멈출 줄 모르는 고통 passibilia

늘 불에 타지만 없어질 줄 모르고, 죽을 날이 영원히 오지 않지만 고통은 느낄 줄 압니다. 성경에서 이렇게 말합니다. "정녕 그들의 구더기들은 죽지 아니하고 그들의 불은 꺼지지 아니한 채 모든 사람에게 역겨움이 되리라."(이사 66,24)

한없는 무거움 gravia

그들은 몸이 무거워져 짓눌리는 듯합니다. 영혼이 몸 안에 사슬로 묶여 있기 때문입니다. "저들의 임금들을 사슬로 묶"듯이 말입니다.(시편 149,8 참조)

짐승과 같음 carnalia

몸과 영혼 모두 짐승과 같아집니다. "짐승들 제 똥 속에서 썩어가누나."(*요엘 1,17 참조)

제12신조: 영원한 삶을 믿나이다. 아멘

1010 신경에서 우리가 믿어야 할 것들의 마무리는 우리가 바라는 것의 목표인 영원한 생명과 관련짓는 것이 어울리겠습니다. 그래서 마무리는 이렇습니다. "영원한 삶을 믿나이다. 아멘."[90] 이를 부정하는 자들은 영혼의 존재가 육체와 끝난다고 말합니다. 정말

---

[90] 《신학대전》 제1부 제75문 제6절.

그렇다면 사람은 짐승과 똑같은 층계에 서 있는 셈이지요. 그런 식의 생각을 받아들이는 사람들에게 성경은 이렇게 꾸짖습니다. "사람은 영예로운 지위를 갖추었으면서도 그 생각은 하지 못하고 분별 없는 짐승의 상태에 빠져 그것들과 비슷해졌다."(*시편 49,12-13 참조)

인간 영혼은 불멸의 측면에서 하느님과 닮은 점이 있습니다. 반면에 육체적 측면에서는 짐승과 닮았다고 할 수 있습니다. 그래서 영혼이 육신과 함께 죽는다고 믿는 사람은 자신을 짐승 세계로 떨어뜨리는 것입니다. 성경에서 이런 구절이 있습니다. "그들은 하느님의 신비를 알지 못하여 정의의 보상을 바라지 않고 거룩한 영혼의 영예를 존중하지 않는다. 하느님이 인간을 불멸하게 창조하셨고 당신 모습을 본떠 비슷하게 만드셨기 때문이다."(*지혜 2,22-23 참조)

1) 축복받은 영원한 삶의 본모습

1011 먼저 축복받은 이들의 영원한 삶이 무엇인지 살펴봅시다. 영원한 삶은 하느님과 일치를 통해 이루어집니다. 하느님 그 존재 자체는 우리가 한 일에 대한 보상이라 할 수 있습니다. 영원한 삶이 우리에게 주는 의미는 네 가지입니다.

하느님 직관을 통해 완전히 하나됨 conjunctio

하느님의 존재 자체가 우리의 모든 노고에 보상이자 목적입니다. "나는 너의 방패다. 너는 매우 큰 상을 받을 것이다."(창세 15,1) 우리는 하느님의 본질을 직접 마주하며 하나가 될 수 있습니다. "우리가 지금은 거울에 비친 모습처럼 어렴풋이 보지만 그때에는 얼굴과 얼굴을 마주 볼 것입니다."(1코린 13,12)

그 순간 우리는 완벽한 찬양 summa laus을 할 수밖에 없습니다. 아우구스티노 성인은 이렇게 말합니다. "우리는 보고 사랑하고 찬양하리라."[91] 예언자도 말합니다. "그 안에는 기쁨과 즐거움이, 감사와 찬미 노랫소리가 깃들리라."(이사 51,3)

모든 갈망의 충족 satietas desiderii

1012 모든 바람의 충족도 마찬가지입니다. 그곳에서 축복받은 사람[92]은 갈망하고 희망하는 것보다 더 많은 것을 누릴 수 있습니다. 그 이유는 가까운 데 있습니다. 이 세상에서 우리는 누리고 싶은 모든 것들을 다 누릴 수가 없습니다. 또 유한한 재화가 인간의 갈망을 완벽하게 채워 주지도 못하지요. 오직 하느님만이 그것을 무한히 채워 주실 수 있고 또 그것은 오직 하느님 안에서만 깃들어집니다. 아우구스티노 성인이 이렇게 말했습니다. "주여, 당신은 당

---

[91] 아우구스티노《신국론》22,30,5(성염 역주, 2731)

[92] 《신학대전》제2부 제1편 제3문 제8절. 인간의 궁극적이며 완전한 행복은 하느님의 본질을 보는 데만 있을 수 있다.

신을 향해서 저희를 만들어 놓으셨으므로 당신 안에 쉬기까지 저희 마음이 안달을 합니다."[93] 성인들은 영원한 고향에서 하느님을 완전하게 차지하게 되었고, 그 갈망과 거룩함 또한 다 채웠을 것입니다. 성경에 이런 구절이 나옵니다. "와서 네 주인과 함께 기쁨을 나누어라."(마태 25,21) 아우구스티노의 이런 말씀도 떠오릅니다. "온 기쁨이 기뻐하는 이들 속에 들어가는 게 아니라, 기뻐하는 이들이 온전히 기쁨 속에 들어가도다." 성경에도 이런 표현이 나옵니다. "당신 모습 거룩함 속에서 나타날 때 제가 만족하겠나이다."(*시편 17,15 참조), "온갖 재화로 그분이 네 갈망을 다 채워 주시리라."(*시편 103,5 참조)

1013 하느님과 함께인 그곳에서는 기쁨이 넘칠 것입니다. 즐거움의 만끽을 구하겠다면 그곳만큼 완전한 곳은 없을 것입니다. 최고선이신 하느님 곁이니 말입니다. "그러면 너는 전지전능한 하느님 덕분에 즐거움이 넘쳐나리라."(*욥 22,26 참조), "네게 즐거움이 영원하리라."(*시편 16,11 참조)

영예를 구한다면, 영예의 진수, 그 일체가 거기 있습니다. 사람들은 최고의 세속적 영예나 정신적 영예를 추구합니다. 그런 것들 역시 그곳에서 충족할 수 있습니다. 묵시록에서는 축복받은 사람들이 이렇게 노래합니다. "당신은 우리로 하여금 하느님의 왕국이 되고 하느님의 사제가 되게 하셨습니다."(*묵시 5,10 참조) 지혜서에서도

---

[93] 아우구스티노 《고백록》 I, 1.1(성염 역주, 2016, 55쪽)

버림받은 자들이 시샘하여 이렇게 말합니다. "보아라, 하필 저들이 하느님의 아들들에 들다니."(*지혜 5,5 참조)

학문을 추구하겠다면, 더없이 완전한 학문이 거기에 있습니다. 만물의 본성과 그 어떤 진리라도 거기 다 있으며 우리가 무엇을 원하든 거기서 다 찾을 수 있습니다. 우리가 원하는 것은 다 영원한 삶 속에서 영원한 생명과 함께 차지할 수 있습니다. "그와 함께 내게 모든 보화가 함께 왔다."(*지혜 7,11 참조) 잠언에도 이런 구절이 있습니다. "의인에게는 바라는 일이 이루어진다."(잠언 10,24)

완전한 안전 perfecta securitas

1014 세상은 완벽하게 안전하지 않습니다. 가진 게 많고 뛰어날수록 두려움이 크고, 바라는 것도 많아집니다. 반면에 영원한 생명에서는 슬픔과 수고로움이 없으며 두려움 또한 없습니다. "넘치게 누리고 불행에 대한 걱정이란 걱정은 하나도 없으리라."(*잠언 1,33 참조)

축복받은 모든 이와 함께 하는 기쁨의 공동체 jucunda societas

1015 이 공동체는 더할 나위 없이 달콤합니다. 축복받은 사람들 모두의 행복을 함께 누릴 수 있기 때문입니다. 이들은 다른 사람을 제 몸처럼 사랑합니다. 그러니 다른 사람의 행복을 자기 행복처럼 기쁘게 누립니다. 한 사람이 누릴 수 있는 '기쁨 용량'이라는 게 있다면, 그것의 한계 없이 한 사람 한 사람의 기쁨과 행복이 늘어날

것입니다. "모두의 기쁨이 그대의 집을 짓습니다."(*시편 87,7 참조)

2) 죄인들을 위한 영원한 죽음의 속성

1016 축복받은 사람들이 하늘나라에서 누릴 수 있는 것들은 말로 다할 수 없을 만큼 많습니다. 반면에 죄인과 악인들은 영원한 죽음에 떨어지는데, 선인들이 기쁨과 영광을 누리는 만큼의 고통과 벌을 받습니다. 그들의 벌은 네 가지로 정리할 수 있습니다.

하느님과 모든 선인에서 분리 separatio Dei et omnium bonorum

1017 이른바 단죄의 벌 poena damni, 실고(失苦, 상실의 벌)는 하느님을 등진 것에 대한 벌입니다. 이는 각고(覺苦, 감각의 벌)보다 더 큽니다. 성경에서는 이를 빗대는 이렇게 이야기합니다. "저 쓸모없는 종은 바깥 어둠 속으로 내던져 버려라."(마태 25,30) 악인들에게는 이미 이곳 지상에서부터 내적 암흑이 있습니다. 죄로 어두워지는 것입니다. 그런데 영원한 죽음에서는 외적 암흑이 더해집니다.

양심의 가책 remorsus conscientiae

시편에 이르기를 양심이 이렇게 소리친다고 합니다. "나 너를 벌하리라. 네 눈앞에 네 행실을 펼쳐 놓으리라."(시편 50,21) 지혜서에는 이런 구절이 있습니다. "저들은 내적 두려움에 탄식하리라."(*지혜

5,3 참조) 그렇지만 이런 후회는 그들에게 아무 득이 되지 않습니다. 그 원인이 악의 증오가 아니라 그저 처벌의 아픔이니 말입니다.

엄청난 감각적 벌immensitas poenae sensibilis

감각으로 느끼는 고통은 그 정도를 헤아릴 길이 없습니다. 지옥의 불이 몸과 영혼에 아픔을 줍니다. 성인들 말씀처럼 더없이 아프고 쓰린 벌입니다. 죽음에 이른 것 같으면서도 절대 죽을 수가 없습니다. 그래서 영원한 죽음이라고도 부릅니다. 죽음이 세상에 존재할 수 있는 가장 큰 아픔이라면, 지옥에서는 이 벌의 쓰라림을 영원토록 맛보아야 합니다. "도살될 양들마냥 지옥으로 내려가 죽음에 뜯기리라."(*시편 49,15 참조)

구원에 대한 절망desperatio salutis

구원에 대한 일말의 희망이라도 주어진다면, 벌이 좀 덜해지련만 남은 희망조차 모두 빼앗긴 상태, 그래서 벌의 무게가 더 무거워집니다. "그들의 구더기들은 죽지 아니하고 그들의 불은 꺼지지 아니한 채 모든 사람들에게 역겨움이 되리라."(이사 66,24)

1018 이렇게 선한 업적과 악한 행실 사이의 차이가 얼마나 큰지 분명하게 드러납니다. 선한 업적은 영원한 생명으로 이르게 하고, 악한 행실은 죽음으로 떨어지게 합니다. 그러니 되도록 죽음을 떠올리며 되새겨야 합니다. 그래야 선한 일에 더 다가가고 악한 일에

는 질려서 멀어질 수 있습니다. 신경의 말미에는 보라는 듯이 "영원한 생명"이란 말이 나옵니다. 깊이깊이 아로새기시기를 바랍니다.

사도 신경의 핵심 내용

1) 하느님의 신성

본성natura상 한 분
우리는 '한 분이신 하느님을 믿습니다.'라고 고백합니다.

위격persona으로는 셋
우리는 '성부와 성자와 성령을 믿습니다.'라고 고백합니다.

만물의 창조주creator
우리는 '하늘과 땅의 창조주'라고 고백합니다.

은총gratia과 죄의 용서
모든 은총과 죄의 용서는 오로지 그분으로부터 비롯합니다.

육신의 부활 resurrectio corporis

우리의 육신의 부활을 믿습니다.

영원한 삶 vita aeterna

착하게 산 모든 이들에게 영원한 삶을 주실 거라고 믿습니다.

2) 그리스도의 인성

잉태 conceptio

동정 마리아께 잉태되어 나시고

수난 passus

고난을 받으시고 십자가에 못 박혀 돌아가시고 묻히셨으며

저승 infernus

저승에 가시어

부활 resurrectio

사흗날에 죽은 이들 가운데서 부활하시고

승천 ascentio

하늘에 올라 전능하신 천주 성부 오른편에 앉으시며

심판 judicium

산 이와 죽은 이를 심판하러 오시리라 믿나이다.

하느님이신 우리 주 예수 그리스도께서는 우리를 영원한 생명의 길로 이끄시옵소서. 영원무궁토록 찬미 받으소서. 아멘.

제2장

주님의 기도와 성모송

주님의 기도

하늘에 계신 우리 아버지,
아버지의 이름이 거룩히 빛나시며
아버지의 나라가 오시며
아버지의 뜻이 하늘에서와 같이
땅에서도 이루어지소서!
오늘 저희에게 일용할 양식을 주시고
저희에게 잘못한 이를 저희가 용서하오니
저희 죄를 용서하시고
저희를 유혹에 빠지지 않게 하시고
악에서 구하소서. 아멘.

Pater noster, qui es in cælis;
sanctificétur nomen tuum; advéniat regnum tuum;
fiat volúntas tua, sicut in cælo, et in terra.
Panem nostrum cotidiánum da nobis hódie;
et dimítte nobis débita nostra,
sicut et nos dimíttimus debitóribus nostris;
et ne nos indúcas in tentatiónem;
sed líbera nos a malo. Amen.

성모송

은총이 가득하신 마리아님,
기뻐하소서.
주님께서 함께 계시니
여인 중에 복되시며
태중의 아들 예수님 또한
복되시나이다.
천주의 성모 마리아님,
이제와 저희 죽을 때에
저희 죄인을 위하여 빌어주소서. 아멘.

Ave María, grátia pléna,
Dóminus técum.
benedicta tu in muliéribus,
et benedíctus frúctus véntris tui, Iesus.
Sáncta María,
Máter Déi,
óra pro nóbis peccatóribus
nunc et in hóra mórtis nóstrae.
Amen.

I

주님의 기도

들어가는 말

우리 주님께서 직접 가르쳐 주신 주님의 기도[94]는 가장 탁월한 기도입니다.

---

[94] [원주]《신학대전》제2부 제2편 제83문 제9절. 구원을 위해서는 신앙과 더불어 희망이 필요하다. 우리 신앙의 근원이자 완성자이신 구세주께서는 우리에게 하늘나라의 신비를 계시하심으로써 구원의 희망을 불어넣어 주신다. 우리는 하느님께 어떻게 기도해야 하는지 직접 배웠다. 그러한 점에서 '주님의 기도'는 완전한 기도이다. 우리 열망의 목적인 하느님으로 시작한 '주님의 기도'는 우리가 꼭 해야 하는 것들과 피해야 할 것을 알게 한다.

1) 주님의 기도의 탁월성

1019   주님의 기도는 많은 기도들 중에서 가장 뛰어납니다. '확신', '진정성', '질서', '경건', '겸손', 이 다섯 가지 요소가 모두 담겨 있기 때문입니다.

확신

1020   "확신을 가지고 은총의 어좌로 나아갑시다."(히브 4,16) 성경에서도 강조하듯 기도하는 우리의 믿음이 충만해야 합니다. "결코 의심하는 일 없이 믿음을 가지고 청해야 합니다."(야고 1,6)

주님의 기도는 가장 믿을 수 있는 기도입니다. 우리를 변호하시는 분, 현명한 기도자이신 주님께서 직접 가르쳐 주신 기도이기 때문입니다. 이 기도에는 많은 지혜의 보물이 담겨 있습니다. 성경은 우리 대변자(변호자)에 관해 이렇게 전합니다. "하느님 앞에서 우리를 변호해 주시는 분이 계십니다. 곧 의로우신 예수 그리스도이십니다."(1요한 2,1) 치프리아노 성인은 이렇게 말했습니다. "우리를 변호해 주시는 분이 계시니 우리가 용서를 빌 때는 그분의 말씀으로 하자."

기도를 들으시는 주님께서 직접 가르쳐 주셨다는 점은 이 기도에 대한 믿음을 더해 줍니다. 성경에 이런 구절이 있습니다. "그가 나를 부르면, 내 그 소리를 들으리라."(*시편 91,15 참조) 치프리아노 성인은 이렇게 말합니다. "주님께 당신의 말씀으로 청하면, 그 기도는 낯익고 믿음이 가며 경건하다." 그러기에 이 기도가 허무하게 끝나고 마는 일은 없습니다. 아우구스티노 성인은 "이 기도로 큰 허물이 되지 않는 가벼운 죄들은 다 용서된다."고 가르칩니다.

진정성

1021 하느님께 청하는 기도에는 진정성이 담겨야 합니다. 또 그 목적에 합당해야 합니다. 다마스쿠스의 요한 성인도 '기도는 우리에게 합당한 것을 하느님께 부탁드리는 것'이라 했습니다.[95] 기도에 응답이 없다면 우리의 기도가 합당했는지 되돌아보아야 할 것입니다. "여러분이 기도해도 얻지 못하는 것은 여러분이 좋지 않은 마음으로 청하기 때문입니다."(*야고 4,3 참조) 그런데 무엇을 청해야 할지 알기란 여간 어려운 일이 아닙니다. 바랄 만한 게 무엇인지 알기가 어렵기 때문입니다. 바오로 사도는 이렇게 말합니다. "무엇을 달라 기도해야 하는지 우리가 알지 못하나이다."(*로마 8,26 참조) 막막함은 사도들도 마찬가지였습니다. 그들은 그분께 이렇게 말씀드립니다. "저희에게도 기도하는 것을 가르쳐 주십시오."(루카 11,1)

그래서 스승이신 그리스도께서 우리가 무엇을 바라며 기도해야 할지 직접 가르쳐 주십니다. 주님께서 가르쳐 주신 기도 방법이라

---

[95] 다마스쿠스의 성 요한 《신앙해설》 68 '정통 신앙 3.24.'

면 마땅히 청해도 되는 것입니다. 아우구스티노 성인은 이렇게 말했습니다. "올바르게 기도를 하려면, 주님의 기도에 들어 있는 말과 다른 것을 말해서는 안 된다."

질서

1022 청원의 표현인 기도는 질서 정연하게 이어져야 합니다. 육체적인 것보다 정신적인 것, 지상의 것보다 천국의 것을 먼저 청해야 합니다. 그것이 바른 순서(질서)입니다. 구세주께서 이렇게 말씀하십니다. "너희는 먼저 하느님의 나라와 그분의 의로움을 찾아라. 그러면 이 모든 것도 곁들여 받게 될 것이다."(마태 6,33) 주님의 기도에도 질서가 있습니다. 우리는 이 기도에서 하느님에 대한 것을 먼저 청하고 그 다음 사람에 대한 것을 청합니다.

경건

1023 기도는 모름지기 경건해야 합니다. 하느님께서는 경건한 태도로 드리는 기도를 기쁘게 받으십니다. 시편에도 이런 대목이 나옵니다. "당신 이름 부르며 저의 두 손 들어 올리오리다. 제 영혼이 비계와 기름을 먹은 듯 배불러 환호하는 입술로 제 입이 당신을 찬양합니다."(시편 63,5-6)

그러나 기도가 길게 늘어지면 경건함이 식어 버리기 쉽습니다. 주님은 기도할 때 꼭 필요하지 않은 군더더기는 모두 피하라고 말씀하십니다. "너희는 기도할 때에 다른 민족 사람들처럼 빈말을 되풀이하지 마라."(마태 6,7) 아우구스티노 성인도 이렇게 말합니다. "쓸데없는 말은 기도에서 멀리하라. 그러나 마음이 타오르는 경건함에서 벗어나지 않으려면 자주 간청해야 한다." 주님의 기도는 경건하면서도 간결합니다.

1024 경건함은 하느님과 이웃에 대한 사랑에서 비롯합니다. 주님의 기도에도 이런 사랑을 표현하고 있습니다. 먼저 하느님을 향한 사랑을 담아 '우리 아버지'를 부릅니다. 그리고 '우리'를 유혹에 빠지지 않게 해 달라고 청하며 나뿐만이 아닌 이웃 모두를 위해 기도합니다.[96] 우리 모두가 유혹에 빠지지 않게 만드는 것은 이웃 사랑의 표현입니다.

겸손

1025 기도는 겸손해야 합니다. "겸손한 이들의 기도를 주님은 굽어살피시리라."(*시편 102,18 참조) 구세주께서는 이를 바리사이와 세리의 이야기로 가르치십니다(루카 18,10-14 참조). "겸손한 이들의 기도는 주님께서 기뻐워하십니다."(*유딧 9,16 참조)[97] 주님의 기도에는 만

---

[96] "저희 죄를 용서하시고" 이 구절 또한 이웃 사랑을 드러낸다.
[97] 유딧기 9장은 '유딧의 기도'를 다룬다. 독일어판은 9장 16절을 인용하지만, 한국천주교중앙협의회 《성경》의 유딧기 9장은 14절로 끝나며 본문의 인용 내용도 나오지 않는다.

사를 하느님의 은총으로 이루기를 바라는 겸손한 마음이 고스란히 담겨 있습니다.

2) 기도의 이로움

기도의 이로움은 세 가지입니다.

악의 구제책

기도는 악을 막아 내는 데 효과적인 구제책입니다. 저지른 죄에서 해방해 주기 때문입니다. "당신께서는 제 온갖 죄의 패덕을 용서하여 주셨습니다. 이를 위해 성인들 저마다 당신께 간원했다 들었습니다."(*시편 32,5-6 참조) 십자가에 예수님과 함께 매달린 도둑도 기도로 용서받았습니다. "너는 오늘 나와 함께 낙원에 있을 것이다."(루카 23,43) 세리도 용서를 받고 의로운 사람이 되었습니다(루카 18,13-14 참조).

기도는 앞으로 닥칠 죄에 대한 두려움, 낙담과 슬픔에서도 풀어 줍니다. "여러분 가운데에 슬픈 사람이 있습니까? 그런 사람은 기도하십시오."(*야고 5,13 참조) 그리고 사방의 적이나 박해에서도 해방해 줍니다. "저들은 저를 사랑하는 게 아니라 헐뜯습니다. 하지만 저는 기도드립니다."(*시편 109,4 참조)

우리의 바람을 위해

1026 기도는 우리의 바람을 이루게 해 줍니다. "너희가 기도하며 청하는 것이 무엇이든 그것을 이미 받은 줄로 믿어라."(마르 11,24) 우리의 바람이 이루어지지 않았다면, 참을성 있게 꾸준히 기도하지 않았거나 더 복이 되는 것을 청하지 않은 탓입니다. 주님께서도 말씀하십니다. "낙심하지 말고 끊임없이 기도해야 한다."(루카 18,1) 아우구스티노 성인도 이렇게 말합니다. "주님이 우리가 바라는 것을 주지 않으실 때가 많지만 선하시어 그러신다. 우리에게 우리가 바라 마땅한 것을 주시려는 것이기 때문이다." 바오로 사도의 이야기가 본보기입니다. 그는 자기 살에 박힌 가시를 없애 달라고 기도하였으나 주님께서는 들어주지 않으셨습니다(2코린 12,7-9 참조).

하느님의 충실한 자녀가 되는 일

1027 기도는 우리가 하느님의 충실한 자녀로 살 수 있도록 해 줍니다. "저의 기도 당신 면전의 분향으로 여기시고 저의 손 들어 올리니 저녁 제물로 여겨 주소서."(시편 141,2)

하늘에 계신

1) 기도자의 확신

1034 기도하는 사람은 확신을 가져야 합니다. 이것은 아주 중요한 자세입니다. "결코 의심하는 일 없이 믿음을 가지고 청해야 합니다."(야고 1,6) 주님께서 우리에게 기도하는 법을 가르치실 때, 우리 마음에 확신을 일깨우기 위해 아버지 하느님의 자비를 먼저 보이셨습니다. 그래서 주님께서 "우리 아버지"라고 하십니다. 성경에도 뒷받침하는 말씀이 나옵니다. "너희가 악해도 자녀들에게는 좋은 것을 줄 줄 아는 터에, 하늘에 계신 아버지께서야 당신께 청하는 선한 이들에게 얼마나 더 많이 주시겠느냐?"(*루카 11,13 참조)

2) 하늘에 계심의 의미

하느님의 권능을 살펴보면 이 확신이 더 커집니다. 그래서 구세주께서 말씀하십니다. "주님은 하늘에 계십니다." 시편에도 이런 구절이 나옵니다. "하늘에 좌정하신 분이시여 당신께 저의 눈을 듭니다."(시편 123,1)

1035 하늘에 계신다는 말씀에 담긴 뜻은 세 가지입니다.

기도자의 준비와 하늘의 영광

주님께서 하늘에 계신다는 말은 기도자의 마음을 준비하게 해 줍니다. 성경에 이런 구절이 있습니다. "기도하기 전에 네 마음부터 준비하라."(*집회 18,23 참조) 이는 하늘나라에 대한 준비입니다. 이에 따르면 하늘에 계신다는 말은 결국 하늘나라의 영광을 뜻합니다. 성경의 다음 말씀도 이에 부합합니다. "너희가 하늘에서 받을 상이 크다."(마태 5,12)

기도할 준비는 먼저 하늘나라의 것을 본받는 것으로 시작합니다. 아이가 아버지를 따라 하듯이 말입니다. 성경에도 이런 말씀이 있습니다. "우리가 흙으로 된 그 사람의 모습을 지녔듯이, 하늘에 속한 그분의 모습도 지니게 될 것입니다."(1코린 15,49)

그리고 하늘나라에 대한 묵상을 해야 합니다. 사람은 아버지께서 계시는 곳과 평소 좋아하는 곳을 더 자주 생각하기 마련입니다. 다음 말씀을 보아도 그렇습니다. "사실 너의 보물이 있는 곳에 너의 마음도 있다."(마태 6,21) 바오로 사도는 이렇게 말합니다. "우리 삶은 하늘에 있습니다."(*필리 3,20 참조)

마지막으로 기도를 통해 하늘나라를 추구해야 합니다. 우리는 하늘에 계신 분께 하늘나라에 부합하는 것을 청해야 합니다. 바오로 사도는 이렇게 권고합니다. "저 위, 그리스도께서 계신 곳에 있는 것을 추구하십시오."(*콜로 3,1 참조)

기도 들어줄 마음이 생기도록

1036 하느님과 함께 하늘에 있는 성인들은 기도를 들어주시는 분의 마음을 헤아릴 줄 압니다. '하늘에 계신'이란 말은 하느님께서 함께하시는 '성인들 안에'라는 의미로도 이해할 수 있습니다. 성경에 이런 말씀이 나옵니다. "주님, 당신께서는 저희 한가운데에 계십니다."(예레 14,9) 실제로 성인들을 하늘이라고 부르기도 합니다. "하늘은 하느님의 영광을 이야기하고."(시편 19,2)

하느님께서는 성인들 안에 함께하십니다. 신앙을 통해 말입니다. "여러분의 믿음을 통하여 그리스도께서 여러분의 마음 안에 사시게 하시며"(에페 3,17) 또 사랑을 통해서도 그렇습니다. "사랑 안에 머무르는 사람은 하느님 안에 머무르고 하느님께서도 그 사람 안에 머무르십니다."(1요한 4,16) 끝으로 계명을 온전히 지켜야 합니다. "누구든지 나를 사랑하면 내 말을 지킬 것이다. 그러면 내 아버지께서 그를 사랑하시고, 우리가 그에게 가서 그와 함께 살 것이다."(요한 14,23)

한계가 없는 하느님의 능력

1037 '하늘에 계시는'이란 말은 물질 차원의 하늘과도 연결할 수 있지만, 그렇다고 하느님께서 물질 차원의 하늘에 싸여 계신다는 뜻은 아닙니다. 하늘이 아무리 넓다한들 하느님을 온전히 담아낼 수 없습니다(1열왕 8,27 참조). 높은 곳에서 모든 것을 내려다보시는 전

지하심을 빗대어 말한 것이라고 볼 수 있습니다. 성경의 다음 말씀을 보더라도 그렇습니다. "주님께서 드높은 당신 성소에서 내려다보시고,"(시편 102,20) 또 당신의 숭고한 권능을 뜻할 수도 있습니다. "주님께서는 하늘에 당신 어좌를 든든히 세우시고,"(시편 103,19) 끝으로 영원불변하심을 의미할 수 있습니다. "그러나 주님은 영원하시고 당신의 세월은 줄지 않습니다."(*시편 102,13; 102,27 참조) 그리스도에 관해서도 이렇게 이야기합니다. "그의 왕좌를 하늘의 날수만큼 이어지게 하리라."(시편 89,30) 아리스토텔레스는 영원불변한 하늘을 영들의 거처로 인정합니다.[98]

3) 기도에 대한 확신 부여

1038 '하늘에 계시는'이라고 시작하는 이 기도는 우리 마음에 확신을 줍니다. 여기에도 세 가지 근거가 있으니, 기도를 들어주는 분의 권능과 친절 그리고 청원의 적절성입니다.

기도를 들어주시는 분의 권능

성경에 이런 말이 나옵니다. "내가 하늘과 땅을 가득 채우고 있지 않느냐?"(예레 23,24) 하느님께서 하늘에 계시다는 것은 당신 권능

---

[98] 아리스토텔레스 《천체론 De Caelo》 1.

의 위대함과 본성의 숭고함을 넌지시 드러내시는 것입니다. 이 의미는 다음과 같습니다.

1039 첫째, 주님의 권능은 세상 만물의 법칙을 천체의 움직임으로 결정하는 이들을 물리칩니다. 실제로 그들의 이야기와 같다면, 하느님을 향한 기도는 헛것이 되고 말 것입니다. 하느님께서는 하늘과 별들의 주인이십니다. 성경에도 이런 구절이 있습니다. "주님께서는 하늘에 당신 어좌를 든든히 세우시고."(시편 103,19)

1040 둘째, 기도에 나오는 '하늘'은 단순히 물리적인 공간만 이야기하는 것이 아닙니다. '하느님께서 하늘에 계신다'는 말의 뜻은 세상 만물 가운데 가장 높은 곳에서 세상만사, 심지어 우리 인간의 바람과 앎까지 모두 꿰뚫어 보시는 그분의 권능과 숭고함을 의미하는 것입니다. 인간이 아무리 뛰어나다 해도 그분의 권능을 넘어설 수는 없습니다. 성경에 이런 말씀이 있습니다. "보십시오, 하느님께서는 우리가 깨달을 수 없이 위대하시고"(욥 36,26), "주님께서는 모든 민족들 위에 높으시고"(시편 113,4), "너희는 하느님을 누구와 비교하겠느냐?"(이사 40,18)

하느님의 친절하심

1041 하느님께서 인간의 일에 신경을 쓰시지 않는다고 말하는 사람들이 있습니다. 하느님께서는 우리가 생각하는 것보다 훨씬 더 가까이, 우리와 더 친밀한 관계로 계십니다. 하늘을 성인들로 이해

하면 받아들이기가 쉽습니다. 하느님께서는 하늘이라고 불린 성인들 안에 계십니다. 다음 성경 말씀처럼 말입니다. "하늘은 하느님의 영광을 이야기하고"(시편 19,2), "주님, 당신께서는 저희 한가운데에 계십니다."(예레 14,9) 이렇게 기도하는 이들의 마음 안에 확신을 불어넣어 주는 이유는 두 가지입니다.

1042 첫째, 확신은 하느님과 가까운 거리에서 옵니다. 솔로몬 임금은 시편에서 이렇게 가르칩니다. "주님께서는 당신을 부르는 모든 이에게, 당신을 진실하게 부르는 모든 이에게 가까이 계시다."(시편 145,18) 거룩하신 구세주께서도 이런 말씀을 하십니다. "너는 기도할 때 골방에 들어가 문을 닫은 다음, 숨어 계신 네 아버지께 기도하여라."(마태 6,6) 다시 말해 마음의 방으로 들어가라는 말씀입니다.

둘째, 다른 성인들의 도움으로 우리가 기도를 통해 청한 것을 받을 수 있습니다. 다음 성경의 말씀을 보아도 그렇습니다. "성인들 가운데 한 분에게 청해 보게나."(*욥 5,1 참조) "서로 남을 위하여 기도하십시오. 그러면 여러분의 병이 낫게 될 것입니다. 의인의 간절한 기도는 큰 힘을 냅니다."(야고 5,16)

기도에서 청하는 내용의 적절성

1043 '하늘에 계시는'이라는 말을 행복의 근간이 되는 정신적이고 영원한 보화로 받아들이려면 기도로 청하려는 바가 적절하고 또 그 표현까지 합당해야 합니다. 그래야 기도가 두 가지 관점에서 적

절한 것이 됩니다. 첫 번째 관점으로는, 하늘나라를 향한 갈망에 불이 붙게 됩니다. 우리는 아버지가 계신 곳을 갈망하기 마련이니, 거기에 우리가 상속할 재산이 있지 않습니까? "저 위에 있는 것을 추구하십시오"(콜로 3,1) "썩지 않고 더러워지지 않고 시들지 않는 상속 재산을 얻게 하셨습니다. 이 상속 재산은 여러분을 위하여 하늘에 보존되어 있습니다."(1베드 1,4) 두 번째 관점으로는, 이로 말미암아 우리가 천상의 생명으로 이끌립니다. 바오로 사도의 이야기처럼 하늘나라의 아버지와 똑같은 모습이 되기 위해서입니다. "하늘에 속한 그분께서 그러하시면 하늘에 속한 다른 사람들도 마찬가지입니다."(1코린 15,48) '하늘나라에 어울리는 요청'과 '영원한 생명'에 대한 희망은 우리가 올바른 표현으로 기도하게 만들고, 우리의 기도가 그 목적에 부합할 수 있게 해 줍니다.

우리 아버지

1) 하느님을 아버지라 부르는 까닭[99]

1028 주님의 기도는 "하늘에 계신 우리 아버지"로 시작합니다.

---

99 《신학요강》 제2부 제5장-제8장.

아버지! 두 가지를 살펴봅시다. 어찌하여 하느님께서 우리 아버지이신가요? 아버지이신 하느님께 해 드려야 할 것은 무엇인가요? 우리가 하느님을 아버지라 하는 이유는 세 가지입니다.

우리의 창조주이신 하느님

하느님을 아버지라 부르는 까닭은 하느님께서 우리를 당신의 모습imago et similitudo대로 만드신, 바로 그 특별한 방식 때문입니다. 다른 피조물에는 당신의 모습을 부여하지 않으셨습니다. "그분은 너를 만들어 창조하신 너의 아버지이시다."(*신명 32,6 참조)

우리를 다스리시는 하느님

하느님께서 만물을 다스리실 때, 우리는 자녀 다루듯 하시고 나머지 피조물은 종처럼 다스리십니다. "아버지, 그것을 조종하는 것은 당신의 섭리입니다."(지혜 14,3) "저희를 아주 관대하게 통솔하십니다."(지혜 12,18)

우리를 자녀로 받아들이신 하느님

하느님께서는 다른 피조물에게 그저 선물을 내리시지만, 우리에게는 유산을 주셨습니다. 하느님의 자녀인 우리는 그분의 상속인입니다. "여러분은 사람을 다시 두려움에 빠뜨리는 종살이의 영을 받은 것이 아니라, 여러분을 자녀로 삼도록 해 주시는 영을 받았습

니다. 이 성령의 힘으로 우리가 '아빠! 아버지!' 하고 외치는 것입니다."(로마 8,15)

2) 아버지이신 하느님께 해 드려야 할 일

1029 우리 아버지 하느님께 해 드려야 할 일이 네 가지 있습니다.

공경

"내가 아버지라면 나에 대한 공경은 어디 있느냐?"(말라 1,6) 공경의 방법에는 세 가지가 있습니다. 첫째는 하느님을 향한 찬양입니다. "찬양 제물을 바치는 이가 나를 공경하는 사람이니."(시편 50,23) 찬양은 마음에서 비롯된 것이어야지 입발림이어서는 안 됩니다. "이 백성이 입으로는 나에게 다가오고 입술로는 나를 공경하지만 그 마음은 내게서 멀리 떠나 있고."(이사 29,13) 둘째는 자기 몸을 정결하게 하는 것입니다. "하느님을 찬양하고 여러분의 몸에 모십시오."(*1코린 6,20 참조) 셋째는 이웃에 대한 정의로운 판단입니다. "공정한 판결은 임금님의 영광을 향합니다."(*시편 99,4 참조)

하느님 따라 하기

1030 아이가 부모를 따라 하듯 우리도 그분께서 하시는 대로 따라 해야 합니다. "너는 나를 아버지라 하고 나를 따르리라."(*예레

3,19 참조) 하느님을 따라 하는 데에는 세 가지를 기억해야 합니다. 첫째, 하느님을 향한 사랑입니다. 이 사랑은 내적인 것, 마음에서 우러나는 사랑이어야 합니다. "하느님을 본받는 사람이 되십시오. 그리스도께서 우리를 사랑하시고 또 우리를 위하여 당신 자신을 하느님께 바치는 향기로운 예물과 제물로 내놓으신 것처럼, 여러분도 사랑 안에서 살아가십시오."(에페 5,1-2) 둘째, 자비 베풀기입니다. 자비는 사랑과 맞물립니다. "너희도 자비로운 사람이 되어라."(루카 6,36) 자비는 행동으로 분명하게 드러나야 합니다. 셋째, 완전해지기입니다. 사랑과 연민은 완전해야 합니다. "하늘의 너희 아버지께서 완전하신 것처럼 너희도 완전한 사람이 되어야 한다."(마태 5,48)

순종

1031 하느님께 순종해야 합니다. "아버지께는 더욱 순종하여"(히브 12,9)라는 말씀처럼 여기에도 세 가지 이유가 있습니다. 첫째, 하느님께서 우리를 다스리시기 때문입니다. "주님께서 말씀하신 모든 것을 실행하고 따르겠습니다."(탈출 24,7) 둘째, 주님께서 먼저 본보기를 보이시기 때문입니다. "당신 자신을 낮추시어 죽음에 이르기까지, 십자가 죽음에 이르기까지 순종하셨습니다."(필리 2,8) 셋째, 우리에게 좋은 일이기 때문입니다. "주님이 나를 뽑아 주셨으니, 주님 앞에서 흥겨워하오."(*2사무 6,21 참조)

인내

1032 인내하며 하느님의 교훈을 마음에 새겨야 합니다. "내 아들아, 주님의 교훈을 물리치지 말고 그분께 벌을 받더라도 언짢게 여기지 마라. 아버지가 아끼는 아들을 꾸짖듯 주님께서는 사랑하시는 이를 꾸짖으시되."(*잠언 3,11-12 참조)

3) 이웃에게 해야 할 일

1033 '우리'라는 말에는 이웃에 대한 책임이 내재되어 있습니다. 우리가 책임을 다해야 하는 데에도 세 가지 이유가 있습니다. 첫째, 사랑 때문입니다. 하느님의 자녀들인 우리는 모두 한 형제입니다. "눈에 보이는 자기 형제를 사랑하지 않는 사람이 보이지 않는 하느님을 사랑할 수는 없습니다."(1요한 4,20) 둘째, 존경입니다. 우리 각자가 하느님의 사랑을 받는 자녀임을 잊지 말고 존경하는 마음 또한 잊지 말아야 합니다. "우리 모두의 아버지는 한 분이 아니시냐? 한 분이신 하느님께서 우리를 창조하지 않으셨느냐? 그런데 어찌하여 너희는 저마다 형제를 업신여기느냐?"(*말라 2,10 참조) "서로 존경하는 일에 먼저 나서십시오."(로마 12,10) 셋째, 이것이 우리에게 이롭기 때문입니다. 그리스도께서는 "당신께 순종하는 모든 이에게 영원한 구원의 근원"(히브 5,9)이 되셨습니다.

첫 번째 소원: 아버지의 이름이 거룩히 빛나시며

1044 우리는 '아버지의 이름이 거룩히 빛나시며'라고 기도하며, 하느님의 이름이 우리에게 계시되어 널리 알려지기를 청합니다. 이것은 우리의 첫 번째 소원이라고 할 수 있습니다.

1) 하느님의 이름에 담긴 뜻

기적과 같음

하느님께서는 모든 피조물에서 기적과 같이 역사하시기 때문입니다. 그래서 복음서에서 이렇게 이야기합니다. "내 이름으로 마귀들을 쫓아내고 새로운 언어들을 말하며, 손으로 뱀을 집어 들고 독을 마셔도 아무런 해도 입지 않으며."(마르 16,17-18)

사랑스러움

1045 "사람들에게 주어진 이름 가운데에서 우리가 구원받는 데에 필요한 이름은 하늘 아래 이 이름밖에 없습니다."(사도 4,12) 우리가 사랑해야 할 것은 그리스도, 바로 이 이름입니다.
그리스도의 이름을 부인하라는 트라야누스 황제의 요구에 이냐시오 성인[100]은 이렇게 말합니다. "설령 그대가 내 입에서 그 이름을 빼앗을지라도 내 마음(심장)[101]에서 떼어 내지는 못할 것입니다. 이 이름이 내 마음(심장)에 새겨져 '그 이름 부르기'를 멈출 수는 없습니다." 트라야누스 황제가 그 말이 진실인지 확인하기 위해 그를 참수하고 가슴에서 심장을 꺼냈고, 그의 심장에는 황금색으로 그리스도의 이름이 새겨져 있었다고 합니다. 성인은 마치 성스러운 봉인처럼 그리스도의 이름을 자신의 마음 깊숙이 새겨 두었던 것입니다.

황공하옴

1046 "그리하여 예수님의 이름 앞에 하늘과 땅 위와 땅 아래에 있는 자들이 다 무릎을 꿇고."(필리 2,10) 하늘에서는 천사들과 성인들이, 땅에서는 사람들이 그리스도 앞에 무릎을 꿇습니다. 그분을 향한 무한한 사랑 때문이거나 영원한 벌에 대한 두려움 때문입니다. 땅 아래 있는 저주받은 자들도 무릎을 꿇습니다. 오직 두려움 때문입니다.

---

[100] 안티오키아의 이냐시오(35~110년): 초기 그리스도교 순교자, 안티오키아 주교. 로마로 잡혀가는 길에 일곱 편의 편지를 썼다. 그리스도교가 시대와 장소를 초월한 보편적인 교회란 의미에서 '가톨릭 교회'라는 말을 처음으로 썼다. 영토 확장과 대규모 토목 공사를 추진했던 트라야누스 황제는 그리스도교도의 행방을 굳이 캐지 말라고 했을 만큼 탄압의 의사가 없었다. 그런데도 이냐시오는 자신이 그리스도인임을 적극적으로 밝혔고, 그로인해 순교했다.

[101] 라틴어 cor, 독일어 das Herz, 영어 heart 등은 마음과 심장을 동시에 나타낸다. 여기서는 적어도 우리말이 덜 추상적이어서 마음과 심장(염통)을 구분하여 쓴다.

말로 다 표현할 수 없는 존재

1047 세상 그 어떤 말로도 하느님의 존재를 표현할 수는 없습니다. 그런 탓에 피조물에 빗대어 설명할 때도 많습니다. 그분의 단단함을 이야기할 때에는 바위에 비유합니다. "내가 이 반석 위에 내 교회를 세울 터인즉,"(마태 16,18) 정화의 힘 때문에 불로 부르기도 합니다. 불이 금속을 정화하듯 죄인들의 마음을 정화하시기 때문입니다. "주 너희 하느님은 태워 버리는 불이시며,"(신명 4,24) 또 밝게 비춰 보여 주시는 분이므로 빛이라 부르기도 합니다. 빛이 어둠을 몰아내듯 하느님의 이름이 영의 어둠을 깨 주시기 때문입니다. "저의 하느님께서 저의 어둠을 밝혀 주십니다."(시편 18,29)

2) 거룩해지심의 의미

1048 이제 하느님의 이름이 알려지고 거룩해지게 해 주시기를 청합니다. '거룩함sanctum'이란 말에는 세 가지 의미가 담겼습니다.

불변성

'거룩함'은 '단단하다sancitum'는 뜻입니다. 하늘나라에 있는 성인들은 영원한 축복 속에 흔들림 없이 단단한 보호를 받습니다. 반면 지상에서는 삶의 온갖 변화에 휩쓸리기 때문에 거룩할 수 없습니다. 그래서 아우구스티노 성인은 이렇게 말합니다. "주여, 제가 당신에게서 벗어나 너무나도 흔들립니다. 저는 주님의 확고부동함에서 벗어나고 말았습니다."[102]

세상의 초월

1049 이 용어는 이 지상에 속하지 않은 것을 의미할 수도 있습니다. 하늘에 계신 이들을 우리는 '성인'이라 부릅니다. 성인들은 지상의 욕망이 없습니다. 이런 의미에서 바오로 사도는 이렇게 말합니다. "다른 모든 것을 해로운 것으로 여깁니다. 나는 그리스도 때문에 모든 것을 잃었지만 그것들을 쓰레기로 여깁니다. 내가 그리스도를 얻고 그분 안에 있으려는 것입니다."(필리 3,8-9)

그에 반해 '지상'이라는 말은 낮고 천한 것, 죄에 빠진 것, 죄인들을 의미합니다. 여기에는 세 가지 측면이 있습니다.

첫째는 산물의 측면입니다. 경작하지 않는 땅에는 거친 잡초(가시덤불)와 잡목들(엉겅퀴)이 자랍니다. 죄인의 영혼도 마찬가지로 은총으로 돌봐 주지 않으면 죄의 잡초와 잡목만을 만들어 냅니다. "땅은 네 앞에 가시덤불과 엉겅퀴를 돋게 하고 너는 들의 풀을 먹으리라."(창세 3,18) 둘째는 어둠의 측면입니다. "땅은 아직 꼴을 갖추지 못하고 비어 있었는데, 어둠이 심연을 덮고 하느님의 영이 그 물 위를 감돌고 있었다."(창세 1,2) 셋째는 메마름의 측면입니다. 흙은 메마

---

[102] 아우구스티노《고백록》II.10.

른 원소입니다. 습기로 뭉치지 못하면 먼지로 부서지고 맙니다. 하느님께서는 땅을 물 위에 세우셨습니다. 시편에도 이런 말씀이 있습니다. "땅을 물 위에 펼쳐 놓으신 분"(시편 136,6) 황폐하고 메마른 소재인 흙을 물로 뭉쳐 놓으려 하셨다는 말씀입니다. 마찬가지로 죄인의 영혼도 황폐하고 메마릅니다. 성경의 가르침도 그렇습니다. "저의 영혼 물 없는 흙과 같습니다."(*시편 143,6 참조)

피로 씻김

1050 하늘의 성인들은 '피로 씻김sanguine tinctum'을 받으셨기에 거룩하다고 합니다. 요한 사도는 이렇게 가르칩니다. "저 사람들은 큰 환난을 겪어 낸 사람들이다. 저들은 어린양의 피로 자기들의 긴 겉옷을 깨끗이 빨아 희게 하였다."(묵시 7,14) 또 다른 구절도 있습니다. "당신 피로 우리를 죄에서 풀어 주셨고."(묵시 1,5)

두 번째 소원: 아버지의 나라가 오시며[103]

1) 효경의 선물

1051 성령께서는 우리가 올바른 사랑, 참된 갈망, 적절한 기도를 하게 만드시고 두려움을 일깨웁니다. 우리는 성령의 도움으로 하느님의 이름이 거룩해지시기를 기도합니다. 효경('성령칠은'의 하나, pietas)은 성령의 또 다른 선물입니다.[104]

효경은 아버지 하느님을 향한 사랑과 고난을 겪는 이들 모두에 대한 내적이고 헌신적인 사랑을 말합니다. 하느님께서는 우리의 아버지이시기에, 단순히 찬양하고 경외하는 데 그치는 것이 아니라 깊이 사랑합니다. 이 사랑의 작용으로 우리는 '하느님의 나라가 우리에게 오시기를' 소원합니다. 성경에도 이와 통하는 구절이 있습니다. "복된 희망이 이루어지기를, 우리의 위대하신 하느님이시며 구원자이신 예수 그리스도의 영광이 나타나기를."(티토 2,13)

---

103 《신학요강》 제2부 제9장.
104 《신학대전》 제2부 제1편 제68문. 아버지께 비는 일곱 가지 차원은 성령의 일곱 은혜에 해당한다. 성령칠은(지혜, 통달, 의견, 굳셈, 지식, 효경, 경외)이 여기에서 나온다.

2) 소원의 이유

¹⁰⁵² 이런 궁금증이 제기될 수 있습니다. "하느님 나라는 언제나 있는 것인데, 그것이 우리에게 오시기를 간청하는 것은 무슨 까닭인가?" 이에 관하여 이 '나라'라는 말과 '그것이 오시기를 청하기'에는 세 가지 의미가 있다고 대답할 수 있습니다.

차지했으나 행사하지 않은 지배권

이런 경우를 생각해 볼까요? 어떤 왕이 한 나라를 차지하였지만, 그 나라 사람들이 그에게 복종하지 않은 탓에 지배권이 인정되지 않았습니다. 그 나라 사람 모두 그에게 복종해야 지배권이 공공연해질 것입니다. 하지만 하느님께서는 그 자체로, 그리고 본성상 만물의 주인이십니다. 그리스도께서는 하느님이시면서 사람으로서 만물에 대한 지배권을 받으셨습니다. "그에게 통치권과 영광과 나라가 주어져"(다니 7,14) 그러니 우리는 모두 그분께 복종해야 합니다. 그런데 아직은 때가 오지 않았습니다. "하느님께서 모든 원수를 그리스도의 발아래 잡아다 놓으실 때까지는 그리스도께서 다스리셔야 합니다."(1코린 15,25) 그래서 우리는 '하느님 나라가 우리에게 오시기'를 청하는 것입니다.

이와 함께 우리가 기도하는 것은 세 가지입니다. 첫째 모든 정의의 완수요, 둘째 죄인들의 처벌이요, 셋째 죽음의 파기입니다.

1053 사람은 그리스도께 두 가지 방식으로 복종합니다. 자유로운 의사로 복종하거나 아니면 하는 수 없이 억지로 그렇게 합니다. 하느님의 뜻은 반드시 이루어질 수밖에 없는데, 하느님께서는 모두 다 그리스도에게 복종하기를 바라십니다. 그러니 의인들이 그렇듯이 하느님의 계명에 복종하면서 하느님의 뜻을 완수하거나, 아니면 하느님께서 죄인들과 무신론자들에게 하시듯이 복종하지 않는 자들을 처벌하시면서 당신의 뜻을 완수하시거나, 둘 중 하나일 뿐입니다. 두 번째 길은 세상 종말의 순간에 일어납니다. "내가 너의 원수들을 네 발판으로 삼을 때까지."(시편 110,1) 그래서 하느님의 나라가 오시기를 먼저 소원하는 일은 성인들의 몫이 되었습니다. 말하자면 성인들 쪽에서 하느님께 완전히 복종할 수 있게 해 주십사 청하는 것입니다. 그런데 죄인들에게는 이 소원이 끔찍한 일입니다. 하느님의 뜻으로 처벌해 달라는 말과 다르지 않기 때문입니다. "불행하여라, 주님의 날을 갈망하는 자들!"(아모 5,18)

끝으로 이로 말미암아 죽음도 파기됩니다. 그리스도는 생명이시니, 당신 나라에서 죽음이 함께할 수는 없습니다. 성경에도 이런 대목이 나옵니다. "마지막으로 파멸되어야 하는 원수는 죽음입니다."(1코린 15,26) 이 일은 부활의 순간에 이루어질 것입니다. "그 권능으로, 우리의 비천한 몸을 당신의 영광스러운 몸과 같은 모습으로 변화시켜 주실 것입니다."(필리 3,21) 그밖에 하늘나라는 또 다른 뜻으로도 이해할 수 있습니다.

천상 낙원의 영광

1054 나라를 뜻하는 라틴어 레그눔regnum과 다스림을 뜻하는 레기멘regimen은 같은 어원을 가집니다. 최고의 다스림은 군림이 아니라 통치자의 뜻이 백성들의 삶에 자연스럽게 드러나게 만드는 힘입니다. 하느님의 뜻은 바로 인간의 구원입니다.

모든 사람이 구원받기 원하시는 하느님의 다스림은 천상 낙원에서 이루어집니다. 그곳에는 인간의 구원에 방해될 일이 없습니다. 그러나 이 세상에는 인간 구원에 걸림돌이 되는 일들이 참 많습니다. 그래서 '하느님의 나라가 우리에게 오시기'를 기도하는 것은 우리가 하느님 나라와 이 낙원의 영광에 함께할 수 있게 해 주시기를 기도하는 것과 같습니다.

1055 이 나라를 간절히 바라는 이유는 세 가지입니다. 첫째, 그곳을 다스리는 최고의 정의 때문입니다. "너의 백성은 모두 의인들로서 영원히 이 땅을 차지하리라."(이사 60,21) 지상은 나쁜 것과 좋은 것이 뒤섞인 상태이지만, 하느님 나라에서는 악인과 죄인이 더는 없기 때문입니다.

1056 둘째, 더없이 완전한 자유 때문입니다. 지상에는 완전한 자유가 없습니다. 그러나 천상은 완전히 자유로운 곳입니다. "피조물도 멸망의 종살이에서 해방되어, 하느님의 자녀들이 누리는 영광의 자유를 얻을 것입니다."(로마 8,21) "주님께서는 그들이 우리 하느님을 위하여 한 나라를 이루고 사제들이 되게 하셨으니 그들이 땅을

다스릴 것입니다."(묵시 5,10) 모두의 뜻이 하느님의 뜻과 같아집니다. 하느님께서는 성인들이 바라는 것을 바라시고, 성인들은 하느님께서 바라시는 것을 바랍니다. 뜻이 이루어지니 모두가 지배하는 것이며, 주님은 모두의 왕관이 되십니다. "그날에 만군의 주님께서는 당신 백성의 남은 자들에게 화려한 화관과 아름다운 꽃 관이 되어 주시고,"(이사 28,5)

1057 셋째, 우리가 하늘나라를 바라는 까닭은 거기서 주는 기쁨이 차고 넘치기 때문입니다. "그분께서 네 한평생을 복으로 채워 주시어"(시편 103,5), "당신 아닌 다른 신이 자기를 고대하는 이들을 위하여 이런 일을 한다는 것은 예로부터 아무도 들어 보지 못하였고 아무도 귀로 듣지 못하였으며 어떠한 눈도 보지 못하였습니다."(이사 64,3)

하느님 안에서는 이 세상에서 얻고 싶어 하는 것을 더 숭고한 방식과 더 완전한 정도로 얻을 수 있다는 말입니다.[105] 오락적인 즐거움을 원한다면, 하느님 안에서 더 큰 즐거움을 얻을 수 있습니다. "이를 보고 너희 마음은 기뻐하고,"(이사 66.14) "끝없는 즐거움이 그들 머리 위에 넘치고 기쁨과 즐거움이 그들과 함께하여 슬픔과 탄식이 사라지리라."(이사 35,10) 부를 얻고 싶다면, 그곳에서 차고 넘치게 얻을 수 있을 것입니다. 다른 보화들도 마찬가지이고요. 아우구

---

[105] 《신학대전》 제2부 제1편 제69문 제3절; 제2부 제2편 제89문 제9절; 제121문 제2절.

스티노 성인은 이렇게 말씀하셨습니다. "영혼이 당신을 떠나 당신 밖에서 그 무언가를 찾고자 한다면, 결국 가장 순수한 모습으로 당신을 다시 찾아올 것입니다."[106]

죄에 대한 지배

1058 죄가 우리 삶을 지배하는 순간도 있습니다. 욕망을 자극하는 것들에 반응하여 넘어가 버리면 우리 안에 죄가 생기기 마련입니다. "죄가 여러분의 죽을 몸을 지배하여 여러분이 그 욕망에 순종하는 일이 없도록 하십시오."(로마 6,12) 우리 마음의 주도권이 하느님께 있어야 합니다. 그래서 하느님께서 우리 마음을 지배하시도록 해야 합니다. "너의 하느님은 임금님이시다."(이사 52,7) 하느님께 순명하고 계율을 지킬 때, 그분께서 비로소 마음을 지배하십니다.

3) 그 결과로 얻는 복: 행복하여라, 온유한 사람들!

1059 "아버지의 나라가 오시며"라는 기도는 우리 마음을 하느님께서 다스려 주시기를 청하는 기도입니다. 이 소원으로 마침내 얻을 축복에 대해 성경은 이렇게 이야기합니다. "행복하여라, 온유한 사람들! 그들은 땅을 차지할 것이다."(마태 5,5) 이 구절을 세 가지 의

---

[106] 아우구스티노 《고백록》 II. 6.

미로 해석할 수 있습니다. 첫째, 하느님께서 만물의 주인이시기를 바란다면, 그분께서는 당신께 입힌 부당함에 보복하시지 않으시고 보류하신다고 해석할 수 있습니다. 그러니 우리가 다른 이에게 보복하면서 하느님 나라가 오게 해 달라고 기도한다는 것 또한 생각할 수 없겠지요. 둘째, 당신의 나라 즉 낙원의 영광을 고대한다면 지상의 것들을 잃어버린다 해도 아쉬워하지 말라고 해석할 수 있습니다. 셋째, 하느님과 그리스도께서 마음을 지배해 주시기를 소원한다면 온유해야 한다고 해석할 수 있습니다. 그리스도께서 더할 나위 없이 온유하시기 때문입니다. "나는 마음이 온유하고 겸손하니 내 멍에를 메고 나에게 배워라."(마태 11,29) "재산을 빼앗기는 일도 기쁘게 받아들였습니다."(히브 10,34)

세 번째 소원: 아버지의 뜻이 하늘에서와 같이 땅에서도 이루어지소서!

1) 지식의 선물

1060 지식은 성령께서 내려 주시는 선물입니다. 성령께서는 선한 이들에게 경외심과 경건함 혹은 하느님께 대한 돈독한 믿음 같은 선물만 주시는 것이 아니라 사람을 현명하게 만들어 주시기도

합니다. 다윗은 이 선물을 간절히 바랐습니다. "당신의 계명을 믿으니 올바른 깨달음과 지식을 제게 가르치소서."(시편 119,66) 성령께서 주시는 지식 덕분에 우리는 덕 있는 삶을 살게 됩니다. 그런데 지혜와 지식이 성립하려면 자신의 판단만 믿어서는 안 됩니다. "너의 예지에는 의지하지 마라"(잠언 3,5) 자신의 판단에만 의지하여 다른 사람들의 생각을 배척하는 사람들은 어리석음을 벗어나기 어렵습니다. "스스로 지혜롭다고 여기는 사람을 보았느냐? 그보다는 우둔한 자가 더 희망이 있다."(잠언 26,12) 자신의 판단만 내세우지 않는 것이 겸손입니다. 잠언의 말씀처럼 지혜는 겸손의 자리입니다. "오만한 이에게는 수치가 따르지만, 겸손한 이에게는 지혜가 따른다."(*잠언 11,2 참조)

1061 성령께서는 선물로 받은 지식으로 우리 뜻이 아니라 하느님의 뜻을 실행하라고 가르치십니다. 그리하여 우리는 아버지의 뜻이 하늘에서처럼 땅에서도 이루어지게 해 달라고 하느님께 청하는 것입니다. 바로 여기에 지식의 선물이 보입니다. 환자가 의사의 치료 방법을 따르듯이, 우리도 우리 안에 하느님의 뜻이 이루어지기를 청해야 합니다. 사람의 마음이 하느님 뜻과 일치해야 올바른 방향으로 나아갈 수 있기 때문입니다. 그리스도께서 우리에게 훌륭한 본보기를 주십니다. "나는 내 뜻이 아니라 나를 보내신 분의 뜻을 실천하려고 하늘에서 내려왔기 때문이다."(요한 6,38) 하느님이신 그리스도의 뜻은 하느님 아버지와 같습니다. 그에 반해 인간이신 그

리스도의 뜻은 하느님 아버지와 같지 않습니다. 그래서 당신 뜻이 아니라 아버지의 뜻을 실행한다고 말씀하시고, "아버지의 뜻이 이루어지게 하소서."라고 기도하라 가르치십니다.

1062 여기서 "아버지의 뜻이 이루어지게 하소서."라는 말은 "주님께서는 마음에 드시는 것은 무엇이나 하늘에서도 땅에서도, 바다에서도 해심에서도 이루신다."(시편 135,6)라는 성경 구절과 같은 의미입니다.

2) 우리를 위한 하느님의 뜻

하느님께서 하늘과 땅에서 뜻하시는 모든 것을 이루신다면, 주님께서는 어찌하여 "아버지의 뜻이 하늘에서처럼 땅에서도 이루어지게 하소서."라고 말씀하실까요?

1063 여기에서 우리는 하느님께서 바라시는 세 가지를 깨달아야 하며, 그것이 이루어지도록 기도해야 합니다.

영생에 다다르기

모든 일에는 목적이 있습니다. 하느님께서도 아무 까닭 없이 사람을 창조하지는 않으셨습니다. 성경에 이런 구절이 나옵니다. "인간 자식들을 하릴없이 지으셨나이까?"(*시편 89,48 참조) 하느님께서 인간을 창조하신 이유가 감각적 쾌락을 위해서는 아닙니다. 그런 것은 짐승들에게도 있기 때문입니다. 그보다는 영원한 생명을 위해서입니다.

1064 주님께서는 우리가 영원한 생명을 얻기를 바라십니다. 그것이 우리를 지으신 목적입니다. 영원한 생명(구원)에 이르면 우리는 더없는 행복을 누릴 수 있습니다. 하느님께서 원하시는 바가 바로 그것입니다. "아들을 보고 믿는 사람은 누구나 영생을 얻는다는 것이 나를 보내신 아버지의 뜻이다."(*요한 6,40 참조) 하늘나라에 있는 천사들과 성인들은 그 뜻을 이미 이루었습니다. 그들은 하느님을 직접 뵙고 하늘나라를 누리고 있습니다. 아직 지상에 있는 우리는 아버지 뜻이 하늘의 성인들에게 이루어진 것처럼, 지상의 우리에게도 이루어지게 해 달라고 기도하며 간구합니다.

계명(법)의 준수

1065 목표가 있다면 그것을 이루는 데 도움이 되는 방법이나 수단이 필요합니다. 의사는 환자가 병을 회복할 수 있도록 식이 요법이나 약을 처방합니다. 하느님께서는 우리가 영생을 얻기를 원하십니다. "네가 생명에 들어가려면 계명들을 지켜라."(마태 19,17) 하느님께서는 우리가 계명을 지키기를 바라십니다. "하느님께서는 여러분에게 분별 있는 순종을 원하십니다. 그러니 여러분은 하느님 뜻이 무엇이고, 그것이 얼마나 선하고 완전한지 알아내야 합니다."(*로마 12,2 참조) 하느님께서는 우리를 이롭게 하시는 선한 분이십니다. "나

는 주 너의 하느님 너에게 유익하도록 너를 가르치고 네가 가야 할 길로 너를 인도하는 이다."(이사 48,17) 하느님의 뜻은 사랑하지 않는 사람들에게는 편안하지 않을지라도 사랑하는 사람의 마음에는 들기 마련입니다. "의인에게는 빛이, 마음 바른 이들에게는 기쁨이 뿌려진다."(시편 97,11) 하느님의 뜻이 완전한 것은 그 뜻이 영예롭기 때문입니다. "하늘의 너희 아버지께서 완전하신 것처럼 너희도 완전한 사람이 되어야 한다."(마태 5,48) 즉 아버지의 뜻이 이루어지게 해 달라고 기도하는 것은 우리가 하느님의 계명을 지킬 수 있게 도와주시기를 청하는 것입니다. 하느님의 이 뜻은 의로운 사람들에게만 이루어집니다. 의인들에게는 "하늘"이라는 표현을 사용하지만, 죄인은 "땅"이라 표현합니다. 그래서 우리는 하느님의 뜻이 지상에서, 즉 죄인들에게도 하늘에서처럼, 의인들에게서처럼 이루어지게 해 달라고 기도합니다

1066 구세주께서는 말씀하시는 방식을 통해서도 가르침을 주십니다. 그분께서는 "~하여라.", "우리가 ~하게 하소서."와 같은 말을 쓰지 않으시고, "아버지의 뜻이 이루어지게 하소서."라고 말씀하십니다. 영생에 꼭 필요한 것 두 가지가 바로 하느님의 은총과 사람의 자유의지입니다. 말하자면 사람의 도움 없이 사람을 창조하신 하느님이지만 사람의 역할 없이 사람을 거룩하게 하시지 않는다는 말입니다. 아우구스티노 성인도 이렇게 말했습니다. "너 없이 너를 창조

하신 분께서는 너 없이 너를 구원하지 않으시리라."[107] 하느님의 은총으로 이루어지는 일에 사람이 함께하기를 바라신다는 뜻입니다. 성경에 이런 구절이 있습니다. "너희는 나에게 돌아와라. 그러면 나도 너희에게 돌아가리라."(즈카 1,3) "그러나 하느님의 은총으로 지금의 내가 되었습니다. 하느님께서 나에게 베푸신 은총은 헛되지 않았습니다."(1코린 15,10) 그러니 스스로 교만하지 말고 은총의 힘을 믿으십시오. 그렇다고 손을 놓고 있어서는 안 되니 열과 성을 다 기울여야 합니다. 그리스도께서 "우리가 ~하게 하소서."라고 말씀하지 않으신 것은 이 기도가 이루어지는 데 하느님의 은총이 필요하다는 것을 알게 하려는 것이고, "~하여라."고 말씀하시지 않으신 것은, 우리의 의지와 노력이 필요하다는 뜻입니다. 이것은 하느님의 은총과 우리의 협력으로 이루어지게 해 주시기를 청하는 기도입니다.

사람을 원래 상태로 되돌림

1067 창조가 이루어지고 났을 때 사람의 존엄함은 아주 커서 영과 영혼이 육신과 감각의 저항을 전혀 느끼지 못하였습니다. 영혼이 하느님께 순종하는 한 육신도 정신에 복종하여 죽음과 병과 다른 고통 같은 타락의 기미가 전혀 느껴지지 않았던 겁니다. 그러나 하느님과 육신 사이에 있는 정신과 영혼이 죄로 하느님을 거역하고

---

[107] 아우구스티노의 요한 복음 제14장 제12절 강론.

부터 육신이 영혼에 대들고, 바로 그 순간부터 영혼은 죽음과 질병의 수중에 들고 감각과 정신 사이에 끊임없는 알력을 느끼지요. "그러나 내 지체 안에는 다른 법이 있어 내 이성의 법과 대결하고 있음을 나는 봅니다."(로마 7,23) "육이 욕망하는 것은 성령을 거스르고, 성령께서 바라시는 것은 육을 거스릅니다."(갈라 5,17)

육신과 정신 사이의 갈등으로 사람은 점점 더 깊은 죄의 늪으로 빠져들었습니다. 하느님께서는 사람을 본래의 순수한 상태, 육신이 정신을 흐리지 않는 완전한 상태로 회복시키고자 하셨습니다. "하느님의 뜻은 바로 여러분이 거룩한 사람이 되는 것입니다."(1테살 4,3)

1068 그러나 육신과 관련한 하느님의 뜻이 지상에서는 완전히 이루어지지 않습니다. 성인들처럼 부활의 순간에 비로소 거룩한 모습으로 불멸의 영광을 누리게 됩니다. 육신은 "비천한 것으로 묻히지만 영광스러운 것으로 되살아납니다."(1코린 15,43) 반면, 정신적인 측면에서만큼은 적어도 의인들을 통해 하느님의 뜻이 이루어집니다. 정의와 지식, 그리고 삶을 통해서 말입니다. 그러니 우리가 "아버지 뜻이 이루어지게 하소서."라고 기도하는 것은 육신에서도 그 뜻이 이루어지게 해 달라는 소원인 셈입니다. 우리는 '하늘'이 정신을, '땅'이 육신을 뜻한다는 것을 이해할 수 있습니다. 이 기도에는 아버지의 뜻이 하늘에서와 같이(우리 정신에서) 땅에서(우리의 육신에서) 당신의 정의로써 이루어진다는 의미가 담겨 있습니다.

3) 슬픔의 행복

1069 행복에 관하여 성경은 이렇게 이야기합니다. "행복하여라, 슬퍼하는 사람들! 그들은 위로를 받을 것이다."(마태 5,4) 이러한 구절은 앞의 세 가지 설명을 통해 이어 갈 수 있습니다.

첫째, 우리는 영원한 생명을 갈망합니다. 이 갈망은 우리 안에 슬픔의 감정을 일깨웁니다. "아, 내 신세여! 낯선 곳에 너무 오래 머물렀구나."(*시편 120,6 참조) 의인들은 이 갈망이 워낙 격해진 나머지, 그 자체로는 탐낼 만한 것이 절대 아닌 죽음마저도 그리워할 정도입니다. "우리는 확신에 차 있습니다. 그리고 이 몸을 떠나 주님 곁에 사는 것이 낫다고 생각합니다."(2코린 5,8)

둘째, 계명을 지키는 이들은 슬픕니다. 계명이란 것이 영혼에는 달콤하지만, 그와 반대로 계명을 지키느라 늘 억제되고 제어되는 육신에는 쓰디쓰기 마련입니다. "(육신과 관련하여) 울며 가지만, (영혼과 관련하여) 기쁨에 환호하며 돌아오리라."(*시편 126,6 참조)

셋째, 영육 간의 끊임없는 싸움은 슬픔을 낳습니다. 영혼이 육신과 싸우다 보면, 적어도 가벼운 죄를 통해 상처받는 것은 어쩔 수 없는 일입니다. 그리고 이 상처를 치유하려 애쓰다 보면 결국 슬픔에 잠기게 됩니다. "밤마다 (죄의 암흑을 보며) 침상(양심)을 눈물로 적십니다."(*시편 6,7 참조) 이렇게 슬퍼하는 사람들은 예수 그리스도께서 우리를 인도할 아버지의 나라에 다다르게 됩니다.

네 번째 소원: 오늘 저희에게 일용할 양식을 주시고

1) 용기의 선물

1070 살다 보면, 자신이 가진 큰 지식과 지혜 때문에 낙담하거나 소심해지는 일이 드물지 않습니다. 삶의 여러 어려움 속에서 기가 꺾이지 않으려면 용기가 필요합니다. "그분께서는 피곤한 이에게 힘을 주시고 기운이 없는 이에게 기력을 북돋아 주신다."(이사 40,29) 우리에게 용기를 주시는 이 또한 성령이십니다. "영이 내 안으로 들어오셔서 나를 일으켜 세우셨다."(에제 2,2) 하지만 성령께서 용기를 주시는 이유는, 필요한 것이 없다고 낙담하지 말고 하느님께서 우리에게 필요한 모든 것을 보장해 주신다는 믿음을 굳건히 하라는 의미입니다.

우리에게 용기를 주시는 성령께서는 올바로 기도하는 방법도 알려 주십니다. "오늘 저희에게 일용할 양식을 주시고" 그래서 성령을 일컬어 '용기의 영'이라고도 합니다

1071 앞에서 살핀 세 가지 소원은 정신적인 차원이었습니다. 이것의 시작은 지상이지만, 영생에 이르러야 완성됩니다. "아버지의 이름이 거룩히 빛나시며"라는 기도는 사람들이 하느님의 거룩함을 인정하게 해 달라는 소원이고, "아버지의 나라가 오시며"라는 기도는 영원한 생명에 참여하게 해 달라는 소원입니다. 그리고 "아버지

www.catholicbookplus.kr

신앙의 깊이를 더하다

가톨릭북 플러스

가톨릭출판사

2025 희년 추천 도서

희망으로 가득한 2025 희년을 보내는 방법

2025 희년을 선포하는
프란치스코 교황님의 칙서,
희년에 대한 자세한 안내 및 일정,
전대사 수록!

2025 희년 여정 노트
가톨릭출판사 편집부 엮음 | 6,000원

희망

프란치스코 교황이 초대하는 이달의 묵상 : 희망
프란치스코 교황 지음 | 8,800원

프란치스코 교황과 함께하는 희망의 기도
프란치스코 교황·에르난 레예스 알카이데 지음 | 18,000원

순례

이름 없는 순례자
최익철, 강태용 옮김 | 18,000원

길에서 길을 찾다
문재상 신부 지음 | 16,000원

기도

기도의 체험
안토니 블룸 지음 | 14,000원

주님과 함께하는 10일의 밤
일리아 델리오 지음 | 16,000원

화해

화해를 원해
안셀름 그륀 지음 | 18,000원

프란치스코 교황과 함께 준비하는 고해성사
교황청 내사원 지음 | 10,000원

의 뜻이 하늘에서와 같이 땅에서도 이루어지소서!"라는 기도는 우리에게 하느님 뜻이 이루어지게 해 달라는 청입니다. 현재의 삶에서 온전히 이루어질 수 있는 무엇이 꼭 필요하다면 그것을 청할 수도 있습니다. 이처럼 성령께서는 없어서는 안 될 것을 청하는 기도를 가르치십니다. 성령께서 이를 통해 우리에게 가르치시는 것은, 하느님께서 우리의 세속적 필요까지도 염려하신다는 사실입니다. 그래서 우리는 이렇게 기도합니다. "오늘 저희에게 일용할 양식을 주시고……."

2) 재화에 대한 탐욕에서 오는 죄

1072 성령께서는 이 말씀으로 세속적 재화를 갈망하는 데서 오는 여섯 가지 잘못을 피하라고 가르치십니다.

탐욕

탐욕은 분수에 맞는 생활에 대한 불만, 또 자기 분수와 형편을 벗어나는 것에 대한 욕망을 말합니다. 이를테면 군인이 자신의 군복이 아니라 최고 지휘관의 복장을 바라거나 사제가 사제복이 아니라 주교의 복장을 원하는 것입니다. 이런 열정 탓에 정신에서 벗어나 멀어지기 마련입니다. 마음이 세속적인 것에 너무 집착하니깐요. 주님께서는 우리에게 그저 '빵'만을, 저마다 자기 형편에 맞게 꼭 필요한 것만을 청하라고 명하시면서 우리에게 이 잘못을 피하라고 가르치십니다. 주님께서는 맛있는 것, 다양한 것, 정선된 것을 청하라고 하지 않으시고, 당장 없으면 살 수 없고, 누구나 먹는 식량인 빵을 주십사 기도하라고 가르치십니다. "사는 데 꼭 필요한 것은 물과 빵"(집회 29,21) "먹을 것과 입을 것이 있으면, 우리는 그것으로 만족합시다."(1티모 6,8)

사기

1073 세속적인 재화를 얻기 위해 나쁜 꾀로 남을 힘들게 하거나 속이는 것을 말합니다. 아우구스티노 성인은 남을 속여 훔친 물건을 원상 복구하지 않으면 죄를 용서받지 못한다고 했습니다. 사기꾼들은 자기 빵이 아니라 남의 빵을 먹는데, 구세주께서는 남의 빵이 아니라 '우리' 빵을 청하라고 하시며, 이 죄를 피하라 하십니다.

지나친 걱정

1074 가진 것에 만족하지 못하고 더 많은 걸 바라는 사람들이 있습니다. 조절할 줄 모르는 과도한 욕심 때문입니다. 욕심은 필요에 따라 조절할 수 있어야 합니다. 우리가 '일용할' 양식, 즉 하루분의 빵만을 청해야 하는 이유를 성경에서 찾을 수 있습니다. "저를 가난하게도 부유하게도 하지 마시고 생계에 꼭 필요한 것만을 주소서."(*잠언 30,8 참조)

과도한 식탐

1075 여러 날 먹어도 충분할 것을 하루에 다 먹어 치우는 사람들이 있습니다. 이들은 일용할 빵이 아니라 열흘 먹을 빵을 청하는 셈입니다. "폭음가와 폭식가는 가난해지고"(잠언 23,21), "주정뱅이 일꾼은 부자가 되지 못하고."(집회 19,1)

배은망덕

1076 자기의 재산을 자랑하며 자신이 가진 모든 것이 하느님께 받은 것임을 인정하지 않는 사람은 문제가 심각합니다. 정신적인 재화든 세속적인 재화든 모두 하느님께 얻은 것입니다. "모든 것은 당신에게서 오기에, 저희가 당신 손에서 받아 당신께 바쳤을 따름입니다."(1역대 29,14) 그래서 예수님께서는 우리에게 이런 악덕을 멀리하라고 "일용할 양식"만을 청하라고 가르치십니다. 우리가 가진 것이 모두 하느님에게서 온 것이라는 사실을 깨닫도록 말입니다.

1077 여기서 하느님께서 우리에게 보여 주시는 교훈이 있습니다. 큰 부자라 할지라도 자신의 재산으로 진정한 행복을 누리지 못하고 오히려 정신적, 세속적으로 큰 손실을 겪는 경우가 있습니다. 재산 때문에 삶이 무너져 버린 사람들이 얼마나 많습니까? 구약에도 이런 말이 나옵니다. "태양 아래에서 내가 본 불행이 있는데 그것이 인간을 무겁게 짓누른다. 하느님께서 부와 재물과 영화를 베푸시어 원하는 대로 아쉬움 없이 가진 사람이 있는데 하느님께서

그것을 누리도록 허락하지 않으시니 다른 사람이 그것을 누리게 된다."(코헬 6,1-2) 또 이런 구절도 있습니다. "고통스러운 불행이 있으니 나는 태양 아래에서 보았다, 부자가 간직하던 재산이 그의 불행이 되는 것을."(코헬 5,12) 그러니 우리는 재산이 우리에게 진정으로 선익이 되도록 기도해야 합니다. 우리에게 일용할 '빵'을 주시길 간구하는 기도 속에서 우리는 이미 그 소망을 드러내고 있습니다. 다시 말해, 우리가 가진 재산이 실제로 의미 있고 선한 방향으로 사용되기를 하느님께 부탁하는 것입니다. 우리가 욥의 말처럼 되지 않도록 말입니다. "그의 음식은 내장 속에서 썩어 배 속에서 살무사의 독으로 변한다네. 그는 집어삼켰던 재물을 토해 내야 하니 하느님께서 그것을 그의 배 속에서 밀어내시기 때문이지."(욥 20,14-15)

세속적인 일에 대한 과도한 걱정

1078 세속적인 일을 두고 벌써 몇 년 전부터 노심초사하는 사람들이 있습니다. 그런 사람들이 안정을 찾을 길은 없습니다. 구세주께서는 이들에게 일러 주십니다. "'무엇을 먹을까?', '무엇을 마실까?', '무엇을 차려입을까?' 하며 걱정하지 마라."(마태 6,31) 주님께서는 우리에게 이렇게 기도하라고 가르치십니다. '오늘' 우리가 일용할 빵을, 다시 말해 현재 우리에게 꼭 필요한 것을 마련할 수 있도록 말입니다.

3) 성체성사와 하느님의 말씀

1079 성체성사의 빵과 하느님 말씀의 빵도 있습니다.

성체성사의 빵

우리는 이 기도에서 성체성사의 빵을 위해서도 기도합니다. 우리 구원을 위해 베풀어지는 이 성체성사의 빵을 받아 모시도록 교회는 날마다 미사성제를 봉헌합니다. "나는 하늘에서 내려온 살아 있는 빵이다."(요한 6,51) "주님의 몸을 분별없이 먹고 마시는 자는 자신에 대한 심판을 먹고 마시는 것입니다."(1코린 11,29)

하느님 말씀의 빵

"사람은 빵만으로 살지 않고 하느님의 입에서 나오는 모든 말씀으로 산다."(마태 4,4) 우리는 빵을 주십사 하는 말로 당신의 말씀을 청합니다. 이를 통해 '정의에 대한 갈망'이라 불리는 복이 허락됩니다. 영적인 보물의 가치를 깨달으면 그 바람이 점점 커지기 마련입니다. 그 바람에서 갈망이 생기고, 영생의 충만한 은총을 얻습니다.

다섯 번째 소원: 저희에게 잘못한 이를 저희가 용서하오니 저희 죄를 용서하시고

1) 조언(의견, 일깨움)의 소중함

1080 자신의 힘을 지나치게 믿은 나머지 현명하게 행동하지 못하고, 또 추구하는 일을 행복의 목표로 이끌지 못하는 사람들이 있습니다. 그렇지만 우리는 '현명한 조언으로 생각을 튼튼히' 해야 합니다(잠언 20,18 참조). 우리에게 용기를 주시는 그 성령께서 해 주시는 조언입니다. 인류 구원과 관련된 조언은 성령께로부터 옵니다.

조언은 시련이 찾아왔을 때 특히 더 필요합니다. 아픈 사람에게 의사의 조언이 필요한 것처럼, 죄로 말미암아 영혼에 병을 얻은 사람도 다시 나으려면 조언을 구해야 합니다. 죄인에게 없어서는 안 될 이 조언을 다니엘 예언자는 이렇게 빗대어 말합니다. "저의 조언이 임금님께 받아들여지기를 바랍니다. 의로운 일을 하시어 죄를 벗으시고, 가난한 이들에게 자비를 베푸시어 불의를 벗으십시오."(다니 4,24) 죄와 관련한 최고의 조언은 선행이요 자비입니다. 그래서 성령께서는 죄인들에게 이렇게 기도하라고 가르치십니다. "저희 죄를 용서하시고."

1081 우리가 하느님께 진 빚이 있습니다. 그분의 권리를 부당하게 침해했기 때문에 생긴 빚입니다. 하느님께서는 우리 뜻보다 당

신의 뜻을 앞세우고 완수하라고 요구하실 권리가 있습니다. 하느님 뜻보다 우리 뜻을 앞세우면 그분의 권능을 침해하는 셈이 됩니다. 그런 일은 죄 때문에 일어나는 것입니다. 이런 죄야말로 '빚'입니다. 그래서 성령께서는 하느님께 용서를 빌라는 조언(일깨움, 의견)을 주십니다. 그래서 우리는 "저희 죄를 용서하시고"라고 기도합니다.

1082 그런데 이 소원에서 우리가 눈여겨보아야 할 것이 세 가지 있습니다. 첫째는 이 소원의 이유이고, 둘째는 이 소원을 들어주는 방식이며, 셋째는 이 소원을 들어주는 조건입니다.

2) 용서를 청하는 이유

죄 사함을 청하는 이유와 관련하여 두 가지가 언급되는데, 바로 지상의 인간에게 없어서는 안 되는 두려움과 희망입니다.

두려움(경외)과 겸손

사람이 혼자의 힘으로 모든 죄를 피할 수 있다고 주장하는 이들이 있습니다. 다함 없는 은총을 지니신 그리스도와 은총으로 충만하시고 티 없이 깨끗하신, 지극히 복되신 동정 성모 마리아 외에 그런 힘은 누구에게도 주어지지 않았습니다. 아우구스티노 성인의 말씀에 비추어 보더라도 그렇습니다. "죄에 관한 이야기라면, 거룩한 동정녀는 언급할 일이 없다."[108] 그에 반해 성인이라 해도 사소한 죄에조차 빠진 일이 없다고 말할 수 있는 이는 아무도 없을 것입니다. 그래서 "만일 우리가 죄 없다고 말한다면, 우리는 자신을 속이는 것이고 우리 안에 진리가 없는 것입니다."(1요한 1,8) "저희 죄를 용서하소서."라는 기도로도 입증된 사실입니다. 성인들도 주님의 기도를 해야 하고, 이를 통해 우리 죄를 용서해 달라고 청합니다. 즉 우리 모두 자신이 죄인이요 빚쟁이라는 사실을 인정하고 고백해야 합니다. 그리고 죄인이라면 마땅히 두려움과 겸손함을 가져야 합니다.

희망

1083 우리가 비록 죄인이라 하더라도 절망할 필요는 없습니다. 좌절 때문에 더 큰 죄로 떨어지는 일은 없어야 합니다. 바오로 사도는 이렇게 말합니다. "희망이 다 사라지면 스스로 부정에 허우적대며 온갖 부정한 짓을 자행하기에 이릅니다."(*에페 4,19 참조) 그러니 언제라도 희망을 품는 편이 이롭습니다. 아무리 큰 죄인이라도 자기 죄를 통회하고 다시 죄를 짓지 않기로 결심한다면 누구나 하느님께서 용서하신다고 희망을 지닐 수 있어야 합니다. 우리가 "저희 죄를 용서하시고"라고 기도하면, 이 희망이 우리 안에 단단히 자리를 잡습니다.

---

108 아우구스티노 《자연과 은총에 대하여 *De Nat. et Gnat*》, 36.

1084 노바티아니즘 추종자들[109]은 세례를 받고 나서 단 한 번이라도 죄를 지으면 용서받을 길이 없다고 주장하며 희망을 없애 버립니다. 이 주장이 거짓인 이유는 그리스도의 다음 말씀이 진리이기 때문입니다. "이 악한 종아, 네가 청하기에 나는 너에게 빚을 다 탕감해 주었다."(마태 18,32) 진정한 통회의 마음으로 빌면 언제라도 자비를 얻을 수 있습니다. 두려움과 희망은 바로 이 소원에서 비롯한 것입니다. 자기 죄를 뉘우치고 고백하는 죄인은 모두 자비를 얻을 길이 있습니다. 이것이 바로 이 두 가지, 두려움과 희망이 없어서는 안 될 까닭이지요.

3) 소원이 받아들여지는 방식

1085 다음은 소원을 받아들이는 방식입니다. 죄에서 이중으로 맞물린 것을 나누어 보아야 하는데, 바로 하느님을 욕되게 하는 죄와 그 죄에 대해 받아야 할 벌입니다.

---

[109] 노바티아누스(Novatianus 200?~258?): 신학자이자 두 번째 대립 교황으로 선출됨. 라틴어로 글을 쓴 최초의 로마 신학자. 3세기 데키우스(Decius) 황제의 그리스도인 박해 때 배교한 사람들이 다시 교회로 돌아오려 하자, 살인이나 간음, 거짓 증거 같은 죄는 용서해도 교회를 배반한 죄는 용서할 수 없다고 주장하며 코르넬리우스(Cornelius)와 대립하였다. 교회에서 배교자의 수용을 결정하며 그와 같은 견해를 가진 사람들이 분리되어 나가고 313년 이단으로 단죄된다. 교회의 순수성 문제는 4세기 도나티우스와 다시 이어진다.

죄

잘못을 고백하고 보속하겠다는 결심과 이에 맞물린 완전한 통회로 죄를 용서받을 수 있습니다. 이것을 분명하게 보여 주는 구절이 시편에 있습니다. "제 잘못을 당신께 자백하며 제 허물을 감추지 않고 말씀드렸습니다. 그러자 제 허물과 잘못을 당신께서 용서하여 주셨습니다."(시편 32,5)

1086 그런데 여기에 이의를 제기하는 사람이 있을지도 모릅니다. 죄가 통회로 용서된다면 사제의 죄 사함이 왜 필요하냐고 말입니다.[110] 여기에는 이렇게 답할 수 있습니다. 통회를 참작하신 하느님께서는 죄를 용서하시고 영원한 벌을 유한한 벌로 바꾸신다고 말입니다. 그렇다고 해도 고해자에게는 유한한 벌의 의무가 남아 있습니다.[111] 고해성사 없이 죽는다면, 연옥으로 갈 수밖에 없습니다. 아우구스티노 성인의 가르침처럼 연옥의 벌은 아주 무겁습니다.

벌

스스로 죄를 고백하면 사제는 그 고백을 듣고 사죄하는 권한으

---

[110] [원주] 토마스 아퀴나스는 고해자가 고해성사 이전에 완전히 회개한 경우라도 고해성사를 해야 하며 그 이유 중 하나로 지은 죄에 대한 벌을 경감하기 위해서라고 한다. 덧붙이자면 완전한 뉘우침이 있더라도 가능하면 일찍 고해를 받는다는 의식과 맞물려야 한다는 사실이 맥락에서 드러난다.

[111] 《신학대전》 보충부 제5문 제2항.

로 죄를 씻어 줍니다. 그리스도께서도 사도들에게 말씀하셨습니다. "성령을 받아라. 너희가 누구의 죄든지 용서해 주면 그가 용서를 받을 것이고, 그대로 두면 그대로 남아 있을 것이다."(요한 20,22-23) 그러니 고백을 하기만 하면, 지은 죄를 어느 정도 용서를 받습니다. 다시 고해해도 마찬가지인데, 그 죄가 모두 다 용서될 때까지 고백하고 또 고백할 수 있습니다.

1087 사도들의 후계자들은 죄를 용서할 또 다른 수단을 도입하였는데, 바로 대사(大赦, indulgentia)[112]입니다. 이 대사는 은총을 받을 수 있는 사람에게만 유용합니다. 게다가 대사를 받는 양에 따라 그 유용성도 커집니다. 대사의 권한은 분명 교황에게 있습니다. 선한 일은 많이 한 성인들은 무거운 죄를 짓지 않았습니다. 이들의 공로의 덕이 교회에 있습니다. 마찬가지로 그리스도와 지극히 복되신 동정 성모님의 공덕은 교황과 교황의 전권을 맡은 사람들이 필요한 데에 나누어 줄 수 있습니다. 예수님과 성모님의 공덕은 교회의 보물과도 같습니다. 정리하면, 죄는 통회를 통해 용서받을 수 있으며, 고해와 대사로 남은 벌까지 용서받을 수 있습니다.

---

112 [원주] 《신학대전》 보충부 제25문.

4) 소원을 들어줄 조건

1088 끝으로 셋째 요건은 소원을 들어줄 조건과 관련하여 우리에게 필요한 일입니다.

이웃에 대한 용서

이웃이 우리에게 상처 준 것을 용서하는 것과 관련되는 말이 "저희에게 잘못한 이를 저희가 용서하오니 저희 죄를 용서하시고"입니다. 그렇지 않고 하느님께서 우리를 용서하실 리가 없지 않겠습니까? "인간이 인간에게 화를 품고서 주님께 치유를 구할 수 있겠느냐?"(집회 28,3) "용서하여라. 그러면 너희도 용서받을 것이다."(루카 6,37) 그래서 이 소원에 "저희가 용서하오니"라는 조건이 붙습니다. 우리가 용서하지 않으면 용서받지도 못합니다.

1089 이런 말을 할 수도 있습니다. 이 소원의 뒷부분(저희 죄를 용서하시고)만 기도하고, 앞부분(저희에게 잘못한 이를 저희가 용서하오니)은 빼겠다고 말입니다. 그러나 우리에게 이 기도를 가르쳐 주신 그리스도를 속일 수는 없습니다. 우리는 입으로 말하는 것을 마음으로도 완수해야 합니다.

1090 그러면 이웃을 용서할 마음이 없는 자가 이 기도를 해도 되는지 의문이 생깁니다. 그렇게 기도하는 것은 거짓말을 하는 것이기에 그래서는 안 됩니다. 한 걸음 더 나아가, 자기 이름이 아니라

교회의 이름으로 기도했다면, 또 '내' 아니라 '저희'라고 복수를 써서 기도했다면 거짓말을 한 것이 아니지 않냐고 질문할 수도 있겠습니다. 이에 대해서는 다음 사항을 곰곰이 따져 보면 됩니다.

용서의 두 가지 종류

1091 용서에는 두 가지 종류가 있습니다. 하나는 완전한 사람들 사이에서 이루어지는 용서인데, 상처를 받은 이가 상처를 준 사람을 찾아 나서는 것입니다. "평화를 찾고 또 추구하여라."(시편 34,15) 다른 하나는 보통 사람들 사이에서 보게 되는 용서이며, 모두에게 의무가 되는 용서입니다. 바로 상처 준 이가 용서를 빌 때 상처 받은 사람이 용서를 거절하지 않는 것이지요. "네 이웃의 불의를 용서하여라. 그러면 네가 간청할 때 네 죄도 없어지리라."(집회 28,2) 이를 통해 구세주께서 "행복하여라, 자비로운 사람들!"(마태 5,7)이라며 넌지시 빗대어 말씀하신 또 다른 복으로 이어집니다. 자비란 우리가 이웃을 불쌍히 여기고 용서하는 행위이기 때문입니다.

여섯 번째 소원: 저희를 유혹에 빠지지 않게 하시고

1092 죄를 지어 놓고 그 죄가 금방 용서되기를 바라는 사람들이 있습니다. 그래서 고해하고 회개는 하면서도 다시 죄를 짓지 않으

려는 노력은 하지 않습니다. 죄 지은 것을 후회하고 울지만, 다시 죄를 지음으로써 더 많은 한탄을 합니다. 사람들의 이런 행동은 모순입니다. 그래서 성경에도 이런 구절이 있습니다. "몸을 씻고 깨끗하게 있거라."(*이사 1,16 참조) 그리스도께서는 우리가 먼저 죄의 용서를 청한 후, 다시 죄를 짓게 만드는 유혹에 빠지지 않게 해 달라고 청하라 하십니다. 그래서 그리스도께서는 이렇게 덧붙이십니다. "저희를 유혹에 빠지지 않게 하시고."

1093 그러면 여기서 따져 보아야 합니다. 첫째, 유혹의 본질이 무엇인가? 둘째, 유혹의 방식은 무엇인가? 셋째, 유혹을 이기는 방법은 무엇인가?

1) 유혹의 본질

우선 유혹의 본질과 관련하여 따져 보기로 합시다. '유혹하다'라는 말은 '시험하다', '떠보다'라는 뜻입니다.[113] 그래서 "사람을 유혹하다"라는 말은 그 사람의 덕성과 됨됨이를 시험하고 떠본다는 뜻입니다. 그런데 사람의 덕은 두 가지 방향으로 작용하기에 이중으로 시험해 볼 수 있습니다. 첫째가 선한 일을 하는 방향이고, 다른 하나는 악을 삼가는 방향입니다. 성경에도 이런 대목이 나옵니다.

---

[113] 《신학대전》 제1부 제114문 제2절; 제2부 제2편 제97문 제1절.

"악을 피하고 선을 행하며."(시편 34,15) 그것으로 선을 행하는 것과 악을 삼가는 것에 대해 점검해야 할 것입니다.

선행 베풀기

선행에서 시험하는 것은 '기꺼운 마음을 보이는가' 하는 것입니다. 기꺼이 선행할 마음이 있는 사람은 이미 그 시험을 통과한 것입니다. 하느님께서는 때때로 이런 방식으로 사람을 시험하십니다. 모두가 이 덕을 알아보고 모범으로 삼으라는 뜻입니다. 하느님께서는 아브라함(창세 22,2 참조)과 욥(욥 1,12 참조)도 그렇게 시험하셨습니다. 이처럼 의인들도 시련에 맞닥뜨리게 하실 때가 많습니다. 그 시련을 참을성 있게 견뎌 내어 그 덕이 공공연히 드러나 계속해서 더 키워 가길 바라는 마음이십니다. "너희가 마음을 다하고 목숨을 다하여 주 너희 하느님을 사랑하는지 알아보시려고 너희를 시험하시는 것이다."(신명 13,4) 하느님께서는 우리가 좋은 일을 하도록 시험을 통해 이끄십니다.

악 멀리하기

1094 악의 충동을 의연히 이겨 내 충동에 넘어가지 않는다면, 그는 덕을 지킨 것입니다. 그러나 유혹에 넘어가게 되면 그 덕은 아무 것도 아닌 것이 되고 맙니다. 그런데 하느님께서 이런 식으로 시험하시는 일은 없습니다. 야고보 사도의 이야기처럼 하느님께서는 악

이 유혹할 수 없는 분이시고 또 스스로 누구를 유혹하는 일도 없기 때문입니다(*야고 1,13 참조).

2) 유혹의 방식과 종류

사람은 육신의 욕망과 마귀와 세속의 유혹을 받습니다.

육신의 유혹

1095 이것도 두 가지 방식입니다. 첫째, 육신의 자극이 악을 부추깁니다. 육신은 감각적 쾌락을 추구합니다. 그런데 이것이 죄로 이어질 때가 많습니다. 감각적 쾌락에 머물다가 정신적인 것을 소홀히 하기 쉽습니다. "사람은 저마다 자기 욕망에 사로잡혀 꼬임에 넘어가는 바람에 유혹을 받는 것입니다."(야고 1,14) 둘째, 육신이 선한 일을 멀리하도록 유혹합니다. 정신은 원래 정신적인 보물에서 즐거움을 찾기 마련인데, 육신이 이것을 끌어내리며 가로막습니다. "썩어 없어질 육신이 영혼을 무겁게 하고"(지혜 9,15), "나의 내적 인간은 하느님의 법을 두고 기뻐합니다. 그러나 내 지체 안에는 다른 법이 있어 내 이성의 법과 대결하고 있음을 나는 봅니다. 그 다른 법이 나를 내 지체 안에 있는 죄의 법에 사로잡히게 합니다."(로마 7,22-23) "우리의 적인 육신이 언제나 함께 있어서 이 유혹은 몹시도

까다롭습니다."라는 보에티우스[114]의 말처럼 집안의 적보다 더 고약한 건 없지요. 그래서 늘 육신에 대해 긴장의 끈을 풀지 말아야 합니다. "유혹에 빠지지 않도록 깨어 기도하여라."(마태 26,41)

마귀의 유혹

1096 마귀(악마, 사탄)의 유혹은 더 심합니다. 육신을 다스려 다잡아 놓고 나면 또 다른 적인 마귀가 고개를 듭니다. 이 마귀에 맞서 아주 힘든 싸움을 견뎌 이겨 내야 합니다. "우리가 싸워야 할 적은 육신과 피(인간)가 아니라 권세와 권력들, 이 암흑세계의 지배자들입니다."(*에페 6,12 참조) 그러므로 유혹자라 불리는 것이 영락없이 잘 어울립니다. "유혹하는 자가 여러분을 유혹해서 우리의 노고를 헛되게 하지 않을까."(1테살 3,5) 마귀는 유혹하는 일에 이만저만 약은 게 아닙니다. 성채를 포위하고 공격하는 야전 사령관이 공격을 위해 가장 약한 지점을 찾아내는 것처럼, 마귀 또한 사람들의 가장 약한 지점을 찾아 유혹하기 때문입니다. 그래서 분노나 오만, 혹은 다른 정신적인 죄들처럼 육신의 욕망을 이겨 낸 사람들이 기울어지기

---

[114] 보에티우스(Anicius Manlius Severinus Boëthius, 477-524): 최후의 로마인으로, 최초의 스콜라 철학자로 불린다. 로마의 유수한 귀족 가문에서 태어났다. 반역죄로 고발된 사람을 변호하다가 반역혐의를 받아 감옥에 갇혔다. 그의 대표작《철학의 위안》은 이 때 집필되었다. 저서로《철학의 위안》외에《신학논고집》,《4학과 입문》등이 있고, 포르피리오스의《아리스토텔레스 논리학 입문》의 번역과 주해를 저술하였다.

I 주님의 기도

쉬운 악덕으로 잡아끕니다. "여러분의 적대자 악마가 으르렁거리는 사자처럼 누구를 삼킬까 하고 찾아 돌아다닙니다."(1베드 5,8)

1097 그럴 때 악마가 쓰는 방법이 두 가지입니다. 첫째, 악마는 유혹하려는 대상에게 곧바로 악한 것을 들이미는 것이 아니라 겉으로 선해 보이는 것을 들이댑니다. 처음에는 원래의 의도에서 어느 정도 동떨어진 것처럼 보이겠지만, 조금 멀어짐으로써 나중에 그 사람을 유혹하기가 훨씬 쉬워집니다. "사탄도 빛의 천사로 위장합니다."(2코린 11,14) 둘째, 이윽고 죄로 유혹하고 나면 그 함정에서 빠져나올 길이 없게 옭아매 버립니다. "그 신경이 옭아 매였도다."(*욥 40,12 참조) 이처럼 악마는 속인 다음에 죄로 옭아매 버립니다.

세속의 유혹

1098 이 역시 두 가지 방식으로 일어납니다. 첫째, 현세의 재화에 대한 과도한 갈망을 통해서입니다. "만악의 뿌리는 소유욕입니다."(*1티모 6,10 참조) 둘째, 욥의 말처럼 박해자와 폭군의 협박 수단을 동원합니다. "우리도 암흑 속에 갇혔습니다."(*욥 37,19 참조) 바오로 사도는 이렇게 말합니다. "사실 그리스도 예수님 안에서 경건하게 살려는 이들은 모두 박해를 받을 것입니다."(2티모 3,12) "육신은 죽여도 영혼은 죽이지 못하는 자들을 두려워하지 마라."(마태 10,28)

1099 이상 유혹의 본질과 방식에 대한 설명이었습니다. 이제 유혹에서 벗어나는 방법을 알아봅시다.

3) 유혹에 대처하는 법

먼저 짚고 넘어가야 할 것이 있습니다. 그리스도께서는 '유혹에 당하지 않게' 해 달라는 것이 아니라, 다만 '유혹에 빠지지 않게' 해 달라고 기도하라고 하셨습니다. 그러니 유혹을 이겨 내면 월계관을 받을 만한 것입니다. 그래서 성경에 이런 구절이 있습니다. "나의 형제 여러분, 갖가지 시련에 빠지게 되면 그것을 다시없는 기쁨으로 여기십시오."(야고 1,2) "애야, 주님을 섬기러 나아갈 때 너 자신을 시련에 대비시켜라."(집회 2,1) "시련을 견디어 내는 사람은 행복합니다. 그렇게 시험을 통과하면, 그는 하느님께서 당신을 사랑하는 이들에게 약속하신 생명의 화관을 받을 것입니다."(야고 1,12) 그래서 주님께서는 제 발로 유혹에 빠지지 않게 해 달라고 청하는 기도를 가르쳐 주십니다. "여러분에게 닥친 시련은 인간으로서 이겨 내지 못할 시련이 아닙니다."(1코린 10,13) 유혹을 받는다는 것은 인간적인 일이나, 스스로 유혹에 빠져 드는 것은 악마적인 일입니다.

1100 그런데 저희를 유혹에 빠지지 않게 해 달라고(직역하면 '우리를 유혹으로 이끌지 마시고') 하니, 우리를 악으로 이끄는 이가 하느님 자신이 아니냐고 말할 수도 있지 않을까요? 하지만 이렇게 대답할 수 있습니다. 유혹으로 이끈다는 말로 나타내려는 것은 기껏해야, 하느님께서 인간의 많은 죄로 말미암아 당신의 은총을 인간에게서 거

두어[115] 가시어 여기저기 악이 허용된다는 정도입니다. 은총을 잃고 나면 사람은 죄로 떨어집니다. 그래서 시편에도 이런 대목이 있습니다. "저의 기운 다한 지금 저를 버리지 마소서."(시편 71,9) 하느님께서는 사람이 유혹에 떨어지지 않도록 이끄십니다.

사랑의 불

아무리 작은 사랑의 불꽃이라도 그것을 가진 사람은 누구나 죄에 맞설 수 있습니다. "큰 물도 사랑을 끌 수 없고, 강물도 휩쓸어 가지 못한답니다."(아가 8,7)

이성의 일깨움

하느님께서는 우리의 이성을 일깨우시어 우리가 마땅히 해야 할 일이 무엇인지 가르쳐 주십니다. 아리스토텔레스가 말했다시피, 죄인이란 하나같이 눈먼 자입니다. 그래서 하느님께서 말씀하십니다. "내 너에게 깨달음을 주고 너를 가르치리라."(*시편 32,8 참조) 다윗도 이 깨달음을 간절히 구했습니다. "죽음의 잠을 자지 않도록 제 눈을 비추소서. 제 원수가 '나 그자를 이겼다.' 하지 못하게,"(시편 13,4-5)

1101 이것은 깨달음(통찰)의 선물을 통해 우리에게 내려집니다. 그러니 우리는 유혹에 맞서면서 깨끗한 마음을 간직해야겠습니다.

---

[115] 《신학대전》 제2부 제1편 제70문 제3절.

이 깨끗한 마음에 대해 구세주께서는 이렇게 말씀하십니다. "행복하여라, 마음이 깨끗한 사람들! 그들은 하느님을 볼 것이다."(마태 5,8) 이 소원으로 우리는 하느님의 인도로 이끌리는 큰 행복, 바로 하느님을 우러러볼 수 있는 복에 이를 수 있습니다.

일곱 번째 소원: 악에서 구하소서. 아멘

1102 앞에서 주님께서는 죄를 용서받기 위해 기도하는 법과 죄를 피하는 법을 알려 주셨습니다. 여기서는 악에서 구해 주시기를 청하라고 가르치십니다. 아우구스티노 성인이 말한 죄와 병과 고난과 같은 악에 대한 내용입니다. 죄와 유혹은 이미 언급했으니, 지금부터는 이 세상의 시련과 고난에 관해 이야기하겠습니다. 하느님께서는 여기에서 네 가지 방식으로 우리를 구해 주십니다.

1) 하느님의 예방

하느님께서 악을 그냥 두고 보실 때가 있습니다. "사실 그리스도 예수님 안에서 경건하게 살려는 이들은 모두 박해를 받을 것입니다."(2티모 3,12)라는 성경 말씀처럼, 이 세상에서 거룩한 이들이 고난을 당할 것을 알고 계시기 때문입니다.

그러나 때때로 사람이 악에 시달리지 않도록 막아 주십니다. 하느님께서 보시기에 사람이 그 시련을 견디지 못할 정도로 약하다 싶을 때입니다. 그럴 때 하느님께서는 약한 환자에게 센 약을 처방하지 않는 의사와도 같습니다. "보라, 네가 힘이 약하기에 아무도 닫을 수 없는 문을 네 앞에 열어 놓았다."(*묵시 3,8 참조) 하늘나라에서는 이것이 모든 사람에게 적용됩니다. 그래서 그곳에서는 아무도 고난받지 않습니다. "그분께서 여섯 가지 곤경에서 자네를 건져 내시니 일곱 번째에는 악이 자네를 건드리지도 못할 것이네."(욥 5,19) "그들이 다시는 주리지도 목마르지도 않을 것이며,"(묵시 7,16)

2) 하느님의 위로

1103 하느님께서는 고난에 빠진 이를 위로하십니다. 하느님께서 그 사람을 위로하지 않으시면 그가 버텨 내지 못하기 때문입니다. "그 거듭된 환난에 우리는 힘들었고, 그것을 이겨 내는 일은 우리 능력 밖의 일이었습니다."(*2코린 1,8 참조) "꺾인 사람들을 위로하시는 하느님께서 우리를 위로하셨습니다."(*2코린 7,6 참조) "제 속에 수많은 걱정들이 쌓여 갈 제 당신의 위로가 제 영혼을 기쁘게 하였습니다."(시편 94,19)

3) 하느님의 보상

1104 하느님의 보상이 있기에 고난과 시련을 잊게 됩니다. "폭풍이 지난 뒤 평온을 주십니다."(*토빗 3,22 참조)[116] 그래서 이 세상의 시련과 고난은 두려워할 것 없습니다. 한편으로는 위안 덕분이고, 다른 한편으로는 겪는 기간이 짧아 견디기 수월하기 때문입니다. "우리가 지금 겪는 일시적이고 가벼운 환난이 그지없이 크고 영원한 영광을 우리에게 마련해 줍니다."(2코린 4,17) 그 영광을 통해 우리는 영원한 생명에 다다릅니다.

4) 시련에서 기쁨으로

1105 주님께서는 우리에게 '고난과 시련'이 아닌 '악'에서 구해 주시기를 청하라고 가르치십니다. 거룩한 이들에게 고난과 시련은 영원한 생명의 월계관으로 바뀌기 때문입니다. 그래서 고난과 시련을 자랑합니다. "그뿐만 아니라 우리는 환난도 자랑으로 여깁니다. 우리가 알고 있듯이, 환난은 인내를 자아내고,"(로마 5,3) "환난의 때에 주님은 죄를 용서하십니다."(*토빗 3,13 참조)[117] 하느님께서는 사람

---

[116] 독일어판에서는 토빗기 3장 22절을 인용하나 우리말《성경》의 토빗기 3장은 17절로 끝난다.
[117] 독일어판에서는 토빗기 3장 13절을 인용하나 우리말《성경》의 토빗기 3장은 13절은 이와 다

을 악에서 구하시고, 그것이 사람에게 이롭게 쓰이도록 하십니다. 이는 지고한 지혜의 표징입니다. 악을 선한 목적으로 바꾸는 것이 지혜의 역할이기 때문입니다. 그리고 이는 시련을 견뎌 낸 참을성, 즉 인내의 결과입니다. 참을성은 고난에서만 효력을 볼 수 있습니다. 다른 덕성들을 발휘하려면 선이 필요한데, 참을성은 반대로 악이 필요합니다. 악, 싫고 꺼리는 일일수록 참을성이 있어야 하기 때문입니다. "사람의 식견은 참을성에서 확인된다."(*잠언 19,11 참조)

1106 그래서 성령께서는 지혜의 선물로 이를 청하라고 가르치십니다. 그리하여 우리는 평화의 복으로 인도됩니다(*마태 5,9 참조). 우리는 인내를 통해 좋을 때나 나쁠 때나 평화를 얻습니다. 평화를 이루어 낸 사람들은 하느님을 닮은 그분의 자녀로 불리기도 합니다. 하느님께는 아무것도 거슬릴 것이 없는 것처럼, 행운이든 불행이든 그들에게도 거슬릴 것이 전혀 없습니다.

1107 "아멘."은 기도에 힘을 싣는 일반적인 방법이며, '그렇게 이루어지게 하소서.', '하느님께서 그렇게 해 주소서.'라는 뜻입니다.

른 내용이다.

주님의 기도 핵심 내용

1108 주님의 기도에는 우리가 청해야 하는 것들과 피해야 할 것들이 담겨 있습니다. 청해야 할 것들 가운데에서 가장 간절히 바라고 사랑해야 하는 것, 그것은 바로 하느님입니다.

1) 우리의 바람

'아버지의 이름이 거룩히 빛나시기'를 청한 뒤에 우리 자신을 위해 세 가지를 소원합니다.

영원한 생명

첫째, 영원한 생명에 이르는 것입니다. 이것을 위해 우리는 "아버지의 나라가 오시며"라고 기도합니다.

하느님의 뜻과 정의의 성취

둘째, 하느님의 뜻과 정의가 이루어지기를 청하며 "아버지의 뜻이 하늘에서와 같이 땅에서도 이루어지소서!"라고 합니다.

삶에 꼭 필요한 것

셋째, 우리 삶에 꼭 필요한 것을 갖게 해 주시기를 청합니다. 이를 위해 "오늘 저희에게 일용할 양식을 주시고"라고 기도합니다.

이 세 가지와 관련하여 주님께서 이렇게 말씀하십니다. 맨 처음의 소망과 관련하여, "무엇보다 하느님의 나라를 추구하거라." 둘째 청함에 관련하여, "하느님의 정의를 추구하거라." 셋째 소원과 관련하여, "그러면 모두 너희에게 주어지리라."(*마태 6,33 참조)

2) 피해야 할 것

1109 우리가 피하고 삼가야 할 것은 선한 것과 대척되는 것입니다. 앞에서 이야기하였듯이 우리가 바라는 선은 네 가지, '하느님의 영광', '영원한 생명', '정의와 선행', '재화'입니다. 우리는 이것들과 양립할 수 없는 다음 네 가지를 피해야 합니다.

악

악은 하느님의 영광을 위한 일을 가로막을 수 없습니다. "네가 죄를 지어 주님에게 무슨 손실이 되느냐 …… 네가 옳은 일을 한다고, 하느님께 무슨 선물이 되느냐?"(욥 35,6-7 참조) 악에 대한 벌은 물론이고 보상으로 되돌아오는 선도 하느님의 영광을 위해 쓰입니다.

죄

영원한 생명에 대척하는 것은 죄입니다. 죄로 인해 영원한 생명이라는 선을 잃을 수 있기 때문입니다. 그래서 이렇게 기도합니다. "저희에게 잘못한 이를 저희가 용서하오니 저희 죄를 용서하소서."

유혹

정의와 선행에 대척하는 것은 유혹입니다. 유혹은 우리가 선한 일을 행하지 못하게 훼방합니다. 이 유혹을 멀리하려고 우리는 이렇게 기도합니다. "저희를 유혹에 빠지지 않게 하시고,"

재난과 수난

우리에게 필요한 재화에 대척하는 것은 재난과 수난입니다. 이를 위해 우리는 이렇게 기도합니다. "악에서 구하소서."

II

성모송

1110 성모송[118]은 세 부분으로 이루어져 있습니다. 첫째, 천사가 이렇게 말합니다. "은총이 가득한 분이시여, 기뻐하세요. 주님께서 함께하십니다."(루카 1,28 참조) "여성들 가운데 가장 큰 축복을 받으셨습니다."(루카 1,42 참조)[119] 그 다음은 엘리사벳, 곧 요한 세례자 어머

---

118 [역자 보충] 토마스 아퀴나스의 시대에는 지금 '성모송(아베 마리아)'의 앞 부분만 있었다. '태중의 아들'에 '예수님'이 붙게 된 것은 15세기부터라고 한다. (우르바노 4세 교황(1623-1644 재위) 때라는 설도 있다.) 토마스 아퀴나스 성인이 이 교리 강의를 한 것은 1273년으로 예수님의 이름에 관한 설명은 없으나 《신학대전》 제3부 제37문 제12절에 예수님의 이름에 관한 해설이 있다. 시에나의 베르나디노 성인은 성모송 후반부를 알고 있었다. 지금의 성모송은 1565년 비오 5세 교황이 정한 성무일도에서 공식적으로 사용되었다.

119 《성경》에는 "은총이 가득한 이여, 기뻐하여라. 주님께서 너와 함께 계시다."(루카 1,28)로 되어 있다. 본디 높임말이 없는 서양 언어의 특징이 존댓말이 엄격한 우리말로 옮겨지며 생긴 문제다. 토마스 아퀴나스는 마리아가 천사보다 높다고 설명한다. 따라서 하느님의 심부름을 온 천

니의 말입니다. "태중의 아드님도 복되십니다."(루카 1,42 참조) 끝으로 교회에서 덧붙인 "마리아"라는 말입니다. 천사는 "마리아여, 기뻐하세요."라고 말하지 않고, "은총이 가득한 분이시여, 기뻐하세요."라고 했습니다. 그런데 나중에 살펴보겠지만, 나중에 교회가 넣은 "마리아"라는 말이 천사의 인사에 담긴 의미와 아주 잘 어울립니다.

천사의 인사

1) 인간보다 높은 천사

1111 주님 탄생 예고 annuntiatio[120]의 첫 부분과 관련해 살펴봐야 할 것이 있습니다. 천사가 사람에게 나타나는 일은 아주 특별한 사건이었습니다. 마찬가지로 천사에게 직접 외경심을 표시하는 사람들에게는 더없이 높은 영광이 있다고 생각했습니다. 아브라함이 찬양받은 것도 천사를 손님으로 후하게 모시고 그들에게 외경심을 보여주었기 때문입니다. 그런데 가브리엘 대천사가 먼저 동정 마리아께 경의를 표하고 "아베Ave!"라는 말로 인사했습니다. 천사가 사람에게

사가 마리아에게 하대하거나 반말은 어울리지 않는 것 같아 여기서는 존댓말로 고친다.
[120] 과거에는 '성모 영보'라고도 불렀다.

경외심을 보이는 일은 그야말로 전대미문의 일이었습니다.

1112 예로부터 천사가 사람을 공경하는 게 아니라 사람이 천사를 공경한 데에는 이유가 있습니다. 천사가 사람보다 더 높은 존재로 여겨졌기 때문입니다. 이는 세 가지 측면에서 그렇습니다.

품위

천사의 본성은 순수한 영입니다. "영을 사자로 삼으셨습니다." (*시편 104,4 참조) 반면에 사람은 죽을 수밖에 없는 본성을 가졌습니다. 그래서 아브라함은 이렇게 말합니다. "저는 비록 먼지와 재에 지나지 않는 몸이지만, 주님께 감히 아룁니다."(창세 18,27) 즉 영적이어서 불멸하는 피조물이 덧없는 인간에게 공경을 바친다는 것은 어울리지 않습니다.

하느님과의 거리

천사는 하느님 가까이에 머뭅니다. "그분을 시중드는 이가 백만이요 그분을 모시고 선 이가 억만이었다."(다니 7,10) 반면에 사람은 죄로 인해 하느님과 멀어졌습니다. "날 듯이 멀어지련만."(*시편 55,7-8 참조) 그러니 사람은 천사를 하느님과 가까운 존재로 공경하는 것이 마땅합니다.

충만한 은총의 빛

천사는 이 거룩한 빛에 완전히 함께합니다. "그분의 군대를 셀 수 있으랴? 누구 위에 그분 빛이 떠오르지 않으랴?"(*욥 25,3 참조) 그래서 천사는 언제나 빛으로 휩싸인 모습으로 나타나지요.[121] 그에 반해 사람은 은총의 빛에 그저 제한된 정도로만 가담하여, 어둠이 섞여 있다 할 수 있습니다.

1113 이 세 가지 측면에서 천사보다도 훨씬 더 높으시면서 인간 본성을 갖춘 분께서 오시기 전까지 천사가 사람을 공경하는 것은 있을 수 없는 일이었습니다. 그런데 성모님은 천사의 공경을 받았고 "기뻐하소서!(인사 드립니다. Ave!)"라고 전하는 인사를 들으십니다. 이로써 성모님이 천사보다 앞선다는 점이 증명된 것입니다.

1114 은총의 충만함과 관련해서도 성모님께서는 그 어떤 천사보다 앞섭니다. 천사는 성모님의 그 점을 기리며 "은총이 가득하신 분이시여"라는 말을 덧붙였습니다.

---

[121] 1916년, 파티마의 성모 발현(1917)이 있기에 앞서 세 차례에 걸쳐 천사가 나타났다. 올리브 숲 속에서 놀고 있는 루치아(9), 프란치스코(8), 히야친타(6)에게 나타난 천사도 "눈보다 더 희고 마치 햇빛이 투과된 크리스탈처럼 투명하고 놀라우리만큼 아름다웠다."

2) 은총이 가득하신 분

은총이 가득하신 분이라고 말한 것은 곧 "은총의 충만함이 저를 뛰어넘으시기에 경의를 표합니다."라는 의미입니다.

1115 지극히 복되신 동정녀께서는 특히 세 가지 부분에 은총이 충만하십니다.

은총이 충만한 영혼

먼저 그분의 영혼에 은총이 충만하십니다. 사람에게 하느님의 은총이 내리는 목적은 두 가지, 선을 베풀고 악을 피하라는 것입니다. 이 두 가지에서 거룩한 동정녀께서는 더없이 완벽한 은총을 받으셨습니다.[122] 우선 마리아는 그 어떤 죄와도 얽히지 않았습니다. 그 점에서는 그리스도 다음으로, 또 그 어떤 성인보다 깨끗하십니다. 마리아는 대죄나 사소한 죄를 모두 벗어났습니다. 그래서 성경에서도 마리아에 관하여 이렇게 말합니다. "나의 애인이여, 그대의 모든 것이 아름다울 뿐. 그대에게 흠이라고는 하나도 없구려."(아가 4,7) 아우구스티노 성인도 자연과 은총에 관한 책에 이렇게 썼습니

---

[122] 《신학대전》 제3부 제27문 제4절. 그리스도의 명예는 당신 모친이 죄를 범하실 수 있는 최소한의 가능성조차 허락하지 않으셨다. / 《신학대전》 제3부 제27문 제2절 제2답. 마리아의 이러한 특권을 부인하는 것은 "만인의 구세주이신 그리스도의 품위를 떨어뜨리는 것이다."

다. "모든 성인에게 살아생전에 죄가 하나도 없었느냐 묻는다면, 한소리로 대답하리라. '만일 우리가 죄 없다고 말한다면, 우리는 자신을 속이는 것이고 우리 안에 진리가 없는 것입니다.'(1요한 1,8) 그러나 나는 여기서 거룩한 동정녀는 예외로 하리라. 죄에 관한 이야기라면 주님의 영예 때문에 입에 담지도 못하겠다. 우리 모두 알다시피, 죄 없는 구세주를 잉태하시어 낳으실 분이라면 모든 악에 대한 만방의 승리에 대하여 (그 어느 피조물보다도) 더 많은 은총이 주어지는 게 당연하다."[123]

1116 그리스도께서는 복되신 동정녀보다 월등히 뛰어난 분이십니다. 그분은 원죄 없이 잉태되셨을 뿐만 아니라 원죄 없이 탄생하셨는데, 동정녀께서는 원죄에 물들어 계신 채로 잉태되셨지만 원죄 없이 태어나셨기 때문입니다.[124]

그리고 마리아께서는 모든 덕을 두루 베푸셨습니다. 그 하나가 겸손이고, 또 다른 하나가 동정이며, 마지막이 자비입니다. 반면에 다른 성인들은 어느 하나의 덕을 특별하게 보였습니다. 그래서 성인들은 개별 덕목의 본보기요 그 이상으로 떠오릅니다. 이를테면 니콜라오 성인은 자비의 본보기이지요.

---

123 《신학대전》 제3부 제30문 제4절.

124 토마스의 이와 같은 설명은 무염시태 교리(1854년)와 성모(몽소) 승천 교리(1950년)가 선포되기 수백 년 전의 신학적 이해에 의한 것임을 고려해야 한다.

지극히 복되신 동정녀께서는 겸손의 대가이십니다. "보십시오, 저는 주님의 종입니다."(루카 1,38) "그분께서 당신 종의 비천함을 굽어보셨기 때문입니다."(루카 1,48) 동정의 전형이자 이상이시기도 합니다. "저는 남자를 알지 못하는데,"(루카 1,34) 다른 덕목에서도 쉽게 입증할 수 있습니다. 그러니 성모 마리아께서는 선을 베풀거나 악을 삼가는 데에서도 은총이 충만하십니다.

은총이 충만한 몸

1117 마리아의 영혼에 충만한 은총은 당신의 몸에도 흘러 넘칩니다. 영혼이 거룩해질 만큼 은총이 가득한 것은 성인들의 경우에도 어느 정도 위대한 점입니다. 그런데 마리아의 영혼에 깃든 은총은 그분의 몸에까지 흘러넘쳐 하느님 아드님의 잉태에 어울리게 만들 정도입니다.[125] 빅토르의 위그 성인[126]은 이렇게 말했습니다. "성령의 사랑이 성모님의 마음을 가득 채워 타오르게 하여서 마리아의 몸에 하느님 아드님이 사람으로 태어나시는 기적이 일어나게 하였다." 루카 복음사가는 이렇게 전합니다. "그러므로 태어날 아기는 거룩하신 분, 하느님의 아드님이라고 불릴 것이다."(루카 1,35)

---

[125] 《신학대전》제3부 제31문 제4절, 제5절.
[126] 빅토르 위그(Hugo von St. Viktor, 1097~1141): 색슨 의전수도회 신비주의 신학자. 아우구스티노에게 예술과 철학이 신학에 속할 수 있다는 관점을 배웠다. 하느님과 천사, 신비주의 신학과 자연법까지 다루는《그리스도교 신앙의 신비에 관하여》라는 저서가 유명하다.

모든 사람에게 두루 흘러넘치는 은총

1118 성모님께서 '은총이 충만하신 여인'이라고 불리는 이유는 당신의 은총이 온 인류에게 두루 흘러넘치기 때문입니다. 다른 사람의 구원에 도움을 줄 만큼 은총을 받은 성인도 위대합니다. 그러나 도움 정도가 아니라 온 인류를 구원할 만큼 충만한 은총은 놀라운 일입니다. 그것은 우리 주 그리스도와 지극히 거룩하신 성모님 안에서만 일어날 수 있는 일입니다. 그래서 어떤 위험에서라도 우리는 은총이 가득하신 동정녀의 도움을 얻을 수 있습니다. "천 개의 방패, 곧 죄의 치료제가 그녀 안에 있구나."(*아가 4,4 참조) 마찬가지로 우리가 무슨 일이든 선한 일을 할 때는 성모님의 도움을 기대할 수 있습니다. 그래서 마리아께서 스스로 이렇게 말씀하십니다. "내게는 생명과 덕의 온갖 희망이 다 있습니다."(*집회 24,25 참조)[127]

이처럼 성모 마리아께서는 은총이 넘치고, 무엇보다 이 은총의 충만함에서 천사를 능가하십니다. 마리아라는 이름에는 '스스로 밝은 빛을 받은 이'라는 뜻이 담겨 있습니다. 이 또한 성모님과 참 잘 어울립니다. '다른 사람들을 밝혀 주는 이', 그러니까 온 세상 모두를 밝혀 주는 이라는 뜻이기도 합니다. 그래서 성모님을 해와 달에 비유하기도 합니다.

---

[127] 집회서 24장 25절은 다른 내용이다.

3) 주님께서 함께하십니다

1119 성모님께서 천사보다 나은 두 번째 이유는 하느님과의 관계에서 훨씬 더 친밀하시다는 데 있습니다. 천사는 '주님과 함께하시니 여성들 가운데 가장 큰 축복을 받으셨다'는 말로 그 사실을 암시합니다. 천사가 '주님'이라고 부른 분은 천주 성부이십니다. 성부께서 아드님과 함께 계시고, 그 아드님이 태중에 계신다는 말은 천사에게도 또 그 어떤 다른 피조물에도 베풀어질 일이 없는 영광이지요. "그러므로 태어날 아기는 거룩하신 분, 하느님의 아드님이라고 불릴 것이다."(루카 1,35) 즉 동정녀 품 안의 하느님 아드님이십니다. "시온 주민들아, 소리 높여 환호하여라. 너희 가운데에 계시는 이스라엘의 거룩하신 분께서는 위대하시다."(이사 12,6)

더없이 큰 복을 지니신 성모 마리아와 함께하시는 주님께서는 천사들과 함께하실 때와는 다릅니다. 주님께서 성모님과 함께하실 때는 아드님이고, 천사들과 함께하실 때는 주님이십니다. 성령이신 하느님께서 성전에 머무르시듯 성모님 안에 머무십니다. 그래서 성모님을 '주님의 성전', '성령의 성소'라고도 부릅니다. 성령으로 잉태하셨기 때문입니다. "성령께서 너에게 내려오시고 지극히 높으신 분의 힘이 너를 덮을 것이다."(루카 1,35) 이에 따라 지극히 복되신 성모 마리아께서는 하느님과의 관계가 그 어떤 천사보다 더 가깝고 친밀하십니다. 성부 하느님, 성자 하느님, 성령 하느님, 곧 삼위일체 전체가 성모님과 함께하시고 성모님 안에 계시기 때문입니다. 그래서 성모님께서는 거룩한 삼위일체의 안식처이십니다. 이 말에는 마리아께 드릴 수 있는 최고의 찬미가 담겨 있습니다. 천사가 경배를 바친 것은 주님의 어머니이시기 때문입니다. 주님의 어머니라면 그 자체로 '하늘나라의 안주인'인 셈이니, 시리아 말로 '주인 마님Domina'이란 뜻인 '마리아Maria'라는 이름을 부여받으신 것도 바로 그 때문입니다.

1120 마리아는 그 정결함과 존엄함에서 천사를 앞섭니다. 당신 혼자서만 정결하신 것이 아니라 다른 사람들에게까지 정결함을 건네주셨기 때문입니다. 성모님께서는 모든 죄로부터 깨끗하십니다. 원죄[128]도 또 다른 중죄나 가벼운 죄에도 물들지 않으셨습니다.[129]

4) 여성들 가운데 가장 큰 축복을 받으시다

1121 인류는 (원)죄 때문에 삼중의 저주를 받았지만, 마리아는 모든 벌에서 벗어나 깨끗하니 순수하십니다.

---

[128] 13세기의 문헌에 다음과 같은 기록이 있다. 그분께서는 "원죄도, 대죄도, 소죄도 짓지 않으시기 때문입니다(quia nec originale, nec mortale, nec veniale peccatum incurrit)."

[129] 비오 9세 교황은 1854년 12월 8일, 회칙 〈형언할 수 없는 하느님 Ineffabilis Deus〉에서 마리아는 잉태 시초부터 원죄의 물듦이 없었다고 선포하였다. 1543년 마틴 루터(Martin Luther)도 성모의 원죄 없으신 잉태를 긍정하였다(사와다 아키오 저, 《루터와 마리아》, 29쪽).

여성에게 내린 저주

죄 중에 임신하고, 몸속에 품고 다니다가 고통 속에 낳게 되리라는 내용입니다.[130] 그런데 마리아는 이 저주에서 벗어났습니다. 죄에 물듦 없이 구세주를 잉태하시고, 몸속에서 위안 충만하게 키워 고통 없이 낳으셨기 때문입니다. 예언자의 말을 보더라도 그렇습니다. "활짝 피고 즐거워 뛰며 환성을 올려라."(이사 35,2)

남성에게 내린 저주

1122 얼굴에 땀을 흘려야 밥을 먹으리라는 저주입니다. 마리아는 이 저주에서도 자유로우십니다. 바오로 사도는 이렇게 전합니다. "결혼하지 않은 여인들은 세상 온갖 걱정에서 벗어나 오로지 하느님만 섬깁니다."(*1코린 7,34 참조)

여자와 남자 모두에게 내린 저주

1123 모두 먼지로 돌아갈 수밖에 없다는 저주입니다. 마리아는 이 저주에서도 자유로우신데, 그 몸까지 하늘에 받아들여지셨기 때문입니다.[131] 우리는 마리아께서 돌아가신 뒤 하늘로 들어 올려지셨

---

[130] 《신학대전》 제2부 제1편 제164문 제2절.

[131] 비오 12세 교황은 1950년 11월 1일 회칙 〈지극히 관대하신 하느님 *Munificentissimus Deus*〉에서 "원죄가 없으시고 평생 동정이신 하느님의 어머니, 마리아는 현세 생활을 마친 후 육신과 영혼이 함께 하늘로 올라가 영광을 입으셨다는 것을 믿을 교의로 밝히고 이를 선언하는 바이다."라고

다고 믿습니다. "주님, 일어나시어 당신의 안식처로 드소서. 당신께서, 당신 권능의 궤와 함께 드소서."(시편 131,8)

1124 이처럼 마리아는 그 어떤 저주에서도 자유로우십니다. 여인들 가운데 가장 큰 축복을 받았다는 것은 오직 성모님만이 저주를 물리치시고 복을 가져오시며 천국의 문을 여셨기 때문입니다. 그래서 '바다의 별'이란 뜻을 가진 '마리아'란 이름이 성모님과 참 잘 어울립니다. 선장이 바다 위의 별을 보고 안전한 항구로 인도받듯이, 그리스도교인들은 바다의 별이신 마리아를 통해 하늘의 영광으로 인도받습니다.

5) 태중의 아드님 또한 복되시나이다

1125 죄인은 여러 방법으로 재물을 구하지만 끝내 얻지 못하고, 의인은 그것을 차지합니다. "죄인의 재산은 의인의 몫으로 보존된다."(잠언 13,22) 하와는 탐스러운 과일에 손을 뻗지만, 자신이 찾고자 한 것을 얻지 못했습니다. 그러나 성모님께서는 하와가 찾던 모든 것을 당신의 열매 속에서 찾으셨습니다.

'성모 승천 교리'를 반포했다. 마틴 루터도 1522년 '성모(몽소)승천대축일' 강론에서 성모 마리아는 지금 하늘에 있다고 했다(사와다 아키오, 《루터와 마리아》, 34쪽 참조).

1126   하와는 열매에서 세 가지 보물을 얻고자 했습니다.

하느님과 같아짐

하와가 얻고자 한 첫 번째는 선과 악을 아는 하느님처럼 되리라는 것이었습니다. 마귀는 거짓으로 이렇게 말했습니다. "너희는 신들처럼 되리라."(*창세 3,5 참조) 본디 거짓말쟁이요, 거짓의 아비인 마귀의 말에 속아 열매의 맛을 본 하와는 죄를 지었고 오히려 하느님과 멀어졌습니다. 그리고 낙원에서도 쫓겨납니다. 반면에 복되신 동정 마리아와 우리는 그분 태중의 아드님을 통해 이 보물을 얻었습니다. 우리는 그리스도를 통해 하느님과 이어졌고 그분을 닮게 되었습니다. "그분께서 나타나시면 우리도 그분처럼 되리라는 것은 알고 있습니다."(1요한 3,2)

쾌락

하와는 열매를 통해 쾌락을 얻고자 했습니다. 하지만 그것도 얻지 못하였으니, 먹기 좋은 달콤함보다는 자신이 벌거벗었다는 사실을 깨닫고 아픔(슬픔, dolor)을 먼저 느꼈기 때문입니다. 하지만 우리는 성모님께서 맺으신 열매 안에서 감미로움과 구원을 맛볼 수 있게 되었습니다. "내 살을 먹는 사람은 영생을 얻으리라."(*요한 6,54 참조)

아름다움

하와는 열매 fructus를 통해 아름다움을 얻고자 했습니다. 하와가 손을 뻗어 잡은 열매는 보기에 좋았습니다. 그러나 성모님의 열매는 그것보다 훨씬 더 아름답습니다. 천사도 보고 싶어 했을 정도이지요. "당신 모습은 사람의 아들들과 비교할 수 없게 아름답습니다."(*시편 45,2 참조) 그런데 그 아름다움의 원인은 아버지 영광의 반영이라는 데 있습니다(*히브 1,3 참조).

하와가 열매 속에서 찾은 것들은 죄인이 자신의 죄 안에서 찾아낸 것만큼이나 보잘것없는 것들이었습니다. 우리는 얻고자 하는 것을 성모님의 열매(frúctus véntris tui, Iesus, 태중의 아들 예수님) 속에서 찾아야 할 것입니다.

1127 열매 안에 가득한 하느님의 은총은 그분을 공경하는 우리에게 넘쳐 흐를 것입니다. "하느님께서는 그리스도 안에서 하늘의 온갖 영적인 복을 우리에게 내리셨습니다."(에페 1,3) 이 열매(예수님)는 천사들의 경배를 받습니다. "우리 하느님께 찬미와 영광과 지혜와 감사와 영예와 권능과 힘이 영원무궁하기를 빕니다."(묵시 7,12) 예수님은 사람들에게도 경배를 받아 마땅합니다. "예수 그리스도는 주님이시라고 모두 고백하며 하느님 아버지께 영광을 드리게 하셨습니다."(필리 2,11) "주님의 이름으로 오는 이는 복되어라."(시편 118,26) 그러니 성모님 홀로 복되신 것이 아니라 "태중의 아들 예수님 또한 복되시나이다."라고 합니다.

제3장

두 가지 참사랑의 법과 하느님의 십계명

십계명

일. 한 분이신 하느님을 흠숭하여라.

이. 하느님의 이름을 함부로 부르지 마라.

삼. 주일을 거룩히 지내라.

사. 부모에게 효도하여라.

오. 사람을 죽이지 마라.

육. 간음하지 마라.

칠. 도둑질을 하지 마라.

팔. 거짓 증언을 하지 마라.

구. 남의 아내를 탐내지 마라.

십. 남의 재물을 탐내지 마라.

Decalogus

1. Non habebis deos alienos coram me.
2. Non assumes nomen Domini Dei tui in vanum.
3. Memento ut diem sabbati sanctifices.
4. Honora patrem tuum et matrem tuam.
5. Non occides.
6. Non moechaberis.
7. Non furtum facies.
8. Non loqueris contra proximum tuum falsum testimonium.
9. Non desiderabis uxorem proximi tui.
10. Non concupisces rem proximi tui.

I

두 가지 참사랑의 법

들어가는 말

1128 사람이 구원을 받기 위해 꼭 알아야 할 것이 세 가지가 있으니, 곧 마땅히 믿어야(신앙) 할 진리가 무엇인지 알아야 하고, 마땅히 바라야(희망) 할 것이 무엇인지 알아야 하며, 마땅히 행해야(사랑) 할 것이 무엇인지 알아야 합니다. 첫 번째 진리는 그리스도교 신앙의 진수를 압축해 담고 있는 '사도 신경'에서 가르치고, 두 번째 진리는 '주님의 기도'에서 가르치며, 세 번째 진리는 법, 곧 '참사랑의 두 계명'과 '십계명'에서 가르칩니다.

1) 법과 계명에 관하여[132]

사도 신경 풀이에서는 무엇을 믿어야 하는지 알아보았고, 주님의 기도 풀이에서는 무엇을 바라고 청해야 하는지 생각해 보았습니다.[133] 지금부터는 사람이 마땅히 해야 할 일이 무엇인지 알아봅시다. 이에 대한 지식은 네 가지로 이루어집니다.

자연법

1129 자연법lex naturalis은 하느님께서 우리를 창조하실 때 불어넣어 주신 생각, 이성의 빛입니다. 우리는 이 빛을 통해 무엇을 해야 하고 무엇을 삼가야 하는지 판단할 수 있습니다. 이 빛과 법은 하느님께서 인간을 창조하시던 그 순간에 부여하신 것입니다.[134] 그런데 그 법을 지키지도 않고서 애초에 몰랐으니 괜찮다고, 용서받을 수 있다고 생각하는 사람들이 있습니다. 시편 4편 예언자의 이야기 하나만으로도 이런 그릇된 생각을 논박하고 남습니다. "누가 우리에

---

132 독일어 das Gebote는 보통 계율이나 계명으로 옮기고, das Gesetz는 법이나 법률로 옮기는데, 결국 같은 말로 쓰인다. 계율과 계명과 법은 뉘앙스에서 작은 차이는 있겠지만, 여기서는 같은 맥락으로 보아도 좋다. 법 전반에 관하여는《신학대전》제2부 제1편 제90문–제108문에서 다룬다.

133 원문에서는 사도 신경 해설 서두에 나왔던 말이 나온다.

134 《신학대전》제2부 제1편 제91문 제2절.

게 좋은 일을 보여 주랴?"(시편 4,7) 무엇을 해야 하는지 모르겠다는 듯한 말이지 않습니까? 바로 이 대목에서 예언자는 이렇게 대답합니다. "주님, 저희 위에 당신 얼굴의 빛을 비추소서."(시편 4,7) 이것이 바로 생각의 빛이요, 인식의 빛입니다. 우리는 이 빛을 통해 우리가 해야 할 바를 깨닫습니다. '내가 원하지 않는 일을 다른 사람에게 하길 바라서는 안 된다己所不慾 勿施於人'는 것입니다.[135]

욕망의 법

1130 하느님께서 사람을 창조하시면서 자연법을 불어넣어 주셨는데, 악마가 인간의 육신에 다른 법을 심어 놓았으니, 그것이 바로 '욕망의 법lex concupiscentiae'입니다.

사람의 영혼이 계명을 지켜 하느님께 순명하는 동안에는 그 육신도 모든 면에서 영혼(이성)을 따랐습니다. 그런데 악마의 속삭임으로 사람이 하느님의 계명에서 멀어진 뒤로 그 육신은 이성에 반하게 된 것입니다. 사람은 이성에 따라 선하게 살고자 하지만, 욕망 탓에 잘못된 길에 들어서기도 합니다. 그래서 바오로 사도는 로마 신자들에게 보낸 편지에 이렇게 썼습니다. "그러나 내 지체 안에는 다른 법이 있어 내 이성의 법과 대결하고 있음을 나는 봅니다."(로마 7,23) 욕망의 법이 자연법과 이성의 질서를 교란하는 일이 잦기 때문

---

[135] 《신학대전》 제2부 제1편 제99문 제1절.

에 그는 이런 말도 덧붙입니다. "그 다른 법이 나를 내 지체 안에 있는 죄의 법에 사로잡히게 합니다."(로마 7,23)

글로 새겨진 법(실정법, 성문법)

1131 자연법이 욕망의 법으로 교란되니, 사람이 악덕에서 벗어나려면 다른 법이 필요하게 되었습니다. 그것이 바로 '글로 새겨진 법lex scripta'입니다.

1132 글로 새겨진 법은 다음 두 가지 동인動因을 통해 사람을 악에서 멀어지게 하고 선으로 이끕니다. 첫째, 처벌에 대한 두려움을 통해서입니다. 사람을 죄에서 멀어지게 하는 것 중 하나가 지옥의 벌과 최후의 심판에 대한 두려움입니다. 그래서 성경에 이런 대목이 있습니다. "지혜의 시작은 주님을 경외함."(집회 1,14) "주님을 경외함은 죄를 멀리하게 하고."(집회 1,21) 두려움 때문에 죄를 짓지 않는 것을 의롭다고 할 수는 없지만, 그래도 그것으로 의로워지기 위한 첫발은 뗀 셈입니다. 사람은 모세의 율법을 통해 악에서 멀어지고 선으로 이끌립니다. 이 율법을 어기는 자는 죽음으로 처벌했습니다. "모세의 율법을 무시한 자는 둘이나 세 증인의 말에 따라 가차 없이 처형됩니다."(히브 10,28)

사랑의 법

1133 그러나 법을 지키는 것, 다시 말해 두려움으로 악을 삼가게

하는 모세의 율법 역시 충분하지 않았습니다. 이 법으로 손은 악에서 멀어졌지만 마음까지 선으로 이끌었다고 자신하기는 어렵습니다. 그래서 다른 동인이 필요했습니다. 그것이 바로 '그리스도의 법lex Chrisiti', 곧 '복음의 법lex evangelica'인 '사랑의 법lex amoris'입니다.

1134 두려움의 법과 사랑의 법 사이에는 세 가지 차이가 있습니다. 첫째, 두려움의 법은 사람을 그저 한낱 노예로 만들지만, 사랑의 법은 자유인으로 만듭니다. 바오로 사도가 이렇게 말했습니다. "주님의 영이 계신 곳에는 자유가 있습니다."(2코린 3,17) 자유의 정신을 가진 사람들은 마음에 사랑이 가득합니다.

1135 두려움의 법만 지키는 사람들은 그저 현세의 재물만을 생각합니다. 이것이 두 번째 차이를 만듭니다. "너희가 순하게 내 말을 들으면 이 땅의 온갖 재물을 즐기리라."(*이사 1,19 참조) 이와 다르게 사랑의 법을 따르는 이들은 천국의 보물에 눈길을 돌립니다. "네가 생명에 들어가려면 계명들을 지켜라."(마태 19,17) 또 이런 대목도 있습니다. "회개하여라. 하늘나라가 가까이 왔다."(마태 3,2)

1136 베드로 사도의 이야기처럼 두려움의 법은 무겁고 어렵습니다. 이것이 세 번째 차이입니다. "지금 여러분은 왜 우리 조상들도 우리도 다 감당할 수 없던 멍에를 형제들의 목에 씌워 하느님을 시험하는 것입니까?"(사도 15,10) 반면에 사랑의 법은 가볍고 쉽습니다. 구세주께서 하신 말씀에 비춰 보아도 그렇습니다. "정녕 내 멍에는 편하고 내 짐은 가볍다."(마태 11,30) 바오로 사도의 다음 가르침을 보

아도 마찬가지입니다. "여러분은 사람을 다시 두려움에 빠뜨리는 종살이의 영을 받은 것이 아니라, 여러분을 자녀로 삼도록 해 주시는 영을 받았습니다."(로마 8,15)

사랑의 법에 관하여

1137 앞에서 설명하였듯이 법에는 네 가지가 있습니다. 첫째가 자연법으로, 하느님께서 사람을 창조하시던 바로 그때 가슴에 새겨 넣으신 법입니다. 둘째는 욕망의 법, 셋째가 글로 새겨진 법, 마지막이 사랑과 은총의 법인 그리스도의 법, 바로 하느님 사랑의 법입니다. 이와 관련하여 바오로 사도는 이렇게 전합니다. "주님께서는 말씀을 온전히 또 조속히 세상에 실현시키실 것이다."(로마 9,28)

1138 이 법은 마땅히 모든 인간 행동의 규범이 되어야 합니다. 사람의 행실은 하느님 사랑의 법에 어긋나지 않을 때 바르고 덕이 있다고 할 수 있습니다. 이에 어긋난다면 선한 것도 아니고, 올바르지도 않으며, 완전할 수도 없습니다.

1) 하느님 참사랑의 법이 갖는 효력

1139 이 법, 곧 하느님 참사랑의 법은 사람 안에서 네 가지 효력을 내는데, 그 하나하나가 더없이 추구할 만한 것들입니다.

영적 생명

사랑한다면 그 상대를 자연스럽게 받아들이듯 하느님을 사랑하는 이도 그분을 자기 안에 받아들여야 합니다. 요한 사도는 "사랑 안에 머무르는 사람은 하느님 안에 머무르고 하느님께서도 그 사람 안에 머무르십니다."(1요한 4,16)라고 말했습니다. 사랑의 본성상 사랑하는 이가 사랑받는 이로 바뀔 수도 있습니다. 그래서 예언자의 이야기처럼 덧없는 것을 사랑하다가 스스로 덧없어질 수 있습니다. (이스라엘은) "우상에 몸을 바쳐 저희가 사랑하던 것처럼 혐오스럽게 되어 버렸다."(호세 9,10) 우리가 하느님을 사랑하면, 하느님을 닮아 갑니다. "주님과 결합하는 이는 그분과 한 영이 됩니다."(1코린 6,17)

1140 아우구스티노 성인은 "영혼이 육신의 생명이라면, 하느님께서는 영혼의 생명"[136]이라고 말했습니다. 육신이 제게 맞는 생명의 작용을 하며 움직이면, 그 육신은 영혼과 함께 산다고 말합니다. 거꾸로 영혼이 육신에서 떨어져 나가면 육신은 작동하지 않습니다.

---

[136] 아우구스티노《시편강해》70.3.

또한 영혼의 활동은 사랑으로 움직일 때 비로소 완전해집니다. 하느님께서 그 사랑 안에 계십니다. 사랑 없이는 영혼이 선한 일을 할 수 없습니다. 요한 사도의 이야기에 비추어 보아도 그렇습니다. "사랑하지 않는 자 죽음 안에 그대로 머물러 있습니다."(1요한 3,14) 성령의 은총을 받았다 하더라도 사랑이 없는 사람은 생명이 없는 것과 마찬가지입니다. 말의 은사도 신앙의 은사도 또 그 밖에 다른 은사도 사랑 없이는 생명을 부여할 수 없습니다. 마치 죽은 육신을 금이나 보석으로 치장한들 죽음의 상태를 바꿀 수 없는 것과 마찬가지입니다. 그러니 사랑 없이는 아무것도 할 수 없습니다.

하느님 계명의 준수

1141 그레고리오 성인의 이야기처럼 하느님의 사랑이 작용하지 않는 순간은 없습니다. 참으로 위대한 작용입니다. 기꺼운 마음으로 하느님의 계명을 완수하는 것이 하느님 사랑에 응답하는 확실한 징표입니다. 사랑하는 주체는 그 사랑의 대상을 위해서라면 아무리 크고 어려운 일이라도 마다하지 않습니다. 구세주께서도 말씀하셨습니다. "누구든지 나를 사랑하면 내 말을 지킬 것이다."(요한 14,23)

1142 사랑의 법을 완수한 사람은 법 전체를 온전히 지켰다고 할 수 있습니다. 하느님께서 주신 열 가지 계명은 우리가 해야 하는 것과 해서는 안 되는 것으로 분류됩니다. 이를 지키게 하는 것도 사랑입니다. 바오로 사도는 이렇게 이야기합니다. "사랑은 무례하지 않

고 자기 이익을 추구하지 않으며 성을 내지 않고 앙심을 품지 않습니다."(1코린 13,5)

재난 극복

1143 사랑은 우리가 겪는 많은 재난과 어려움을 극복하는 힘입니다. 바오로 사도는 이렇게 말했습니다. "하느님을 사랑하는 이들에게는 모든 것이 최상으로 주어집니다."(*로마 8,28 참조) 더 나아가 재난이나 어려운 일들이 오히려 달콤하게 느껴지기까지 합니다. 우리 일상에서도 그런 경험을 할 때가 있습니다.

영원한 행복

1144 사랑은 영원한 행복으로 이르게 하는 축복입니다. 사도들도 그렇게 가르칩니다. 가진 것이 많더라도 사랑이 없으면 영원한 행복에 이르기 어렵습니다. "이제는 의로움의 화관이 나를 위하여 마련되어 있습니다. 의로운 심판관이신 주님께서 그날에 그것을 나에게 주실 것입니다."(2티모 4,8)

1145 행복의 정도는 사랑의 깊이에 따라 다르지만, 그 외 다른 덕목의 기준이 되지는 않습니다. 사도들을 능가할 정도로 절제와 검소한 삶을 실천한 이들 중에는 이웃을 향한 사랑이 깊었기에 어느 누구보다 큰 행복을 경험한 이들이 많았습니다. 바오로 사도의 이야기처럼, 이들에겐 "성령의 첫 선물"(로마 8,23)이 있었기 때문입

니다. 사랑의 유무, 그 깊이에 따라 행복의 차이가 정해진다고 할 수 있습니다.

2) 다섯 가지 사랑의 또 다른 작용

지금까지 사랑의 효력 네 가지를 살펴보았습니다.

1146 여기에 간과해서는 안 되는 사랑의 작용이 다섯 가지 더 있습니다.

죄의 용서

죄의 용서는 우리의 경험으로 받아들일 수 있는 진리입니다. 한때 나에게 상처 준 사람을 사랑하게 된다면, 이는 사랑의 힘으로 그를 용서한 것입니다. 하느님께서도 당신을 사랑하는 이들의 죄를 그렇게 용서하십니다. "사랑은 많은 죄를 덮어 줍니다."(1베드 4,8) 베드로 사도가 '덮어 주다.'라는 말을 썼는데, 참 잘 어울리는 표현입니다. 하느님께서는 그들의 죄를 더 들춰 보지 않기 때문입니다. 솔로몬 임금은 심지어 사랑이 모든 죄를 덮어 준다고까지 말합니다(*잠언 10,12 참조). 막달레나는 이런 점을 가장 분명하게 보여 주는 본보기입니다. 복음서에 막달레나에 관해 이런 말이 나옵니다. "이 여자는 그 많은 죄를 용서받았다.", "많이 사랑하였기 때문이다."(*루카 7,47 참조)

1147 보속 없이 사랑만으로 용서받을 수 있냐고 반문할 수도 있습니다. 진정한 보속이 없다면 진정한 사랑이 아닙니다. 만약 누군가에게 상처를 준 적이 있는데, 그 사람을 깊이 사랑하게 되었다면 아픔 또한 클 것입니다. 바로 이것이 사랑의 작용입니다.

마음 밝힘

1148 "우리는 모두 암흑에 휘감겨 있어"(*욥 37,19 참조) 욥의 말처럼 우리가 무슨 일을 하는지 혹은 무엇을 열망해야 좋을지 모를 때가 많습니다. 이런 순간에 사랑이 작용합니다. 사랑은 구원에 필요한 것을 일러 줍니다. 그래서 요한 사도는 이렇게 말했습니다. "주님의 기름부으심이 여러분께 모든 걸 가르쳐 주십니다."(*1요한 2,20 참조) 사랑이 있는 곳에 모든 것을 다 아시는 성령이 계시고, 시편에서도 이르듯이 그 성령께서 우리를 바른길로 인도하시기 때문입니다. 그래서 집회서에 이런 말이 나옵니다. "주님을 경외하는 이들아, 그분을 사랑하라. 그러면 너희 마음이 밝게 빛나리라."(*집회 2,9 참조) 말하자면 구원에 필요한 것을 알게 된다는 것입니다.

완전한 기쁨

1149 사랑 안에 머무는 사람만이 참다운 기쁨을 누릴 수 있습니다. 무언가 간절히 바라는 사람은 그것을 이룰 때까지 기쁨도 평온도 없습니다. 우리는 갖지 못한 것을 가지려고 조바심 내는 일이 많

습니다. 거꾸로 가진 것을 진저리치며 물리기도 합니다. 하지만 정신적인 것은 사정이 달라서, 하느님을 사랑하는 사람이 그분을 차지하는 법입니다. 하느님을 사랑하고 열망하는 사람은 그분 안에서 평안하기 때문입니다. "사랑 안에 머무르는 사람은 하느님 안에 머무르고 하느님께서도 그 사람 안에 머무르십니다."(1요한 4,16)

완전한 평화

1150 세속적인 것들이라면 갖고 싶어 안달하다가도, 그것을 차지하는 순간 영혼이 평안을 찾지 못합니다. 오히려 하나를 차지하자마자 바로 또 다른 것을 갖고 싶어 할 때가 많습니다. 이사야 예언자가 말했습니다. "악인들[137]은 요동치는 바다와 같아 가만히 있지 못하니 그 물결들은 오물과 진창만 밀어 올린다. 악인들에게는 평화가 없다."(이사 57,20-21) 하지만 하느님을 향한 사랑은 다릅니다. 하느님을 사랑하는 사람은 완전한 평화를 누립니다. 시편에도 이렇게 나옵니다. "당신의 가르침을 사랑하는 이들에게는 큰 평화가 있고 무엇 하나 거칠 것이 없습니다."(시편 119,165) 하느님만이 우리 갈망을 채워 주실 수 있으니 말입니다. 바오로 사도는 이에 대해 "하느님께서는 우리 마음보다 더 위대하시기 때문"이라고 했고, 아우구스티노 성인은 "오, 주님! 주님께서는 당신을 위하여 저희를 창조

---

[137] 원문에는 '악인들'이 아니라 '무신론자들'로 되어 있다.

하셨습니다. 우리 마음은 당신 안에서 평온을 찾을 때까지 불안합니다."[138]라고 했습니다. 시편에도 이런 구절이 있습니다. "그분께서 네 한평생을 복으로 채워 주시어."(시편 103,5)

드높은 존엄성

1151 피조물이란 거룩한 임금님이신 하느님을 섬기는 종들입니다. 하느님께서 만드셨으니 마땅히 하느님을 섬겨야 하지 않겠습니까? 예술 작품이 예술가에게 그렇듯이 말입니다. 그런데 우리는 사랑 덕분에 종의 신분에서 자유인이자 그분의 친구가 되었습니다. 주님께서는 사도들에게 이렇게 말씀하셨습니다. "나는 너희를 더 이상 종이라고 부르지 않는다. 종은 주인이 하는 일을 모르기 때문이다. 나는 너희를 친구라고 불렀다."(요한 15,15)

1152 여기에 나오는 종에도 두 가지 부류가 있습니다. 하나는 두려움을 가지고 고통스럽게 종살이하는 이들로서, 수고를 인정받지 못한 채 살아갑니다. 오직 벌의 두려움이 큰 탓에 죄가 되는 일을 멀리하지만, 아무 공로도 이루어 내지 못하지요. 이들의 삶은 종살이로 끝나고 말 것입니다. 두 번째는 사랑으로 종살이하는 이들입니다. 하느님의 정의로운 심판이 두려워서가 아니라 하느님을 향한 사랑으로 행동하는 사람들이지요. 그러므로 종이 아니라 자유인이

---

[138] 아우구스티노 《고백록》 1.1.1.

라 불러야 마땅합니다. 구세주께서는 사도들에게 "나는 너희를 더 이상 종이라고 부르지 않는다."라고 말씀하셨습니다. 그 이유는 무엇일까요? 바오로 사도는 이렇게 말했습니다. "여러분은 사람을 다시 두려움에 빠뜨리는 종살이의 영을 받은 것이 아니라, 여러분을 자녀로 삼도록 해 주시는 영을 받았습니다."(로마 8,15)

요한 사도는 이렇게 전합니다. "사랑에는 두려움이 없습니다. 두려움은 고통이지만, 사랑은 희열이기 때문입니다."(*1요한 4,18 참조) 사랑 덕분에 우리는 그분의 자녀가 되었습니다. 요한 사도의 이야기처럼 "우리가 하느님 자식이라 불리고 또 하느님 자식이 되도록 하셨"기 때문입니다.(*1요한 3,1 참조) 낯선 사람이라도 상속권을 얻으면 자식이 됩니다. 우리는 사랑 덕분에 하느님의 유산, 영원한 생명에 대한 권리를 얻습니다. "성령께서 몸소, 우리가 하느님의 자녀임을 우리의 영에게 증언해 주십니다. 자녀이면 상속자이기도 합니다. 우리는 하느님의 상속자입니다. 그리스도와 더불어 공동 상속자인 것입니다."(로마 8,16-17) "그런데 어떻게 하여 저자가 하느님의 아들 가운데 들고 거룩한 이들과 함께 제 몫을 차지하게 되었는가?"(지혜 5,5)

3) 사랑 키우기

1153 사랑이 주는 이로움이 얼마나 큰지 충분히 밝혀졌습니다.

그런데 홀로 사랑을 피워 올릴 수 있는 사람은 없습니다. 사랑은 하느님의 순수한 은총의 선물입니다. 요한 사도는 이렇게 말합니다. "우리가 하느님을 사랑하는 것처럼 보이지만, 그것이 아니라 하느님께서 우리를 먼저 사랑하셨다."(*1요한 4,10 참조) 우리가 하느님을 사랑하는 것 자체가 하느님 사랑의 한 작용일 뿐이라는 것입니다.

1154 선물은 모두 "빛의 아버지"(야고 1,17)에서 옵니다. 그중에서도 이 선물, 즉 하느님 사랑이야말로 더없이 훌륭한 선물입니다. 사랑이 있으면 반드시 성령도 함께 계십니다. 바오로 사도는 "우리가 받은 성령을 통하여 하느님의 사랑이 우리 마음에 부어졌기 때문입니다."(로마 5,5)라고 말했습니다. 반면에 말의 은사, 언어의 은사, 지식의 선물, 예언의 은사는 은총이나 성령 없이도 가질 수 있습니다.

1155 사랑이 하느님의 선물이라고는 하지만, 우리가 그것을 받으려면 준비를 해야 합니다. 사랑에 다다르기 위해서나 키우기 위해서는 두 가지가 꼭 필요합니다.

하느님 말씀에 귀 기울이고 말씀 읽기

누군가에게 좋은 소식을 들으면(읽으면), 우리 마음에 그 사람을 향한 사랑이 불붙습니다. 마찬가지로 우리가 하느님의 말씀을 듣거나 읽다 보면 하느님을 향한 사랑에 불꽃이 일게 됩니다. 시편에서도 이를 보여 주는 대목이 있습니다. "주님 말씀 불같아서 당신의 종이 그 말씀을 사랑합니다."(*시편 118,140 참조) 또 다른 구절도 있습니다. "주님의 말씀에 그는 불타올랐다."(*시편 104,19 참조) 하느님 사랑 앞에서 불처럼 달아오른 두 사도 역시 서로 비슷한 이야기를 합니다. "길에서 우리에게 말씀하실 때나 성경을 풀이해 주실 때 속에서 우리 마음이 타오르지 않았던가!"(루카 24,32) 또 사도행전에는 베드로 사도가 설교하자 그 말을 들었던 사람들에게 성령이 충만하였다는 구절도 나옵니다. 사람들이 모질고 딱딱하게 굳은 마음으로 왔다가 그 말씀에 감동하여 하느님 사랑의 불꽃이 이는 경우가 아주 많습니다.

관상

1156 사랑을 일깨우는 둘째 수단은 묵상(contemplatio, 관상)입니다. 특히 하느님의 친절하심에 관한 묵상입니다. 시편에 이런 말이 있습니다. "마음이 달아오르고, 그 생각이 들면 불길이 솟았네."(*시편 39,4 참조) 그러니 여러분이 하느님 사랑에 다다르려면 부지런히 베풀어지는 은총을 묵상해야 합니다. 하느님께 받은 은혜, 가까스로 벗어난 위험, 하느님께서 약속하신 기쁨을 생각하면서도 하느님 사랑의 불꽃이 일지 않는다면, 그 사람의 마음은 가히 돌보다 단단하다 할 수 있을 것입니다. 아우구스티노 성인이 이런 말을 남겼습니다. "사랑을 선사할 줄 아는 것과는 거리가 멀다 치더라도 사랑

에 응답할 생각조차 없는 사람의 가슴은 모질기 그지없다."[139] 사악한 생각이 사랑을 파괴합니다. 반면에 선한 생각은 사랑을 키웁니다. 하느님께서 이사야 예언자를 통해 말씀하셨습니다. "내 눈앞에서 너희의 악한 행실들을 치워 버려라."(이사 1,16) 지혜서에도 비슷한 구절이 나옵니다. "비뚤어진 생각을 하는 사람은 하느님에게서 멀어진다."(*지혜 1,3 참조)

1157   사랑을 키우는 데에도 두 가지가 필요합니다.

세속의 일에서 마음 거두기

상반된 두 가지 일에 동시에 마음을 기울이기는 불가능합니다. 하느님과 세상을 동시에 사랑하지 못하는 이유가 바로 그 때문이지요. 세속적인 일에서 관심을 거둘수록 하느님을 향한 사랑이 더 탄탄해지기 마련입니다. 아우구스티노 성인이 말씀하셨습니다. "사랑을 죽이는 것은 현세의 재물을 손에 넣거나 지켜 내려는 욕망입니다. 거꾸로 사랑을 기르는 양식은 욕망을 줄이는 일입니다. 반면 사랑의 완성은 욕망이 아예 없는 것이니, 모든 악의 뿌리가 욕망이기 때문입니다." 자기 안에 사랑을 키우려면 갖은 열과 성을 다해 자기 안의 욕망을 줄이려는 노력을 기울여야 합니다.

---

[139] 아우구스티노 《입문자 교리교육》 4, 7.

1158 그런데 욕망이란, 세속의 재물을 차지하거나 지켜 내려는 마음이요, 욕심입니다. 이런 탐욕을 줄이는 일의 시작이 바로 하느님에 대한 두려움인데, 이 두려움은 사랑 없이는 생겨나질 않습니다. 바로 그래서 여러 수도회가 만들어졌고, 세속적이고 덧없는 것들에서 마음을 떼어 내어 거룩한 하느님의 일로 끌어올리려고 했습니다. 마카베오기 하권에 이에 관한 대목이 나옵니다. "그때까지 구름에 가렸던 해가 비치면서,"(2마카 1,22) 해, 곧 사람의 정신은 세속적인 일에 빠져 잠기면 구름에 가리고, 세속적인 일에 대한 집착에서 벗어나면 빛이 납니다. 그러면 인간 정신이 빛나고 마음속에는 거룩한 사랑이 자라납니다.

역경을 견뎌 내는 인내

1159 사랑을 키우는 또 다른 수단이 바로 역경 속에서 버티고 견디는 인내심입니다.[140] 우리가 사랑하는 사람을 위해 수고를 견딜 때, 그것으로 우리 사랑이 방해받는 것이 아니라 오히려 더 커지지 않습니까? 아가에도 이런 대목이 나옵니다. "큰물, 그러니까 수많은 고난도 사랑의 불을 끄지 못합니다."(*아가 8,7 참조) 그래서 하느님을 위해 고난을 무릅쓰는 성인들은 하느님을 향한 사랑 속에서 오히려 더 단단해집니다. 예술가가 가장 큰 수고를 들인 작품을 가장

---

140 《신학대전》 제2부 제2편 제136문 제3절.

사랑하는 것처럼 말입니다. 신앙인들은 하느님을 위해 견뎌 내야 할 고난이 많을수록 하느님을 향한 사랑 속에서 그만큼 더 성장합니다. 성경에 이런 말이 나옵니다. "물(고난)이 불어나자, 방주(교회 또는 의로운 이들의 영혼)가 떠올랐다."(*창세 7,17 참조)

하느님 사랑에 관하여

1160   예수님께서 수난을 당하시기 전에 율법 학자 한 사람이 율법에서 어느 계명이 으뜸이냐고 물었습니다. 그러자 예수님께서 대답하셨습니다. "'네 마음을 다하고 네 목숨을 다하고 네 정신을 다하여 주 너의 하느님을 사랑해야 한다.' 이것이 가장 크고 첫째가는 계명이다."(마태 22,37-38) 모든 계명 중에서 이것이 가장 크고 가장 중요하며 가장 이롭습니다.[141] 이 계명 속에 다른 계명들이 모두 담겨 있기 때문입니다.

1) 사랑의 계명을 이행하기 위해 필요한 것

1161   사랑의 계명을 온전히 이행하려면 네 가지가 필요합니다.

---

[141] 《신학대전》 제2부 제1편 제99문 제2절.

하느님의 자비에 대한 감사와 기억

지금 우리 자신을 비롯하여 우리가 가진 모든 것, 영혼이며 육신이며 겉으로 드러나는 다른 모든 재물은 하느님께 받은 것입니다. 그래서 우리는 무엇보다 하느님을 섬기고 온 마음으로 사랑해야 합니다. 은혜를 베푼 이를 사랑하지 않는다면 그야말로 배은망덕한 사람이지 않습니까? 다윗도 그런 마음으로 말했습니다. "모든 것은 당신에게서 오기에, 저희가 당신 손에서 받아 당신께 바쳤을 따름입니다."(1역대 29,14) 다윗의 찬양에 어울리는 성경 구절이 또 있습니다. "주님의 거룩하신 이름을 찬미하고 그 찬미가 이른 아침부터 성소에 울려 퍼지게 하였다."(집회 47,10)

하느님의 위대하심과 숭고하심에 대한 묵상

1162 "하느님께서는 우리의 마음보다 크시고 또 모든 것을 아시기 때문입니다."(1요한 3,20) 하느님께는 우리가 온 정성과 온 힘을 다 들여 섬기더라도 충분하지 않습니다. "주님께 영광을 드리고 그분을 높이 받들어라. 아무리 높이 받들어도 그분께서는 그보다 더 높으시다. 그분을 높이 받들 때 네 온 힘을 다하고 지치지 마라. 아무리 찬미하여도 결코 다하지 못한다."(집회 43,30)

세속의 일 벗어나기

1163 무엇이 되었든 하느님과 나란히 두고 대등하게 다룬다면,

이것이야말로 하느님을 능욕하는 일입니다. 이사야 예언자도 이렇게 말했습니다. "너희는 하느님을 누구와 비교하겠느냐?"(이사 40,18) 우리가 현세의 덧없는 것을 하느님과 동시에 사랑한다면, 그것이 바로 다른 무엇을 하느님과 같이 취급하는 것이라 할 수 있습니다. 그야말로 해서는 안 될 일입니다. 성경에도 이런 말이 나오지 않습니까? "침상은 좁아 하나는 떨어질 지경이고, 웃옷은 짧아 둘을 덮지 못하네."(*집회 28,20 참조) 여기서 좁은 침상과 짧은 웃옷은 사람 마음을 나타냅니다. 하느님과의 관계에서 사람 마음이 좁디좁다는 말입니다. 그래서 다른 것을 마음에 받아들이면, 하느님을 마음에서 몰아내는 격입니다. 하느님께서 이렇게 말씀하십니다. "주 너의 하느님인 나는 질투하는 하느님이다."(탈출 20,5) 하느님께서는 우리가 무엇이든 하느님만큼 혹은 하느님과 더불어 사랑하는 것을 바라지 않으십니다.

죄에서 피하기

1164 사람이 죄와 가까우면 하느님을 온전히 사랑할 수 없습니다. 구세주께서도 이렇게 말씀하셨습니다. "너희는 하느님과 재물을 함께 섬길 수 없다."(마태 6,24) "아, 주님, 제가 당신 앞에서 성실하고 온전한 마음으로 걸어왔고, 당신 보시기에 좋은 일을 해 온 것을 기억해 주십시오."(이사 38,3) 엘리야 예언자도 이렇게 말합니다. "여러분은 언제까지 양다리를 걸치고 절뚝거릴 작정입니까?"(1열왕

18,21) 양다리를 걸치고 이편으로 기웃, 저편으로 기웃하는 것처럼 죄인도 마찬가지입니다. 금방 죄를 지어 놓고는 다시 하느님을 찾으려고 합니다. 요엘 예언자를 통해 주님께서 말씀하십니다. "마음을 다하여 나에게 돌아오너라."(요엘 2,12)

1165 이 점과 관련하여 죄짓는 사람들은 두 부류입니다. 첫째는 육욕 같은 한 가지 죄는 피하면서 고리대금 같은 다른 죄를 짓는 사람들입니다. 야고보 사도는 이런 사람들을 이렇게 나무라십니다. "한 조목이라도 어기면, 율법 전체를 어기는 것이 됩니다."(야고 2,10) 둘째, 지은 죄 일부분만 고해하거나 죄를 나눠서 여러 사제에게 고해하는 사람들입니다. 이런 경우에는 고해성사가 소용이 없습니다. 오히려 그 바람에 새로운 죄만 더 짓게 되는 것입니다. 이는 하느님을 속이려 드는 짓입니다. 고해성사를 일부러 쪼개 나누는 짓입니다. 첫째 부류의 사람들에게 어울리는 말이 있습니다. "하느님께 절반의 용서를 바라는 것은 불경스럽다."[142] 둘째 부류의 사람들과 관련하여 성경에 이런 말이 나옵니다. "그분 앞에 너희 마음 쏟아 놓아라."(시편 62,9) 고해성사를 할 때에는 마음속에 있는 잘못을 모두 털어놓아야 한다는 의미입니다.

---

142 《신학대전》 제2부 제1편 제113문 제5절.

2) 하느님을 향한 사랑에서 바쳐야 할 것

1166 사람이 하느님께 스스로를 바쳐야 할 책임이 있다고 이야기하였으니, 이제 무엇을 바쳐야 할지 알아보기로 합시다. 사람이 하느님께 바쳐야 할 것은 네 가지, 바로 마음과 영혼과 정신과 힘입니다. 구세주께서 이렇게 말씀하십니다. "너는 너의 주 하느님을 온 마음, 온 영혼, 온 정신과 온 힘으로 사랑해야 한다."(*마르 12,30 참조) 온 힘과 기운을 주님께 온전히 바쳐야 한다는 말입니다.

마음

1167 여기서 마음이라고 하면 의도, '선한 생각'으로 이해해야 합니다. 의도에는 모든 것을 끌어당기는 힘이 있습니다. 그래서 아무리 선한 일이라도 악한 의도로 행하면 악한 일로 돌아서고 맙니다. 그래서 구세주께서 이렇게 말씀하셨습니다. "네 눈이 바르지 않으면, 네 몸도 어두워진다."(*루카 11,34 참조) 그러니까 네 의도가 바르지 않다면, 네가 이룬 선한 공적도 어두워진다는 말씀입니다. 우리 행동의 모든 의도는 하느님을 향해야 합니다. 바오로 사도는 우리를 이렇게 타이릅니다. "그러므로 여러분은 먹든지 마시든지, 그리고 무슨 일을 하든지 모든 것을 하느님의 영광을 위하여 하십시오."(1코린 10,31)

선한 의지

1168 선한 의도 하나만으로는 충분하지 않습니다. 선한 의지도 함께 있어야 합니다. 이것을 나타내는 표현이 바로 '영혼'입니다. 선한 의도에서 한 행동이지만 선한 의지가 없는 탓에 아무런 덕이 되지 못하는 일이 드물지 않습니다. 예컨대 가난한 사람을 먹이려고 도둑질했다면, 의도야 훌륭하지만 의지가 바르지 않습니다. 선한 의도였다 해서 나쁜 일이 용서되지는 않습니다. 바오로 사도의 이야기도 그렇습니다. "악한 일을 하여 선한 것이 생겨나게 하자고 말하는 사람들에 대한 처벌은 정당합니다."(*로마 3,8 참조) "주님의 뜻이 이루어지소서."라는 기도처럼 하느님의 의지와 일치한다면 선한 의도에 선한 의지가 있다고 할 수 있습니다. 시편에도 이런 대목이 나옵니다. "오 주여, 주님의 의지를 실천하는 게 제 의지입니다."(*시편 40,9 참조) 그래서 우리는 온 영혼을 바쳐 하느님을 사랑해야 합니다. 성경에서 이 '영혼'이라는 말이 의지로 쓰일 때가 많습니다. 바오로 사도가 히브리 사람들에게 보낸 편지에도 이런 대목이 있습니다. "그(의인)가 물러서면 내 영혼이 기꺼워하지 않는다."(*히브 10,38 참조)

의도와 의지 모두 선할 때

1169 의도와 의지가 모두 선한 경우도 많습니다. 반면에 정신에서 무언가 뒤집히기도 하는데, 그래서 바오로 사도의 말처럼 생각과 앎을 모두 하느님께 바쳐야 합니다. "모든 생각을 포로로 잡아

그리스도께 순종시킵니다."(2코린 10,5) 행동으로는 죄를 짓지 않는다고 해도 죄가 되는 생각에 빠져드는 일이 잦습니다. 하느님께서는 예언자의 입을 통해 그런 사람들에게 소리치십니다. "내 눈앞에서 너희의 악한 행실들을 치워 버려라."(이사 1,16) 저 자신의 지혜를 믿고 제 이성을 신앙 아래에 두려고 하지 않는 사람들도 많습니다. 그런 사람들의 정신은 하느님을 향하지 않습니다. 이런 사람들에게 해당하는 지혜로운 이의 말이 있습니다. "네 마음을 다하여 주님을 신뢰하고 너의 예지에는 의지하지 마라."(잠언 3,5)

하느님께 힘과 기운 바치기

1170 우리의 힘과 기운을 하느님께 바쳐야 합니다. 시편에도 이런 말이 있습니다. "저는 주님께만 매달리겠어요. 오, 하느님, 주님만이 저의 보호자이시기에."(*시편 59,10 참조) 죄짓는 일에 기운을 쓰면서 힘을 과시하는 사람들에게 이사야 예언자는 소리칩니다. "불행하여라, 술 마시는 데에는 용사들이요 독한 술을 섞는 데에는 대장부인 자들!"(이사 5,22) 이웃을 도와주는 일에 써야 할 힘과 기운을 이웃을 해치는 일에 쏟는 사람들도 있습니다. 성경에 이런 말이 있습니다. "죽음에 사로잡힌 이들을 구해 내고 학살에 걸려드는 이들을 빼내어라."(잠언 24,11) 그러니 하느님을 사랑하려거든 의도와 의지와 정신과 힘을 모두 그분께 바쳐야 합니다.

이웃 사랑에 관하여

1171 어느 계명이 가장 크냐는 물음에 그리스도의 대답은 두 가지였습니다. 첫째, "주 너의 하느님을 사랑해야 한다."(마태 22,37) 이에 관해서는 앞에서 다루었습니다. 둘째 대답은 "이웃을 너 자신처럼 사랑해야 한다."(마태 22,39)입니다.

1) 이웃 사랑의 동인

이 계명을 따르면 계율 전체를 완수하는 것입니다. 바오로 사도의 이야기처럼 "사랑이 율법의 완성"이기 때문입니다(*로마 13,8 참조). 이웃을 사랑하도록 우리를 이끄는 동인은 네 가지입니다.

하느님 사랑

1172 요한 사도는 이런 이야기를 했습니다. "'나는 하느님을 사랑한다.' 하면서 자기 형제를 미워하면, 그는 거짓말쟁이입니다."(1요한 4,20) 누군가를 사랑한다면서 그 아들이나 수족을 미워한다면, 그것은 거짓말입니다. 그리스도인인 우리는 그분의 자녀요, 지체입니다. 바오로 사도의 이야기도 그러합니다. "여러분은 그리스도의 몸이고 한 사람 한 사람이 그 지체입니다."(1코린 12,27) 이웃을 미워하는 사람은 하느님을 사랑하는 것이 아닙니다.

하느님의 계명

1173 그리스도께서 떠나시기 전에 사도들에게 명심하라고 하신 말씀이 있습니다. "이것이 나의 계명이다. 내가 너희를 사랑한 것처럼 너희도 서로 사랑하여라."(요한 15,12) 그러니 이웃을 미워하는 사람이 하느님의 계명을 지킬 리 없고, 이웃 사랑이야말로 하느님 계명 준수의 증거입니다. 주님께서도 이 사실을 지적하십니다. "너희가 서로 사랑하면, 모든 사람이 그것을 보고 너희가 내 제자라는 것을 알게 될 것이다."(요한 13,35) 주님의 말씀은 죽은 이들을 살려 내거나 사람들 이목을 끄는 어떤 이적들에서 사람들이 너희가 나의 제자라는 것을 알아본다는 것이 아니라, 너희들이 서로 사랑하는 것을 보고 그런 사실을 안다는 것입니다. 요한 사도는 그 말씀을 마음에 잘 새겼기에 이렇게 말합니다. "우리가 이미 죽음에서 생명으로 건너갔다는 것을 압니다."(1요한 3,14) 어째서 그렇겠습니까? 요한 사도의 말처럼 "우리는 형제들을 사랑하기 때문"(1요한 3,14)입니다.

자연 공동체

1174 짐승도 저마다 제 족속을 사랑한다고 성경에 나옵니다(*집회 13,15 참조). 본성에 비추어 보자면 사람들은 모두 같은 족속이니, 서로 사랑할 수밖에 없습니다. 그래서 이웃에 대한 미움은 하느님의 법을 거스를 뿐만 아니라 자연의 법칙에도 어긋납니다.

큰 이로움

1175 이웃 사랑은 큰 이로움을 줍니다. 사랑을 전하는 한 사람의 선의와 재산이 다른 이에게도 이롭기 때문입니다. 이웃 사랑으로 교회는 하나가 되고, 모든 것을 공유할 수 있습니다. "저는 당신을 경외하는 모든 이들의, 당신의 규정을 지키는 모든 이들의 벗입니다."(시편 119,63)

2) 이웃 사랑의 질서

1176 "네 이웃을 너 자신처럼 사랑해야 한다."라는 이 이웃 사랑의 계명은 하느님 법의 둘째 계명입니다. 이웃 사랑의 방법은 "너 자신처럼"[143]이라고 덧붙인 말에서 찾을 수 있습니다. 이 덧붙은 말이 이웃 사랑에서 깊이 살펴야 할 다섯 가지로 이어집니다.

자기 자신처럼 사랑하기

정말로vere 자기 자신처럼 이웃을 사랑해야 합니다. 그것은 우리를 위해서가 아니라 그 당사자를 위해서 사랑할 때 이루어지는 것입니다.

1177 사랑에는 세 가지 종류가 있습니다. 첫째는 그저 이로움을

---

[143] 《신학대전》 제2부 제2편 제44문 제7절-8절.

바라는 사랑입니다. 성경에 이와 관련해 이런 말이 나옵니다. "식탁의 친교나 즐기는 친구도 있으니 그는 네 고난의 날에 함께 있어 주지 않으리라."(집회 6,10) 이런 사랑은 분명 진짜 사랑이 아닙니다. 이로움이 사라지는 순간 사라지기 때문입니다. 그런 사랑을 할 때 바라는 것은 제 이익이지 그 이웃의 이익이 아닙니다. 둘째는 제 충동 때문에 하는 사랑입니다. 이 또한 참된 사랑은 아니니, 충동이 사라지자마자 사랑도 사라지고 말기 때문입니다. 이러한 사랑은 이웃이 아닌 자신의 이로움만 추구합니다. 셋째가 덕으로 베풀어지는 사랑입니다. 이 사랑만 참된 사랑입니다. 그 사랑이야말로 이웃의 행복을 위한 사랑입니다.

도리에 따른 사랑

1178 이웃에 대한 사랑은 도리ordinate에 따른 것이어야 합니다.[144] 하느님 사랑보다 더하거나 같은 정도여서는 안 되고, 우리 자신을 사랑하는 정도여야 합니다. 아가에 이런 대목이 있습니다. "그분이 내 안에 사랑을 (도리에 맞게) 정돈해 주셨어요."(*아가 2,4 참조)[145] 주님께서도 사랑의 도리를 가르치십니다. "아버지나 어머니를 나보다 더 사랑하는 사람은 나에게 합당하지 않다. 아들이나 딸을 나보다

---

[144] 《신학대전》 제2부 제2편 제26문.

[145] 독일어판은 아가 2장 4절을 인용하나 우리말 의 해당 부분은 이와 다른 내용이다.

더 사랑하는 사람도 나에게 합당하지 않다."(마태 10,37)

보람 있는 이웃 사랑

1179   이웃 사랑은 모름지기 보람efficaciter이 있어야 합니다. 자신을 사랑한다는 것은 악을 멀리하며 좋은 것을 얻을 수 있도록 열과 성을 다하는 것입니다. 이웃에게도 똑같이 그래야 합니다. "자녀 여러분, 말과 혀로 사랑하지 말고 행동으로 진리 안에서 사랑합시다."(1요한 3,18) 입에 발린 사랑을 하면서 마음으로는 못된 생각을 품는 사람이야말로 더없이 나쁜 사람들입니다. 그런 사람을 두고 시편에 이런 말이 나옵니다. "그들은 자기 이웃들에게 평화를 말하지만, 마음에는 악이 도사리고 있습니다."(시편 28,3) 바오로 사도가 로마 신자들에게 보낸 편지에도 이런 글귀가 있습니다. "사랑은 거짓이 없어야 합니다."(로마 12,9)

꾸준한 이웃 사랑

1180   우리 자신에 대한 사랑이 끊임없듯이 이웃을 향한 사랑도 꾸준해야perseveranter 합니다. "친구란 언제나 사랑해 주는 사람이고 형제란 어려울 때 도우려고 태어난 사람이다."(잠언 17,17) 불행할 때도 행복할 때처럼 친구로 남아야 합니다. 불행한 순간일수록 그런 친구로 머물러 주어야 합니다.

1181   우정을 꾸준히 지켜 가려면 특히 두 가지 덕목의 도움이 필

요합니다. 첫째가 인내입니다. "성을 잘 내는 사람은 싸움을 일으키"기 마련입니다(*잠언 26,21 참조). 둘째가 인내의 바탕을 이루는 겸손입니다. 성경에도 이런 말이 나옵니다. "오만한 사람들 사이에는 불화가 끊이지 않는다."(*잠언 13,10 참조) 저 자신만 높다고 생각하고 이웃을 업신여기는 사람은 이웃의 모자람을 견디지 못합니다.

거룩하고 바른 이웃 사랑

1182 이웃 사랑은 거룩하고sancte 바른 방법이어야 합니다. 이를테면 이웃과 함께 죄를 범하려고 사랑한다는 것은 말이 되지 않습니다. 그런 방식으로 자신을 사랑하지는 않습니다. 구세주께서도 이렇게 타이르십니다. "나는 아름다운 사랑과 경외심의 어머니요."(집회 24,18), "너희는 내 사랑 안에 머물러라."(요한 15,9)

3) 이웃 사랑에 대한 오해와 원수의 사랑

유다인과 바리사이인의 오해

1183 "이웃을 너 자신처럼 사랑해야 한다."(마태 22,39) 유다인과 바리사이들은 이웃 사랑의 계명을 잘못된 의미로 해석합니다. 하느님께서 오로지 친구들만 사랑하라고 명하셨다고 생각했기 때문입니다. '이웃'이란 말을 '친구'로만 해석해서 그렇습니다. 그리스도께서 이 그릇된 해석을 바로잡으시려고 이렇게 말씀하셨습니다. "너

희는 원수를 사랑하여라. 그리고 너희를 증오하는 이들에게 선행을 베풀며, 너희를 박해하는 이들을 위해 기도하여라."(*마태 5,44 참조)

1184 제 형제를 증오하는 사람이 은총을 받는 일이 없다는 데에는 의심의 여지가 없습니다. 요한 사도는 이렇게 말합니다. "자기 형제를 미워하는 자는 어둠 속에 있습니다."(1요한 2,11)

죄는 미워해도 사람은 사랑하라

이 부분이 모순 같지만, 다음 구절처럼 성인들도 더러는 누군가를 미워합니다. "더할 수 없는 미움으로 그들을 미워합니다."(시편 139,22) 복음서에도 이런 대목이 있습니다. "누구든지 나에게 오면서 자기 아버지와 어머니, 아내와 자녀, 형제와 자매, 심지어 자기 목숨까지 미워하지 않으면, 내 제자가 될 수 없다."(루카 14,26)

1185 그리스도께서 행하시는 방식을 통해 이 모순은 풀립니다. 하느님께서 사랑하시고 미워하시는 것은 그 사람 자체와 그의 죄, 두 가지 면에서 생각해 보아야 합니다. 사람은 사랑하지만, 그의 죄는 미워합니다. 만약 어떤 사람이 지옥에 가기를 바란다면, 그건 그 사람 자체를 미워하는 것입니다. 그런데 그 사람의 회개를 바란다면, 그 사람의 죄를 미워하는 것입니다. 죄는 언제나 미워할 수밖에 없습니다. 성경에도 이를 생각하게 하는 구절이 나옵니다. "당신께서는 나쁜 짓 하는 자들을 모두 미워하시고."(시편 5,6) 또 이런 구절도 나옵니다. "당신께서는 존재하는 모든 것을 사랑하시며 당신께

서 만드신 것을 하나도 혐오하지 않으십니다."(지혜 11,24) 하느님께서는 사람을 사랑하시고 죄를 증오하십니다.

더 큰 선을 위한 의로운 벌

1186 건강할 때는 못된 행동을 하다가 병에 걸리면 선해지는 사람들, 이기적으로 살다가 불행 중에 하느님을 찾는 사람들이 있습니다. "불행이 말씀의 뜻을 깨닫게 가르친다."(*이사 28,19 참조)[146]라는 이사야 예언자의 말처럼, 하느님께서는 종종 이런 방식을 택하십니다. 또 더 큰 선을 위해 이웃에게 상처를 줄 때도 있습니다. 교회를 혼란스럽게 만든 독재자의 불행을 바란다면 그것은 교회의 평화를 기대하는 마음이 크기 때문입니다. 마카베오기 하권에 이와 유사한 구절이 있습니다. "사악한 자들에게 벌을 내리신 우리 하느님께서는 모든 일에서 찬미받으소서!"(2마카 1,17) 이러한 태도는 모든 이가 추구해야 하며, 행동으로도 실천해야 합니다. 악한 자들을 정의로운 방법에 따라 처벌하는 것은 죄가 아닙니다.[147] 오히려 그런 일을 하는 사람들은 바오로 사도의 이야기(*로마 13,4 참조)처럼 하느님의 일꾼으로서 사랑의 계명을 깊이 새기고 지킨 것입니다. 벌은 교정

---

[146] 독일어 성경에는 유사한 의미가 되나, 우리말 《성경》 이사야서 28장 19절 뒷부분은 "그 소식을 듣는 것만으로도 놀랄 수밖에 없으리라."이다.

[147] 《신학대전》 제2부 제2편 제64문 제2절-3절.

을 위해, 더 높은 하느님의 선을 위해 내려집니다. 결국 한 개인의 생명보다는 공동체 전체의 생명이 더 높은 선이기 때문입니다.[148]

최선의 이웃 사랑

1187 이웃에게 나쁜 일이 일어나길 바라지 않는 것만으로는 충분하지 않습니다. 오히려 그 사람의 행복을 빌어 주어야 하는데, 이는 바로 하느님을 향한 덕이 자라고 영원한 구원을 얻는 길입니다. 그렇게 해야 하는 이유는 첫째, 이웃이 하느님의 창조물로서 영원한 생명에 참여할 수 있는 존재이며 둘째, 우리와 더욱 특별한 관계로 발전할 수 있는 사이이기 때문입니다. 보편적인 사랑에서는 그 어떤 사람도 배제되어서는 안 됩니다. 각자는 상대방을 위해 기도하고, 극심한 고난에 처한 이가 있다면 적극적으로 도와야 합니다.

나를 위한 용서

나에게 상처를 준 사람과 우정어린 관계를 만들 의무는 없습니다. 그가 먼저 용서를 청하고 내가 받아들인다면 친구가 될 수 있을 것이고, 그를 내친다면 증오하는 마음이 큰 것이겠지요.[149] "너희가 다른 사람들의 허물을 용서하면, 하늘의 너희 아버지께서도 너희를

---

148 《신학대전》 제2부 제2편 제25문 제6절.
149 《신학대전》 제2부 제2편 제25문 제8절; 제83문 제8절.

용서하실 것이다. 그러나 너희가 다른 사람들을 용서하지 않으면, 아버지께서도 너희의 허물을 용서하지 않으실 것이다."(마태 6,14-15) 그래서 "저희에게 잘못한 이를 저희도 용서하였듯이 저희 잘못을 용서하시고"(마태 6,12)라는 대목이 주님의 기도와 성경에 나옵니다.

4) 용서가 좋은 다섯 가지 이유

1188 나에게 상처를 준 이를 일부러 찾아가 화해할 필요는 없지만, 용서를 청하는 이가 있다면 용서해야 합니다. 그런 이들을 가까이 다가오게 하는 것은 여러모로 좋습니다.

자기 존엄성 지키기

우리 존재가 다양한 것처럼 각자 존엄성을 드러내는 방식도 다양합니다. 그 누구도 그 방식을 무시하거나 함부로 내쳐서는 안 됩니다. 존엄성을 드러내는 방법 중 최고는 우리가 하느님의 자녀라는 표현이고 그것은 원수를 사랑하는 행동에서 드러납니다. "너희는 원수를 사랑하여라."(마태 5,44) 구세주께서 큰소리로 말씀하셨습니다. "그래야 너희가 하늘에 계신 너희 아버지의 자녀가 될 수 있다."(마태 5,45) 친구만 사랑한다면 하느님 자녀 됨의 표식이랄 것이 없습니다. 이교도나 죄인들도 그렇게 하기 때문입니다.

승리의 쟁취

1189 사람이면 누구나 승리하기를 바랍니다. 자신에게 상처를 준 사람을 선함과 친절을 다하여 사랑으로 끌어올리는 사람이야말로 승자라 할 수 있습니다. 그렇지 못하고 증오하는 마음만 가진다면 패자가 되고 맙니다. 바오로 사도는 이렇게 타이르십니다. "악에 굴복당하지 말고 선으로 악을 굴복시키십시오."(로마 12,21)

다양한 이로움

1190 다음 구절처럼 행동하면 친구가 많이 생깁니다. "그대의 원수가 주리거든 먹을 것을 주고, 목말라하거든 마실 것을 주십시오. 그렇게 하는 것은 그대가 숯불을 그의 머리에 놓는 셈입니다."(*로마 12,20 참조)[150] 아우구스티노 성인도 이렇게 말했습니다. "원수를 사랑으로 데려오는 데 사랑으로 먼저 나서는 것보다 더 나은 길은 없다."[151] 비록 먼저 나서서 사랑을 주지는 못하더라도 자신을 향한 사랑마저 물리칠 만큼 냉혹한 사람은 없습니다. 그래서 집회서에 이런 구절이 있습니다. "충실한 친구는 그 무엇과도 비교할 수 없

---

[150] 불과 몇십 년 전만 해도 아궁이에 불을 꺼트리는 것을 큰 잘못으로 알았다. 성경 시대 유다 지방을 생각하며 이 구절을 살펴보면, 화덕 혹은 화로의 불을 꺼트린 사람이 이웃집에 불씨를 얻으려고 화덕을 머리에 이고 가는 장면을 그려 볼 수 있다. 그 화로 위에 기꺼이 불씨를 얹어 주는 것은 그만큼 큰 은혜에 해당한다.

[151] 아우구스티노 《입문자 교리교육》 4. 7.

다."(*집회 6,15 참조) 또 잠언에는 이런 대목이 있습니다. "사람의 길이 주님 마음에 들면 원수들도 그와 화목하게 해 주신다."(잠언 16,7)

더 큰 기도의 힘

1191 거기서 더 큰 기도의 힘이 샘솟습니다. 주님께서 예레미야 예언자의 입을 통해 말씀하셨습니다. "모세와 사무엘이 내 앞에 서서 간청하더라도, 내 마음을 이 백성에게 돌리지 않겠다."(예레 15,1) 하느님께서 굳이 이 두 사람의 이름을 언급하신 이유는 둘 다 원수를 위해 기도하였기 때문입니다. 그리스도께서도 십자가에서 원수를 위해 기도하셨습니다. "아버지, 저들을 용서해 주십시오. 저들은 자기들이 무슨 일을 하는지 모릅니다."(루카 23,34) 스테파노 성인도 원수를 위한 기도로 교회에 큰 이로움을 가져다 주었습니다. 바오로 사도를 개종시켰으니 말입니다.

죄 벗겨 내기

1192 우리 모두 죄에서 벗어나기를 청해야 합니다. 우리는 자주 죄를 지으면서도 하느님을 찾지 않습니다. 병이나 재난을 통해 우리를 당신 가까이 데려가는 분이 하느님이십니다. "내 너의 길을 가시나무로 막고 담을 쳐서 막으리라."(*호세 2,8 참조) 바오로 사도도 시편의 대목처럼 하느님께서 이끌어 주셨습니다. "길 잃은 양처럼 헤매니 당신의 종을 찾으소서."(시편 119,176) "나를 당신에게 끌어 주셔

요."(아가 1,4) 하느님께서 우리를 끌어 주시는 은총은 우리가 원수를 먼저 용서할 때 얻습니다. 구세주께서도 말씀하십니다. "너희가 무슨 자로 재든, 그 똑같은 자로 너희를 재리라. 용서하라. 그러면 너희도 용서받으리라."(*루카 6,37 참조) 또 이런 대목도 있습니다. "행복하여라, 자비로운 사람들! 그들은 자비를 입을 것이다."(마태 5,7) 자신에게 상처 준 이를 용서하는 것보다 더 큰 자비는 없습니다.

II

십계명

들어가는 말

1193 그리스도 법의 바탕은 참사랑입니다. 그것은 하느님 사랑과 이웃 사랑의 두 계명으로 나눠집니다.

이제 하느님께서 시나이산에서 모세에게 건네 주신 계명에 관한 이야기로 넘어가 봅시다. 먼저 십계명은 하느님께서 친히 석판 두 개에 새겨 주셨다(*탈출 31,18; 탈출 32,15-16; 신명 9,9-11 참조)는 사실부터 이야기해 두어야겠습니다. 첫째 석판에 써 주신 처음 세 계명은 하느님 사랑과 관계가 있습니다. 그리고 나머지 일곱 계명은 둘째 석판에 새겨졌는데, 이웃 사랑과 연결됩니다.[152] 그러니까 율법 전체가 이 계명들을 토대로 합니다.

제1계명: 한 분이신 하느님을 흠숭하여라

1) 옛사람들이 이 계명을 어긴 방식

1194 첫째 계명은 하느님 사랑과 연결되는데, "내 곁에 낯선 신들을 두지 마라."는 내용입니다(탈출 20,3 참조). 이 계명을 더 잘 이해하려면 옛날 사람들이 이 계명을 여러 차례 위반했다는 사실을 떠올려야 합니다.

악령 숭배

사람들은 더러 악령을 숭배하기도 했습니다.[153] 시편에서도 말합니다. "이방인들의 신은 모두 악령들이다."(*시편 95,5 참조) 이것은 끔찍한 죄입니다.[154] 오늘날에도 이 계명을 어기는 이들이 많습니다.

---

152 《신학대전》 제2부 제1편 제100문 제4-5절.
153 《신학대전》 제2부 제2편 제94문 제1절.
154 《신학대전》 제2부 제2편 제94문 제3절.

점이나 점성술 따위에 관여하는 사람들이 그런 경우입니다. 아우구스티노 성인의 가르침처럼, 악마와 일종의 계약 같은 것을 맺지 않고서는 그런 일이 일어날 수 없습니다.[155] 바오로 사도 또한 이런 죄를 극구 반대하시며 물리쳤습니다. "나는 여러분이 마귀들과 상종하는 자가 되지 않기를 바랍니다."(1코린 10,20) 그리고 이런 구절이 이어집니다. "여러분이 주님의 잔도 마시고 마귀들의 잔도 마실 수는 없습니다."(1코린 10,21)

일월성신 숭배

1195 또 별을 신으로 여기면서 천체를 숭배하기도 합니다. 지혜서에 이런 구절이 나옵니다. "저들은 해와 달을 세상을 다스리는 신들로 여겼다."(*지혜 13,2 참조) 그래서 모세는 유다인들이 눈을 들어 하늘을 우러르며 해와 달과 별을 숭배하는 것을 금했습니다. "너희는 오로지 조심하고 단단히 정신을 차려……."(신명 4,9) 모세가 이스라엘 사람들에게 소리칩니다. "너희는 하늘로 눈을 들어, 해나 달이나 별 같은 어떤 천체를 보고 유혹을 받아, 그것들에게 경배하고 그것들을 섬겨서는 안 된다. 그것들은 주 너희 하느님께서 온 하늘 아래에 있는 다른 모든 민족들에게 주신 몫이다."(신명 4,19) 별이 영혼을 인도한다고 가르치는 점성술사들이 이 계명을 거스르는 죄를 짓

---

[155] 아우구스티노 《그리스도교의 가르침》 제2권 제23장 36.

습니다. 정작 별은 사람의 지배자인 오직 한 분이신 하느님께서 만드신 것인데 말입니다.

불과 바람과 세속의 일 숭배

1196 '불이나 바람'을 세속을 통치하는 신들로 여기면서(*지혜 13,2 참조) 이런 낮은 차원의 요소들을 숭배하는 이들도 있습니다. 세속의 일에 너무나 마음을 빼앗긴 나머지 그것을 오용하는 사람들 또한 이 오류에 빠집니다. 그래서 바오로 사도는 그런 탐욕을 우상 숭배로 선언합니다(*에페 5,5 참조).

인간 숭배

1197 망상 속에서 인간을 숭배하는 이들도 있습니다. 자신이나 다른 사람을 말입니다. 이것의 원인은 세 가지입니다.

첫째, 감각 때문입니다. "때 이르게 자식을 잃고 슬픔에 잠긴 아비가 갑자기 빼앗긴 자식의 상을 만들어 조금 전까지만 해도 죽은 사람에 지나지 않던 것을 신으로 공경하며 자기 권솔에게 비밀 의식과 제사를 끌어들였다."(지혜 14,15)

둘째, 아첨에서 비롯합니다. 곁에 없는 누군가를 공경할 수 있도록 모상을 만든 다음, 그 사람 대신 공경하는 식이니 말입니다.[156]

---

[156] 《신학대전》 제2부 제2편 제90문 제4절.

"또 멀리 살아 군주를 눈앞에서 공경하지 못하는 사람들은 멀리에서 그 모습을 속으로 그리며 자기들이 공경하는 그 임금의 상을 눈에 띄게 만들고서는 열성에 겨워 자리에 있지도 않은 자에게 마치 있는 것처럼 아첨한다."(지혜 14,17) 사람을 하느님보다 더 사랑하고 공경할 수는 없습니다. 이런 사람들에게 딱 맞는 성경 말씀이 있습니다. "아버지나 어머니를 나보다 더 사랑하는 사람은 나에게 합당하지 않다."(마태 10,37) 시편에는 이런 구절도 있습니다. "너희는 제후들을 믿지 마라, 구원을 주지 못하는 인간을."(시편 146,3)

셋째, 오만 때문입니다. 오만한 나머지 저 자신을 신으로 부르게 하는 사람들이 많지 않습니까? 네부카드네자르 임금이 그렇습니다. 유딧기에 이런 대목이 나옵니다. 네부카드네자르 임금이 홀로페르네스에게 명하여 "세상의 신들을 모두 없애 버리라." 했고, "모든 민족들이 네부카드네자르만 섬기고, 말이 다른 종족들과 부족들이 모두 그를 신으로 받들어 부르게" 하였습니다(유딧 3,2-8 참조). 에제키엘서에도 이런 대목이 나옵니다. "주 하느님이 이렇게 말한다. 너는 마음이 교만하여 '나는 신이다. 나는 신의 자리에, 바다 한가운데에 앉아 있다.' 하고 말한다. 너는 신이 아니라 사람이면서도 네 마음을 신의 마음에 비긴다."(에제 28,2) "그러므로 나 이제 이방인들을, 가장 잔혹한 민족들을 너에게 끌어들이니."(에제 28,7)

하느님의 계명보다 제 감각을 따르는 이들은 자신을 신으로 모시는 것입니다. 육신의 욕망에 골몰하면서 떠받들고 있으니 말입니다. 바오로 사도는 이런 사람들을 보고 이렇게 말씀하셨습니다. "그들은 자기네 배[腹]를 하느님으로, 자기네 수치를 영광으로 삼으며 이 세상 것만 생각합니다."(필리 3,19) 우리 그리스도인들은 이런 죄를 삼가야 합니다.

2) 첫 계명을 준수해야 할 이유

1198 "한 분이신 하느님을 흠숭하여라." 앞서 이야기했듯이 제1계명은 다른 무엇을 신으로 경배하는 것을 금지합니다. 이 계명을 준수하려면 다음 다섯 가지 원인을 규명해야 합니다.

하느님의 엄위하심

우리가 하느님의 존엄하심을 인정하지 않는다면, 그것은 하느님께 부당함을 끼치는 일입니다. 인간관계를 유추해 보면 쉽게 이해할 수 있습니다. 존엄성에는 공경하는 마음이 어울립니다. 임금님께 드려야 할 것을 드리지 않는 것은 잘못입니다.[157] 하느님을 상대로 이 부당함을 저지르는 자들이 많습니다. 바오로 사도는 이런 사람들을 두고 이렇게 말합니다. "그리고 불멸하시는 하느님의 영광을 썩어 없어질 인간과 날짐승과 네발짐승과 길짐승 같은 형상으로

---

157 《신학대전》 제2부 제1편 제94문 제3절.

바꾸어 버렸습니다."(로마 1,23) 하느님께서 몹시 언짢아하시는 죄입니다. 그래서 예언자의 입을 통해 이렇게 말씀하셨습니다. "나는 내 영광을 남에게 돌리지 않고 내가 받을 찬양을 우상들에게 돌리지 않는다."(이사 42,8)

1199 라틴어로 하느님을 의미하는 데우스Deus는 전지전능하고 빛나는 분이라는 뜻입니다.[158] 이는 신성의 특징 중 하나입니다. "너희가 신이라는 것을 우리가 알 수 있도록 다가올 일들을 알려 보아라."(이사 41,23) "그분 눈에는 모든 것이 벌거숭이로 드러나 있습니다."(히브 4,13) 그런데 이런 영광을 점쟁이가 앗아 갑니다. 그런 점쟁이를 겨냥한 이사야 예언자의 말씀이 있습니다. "속살거리며 중얼대는 영매들과 점쟁이들에게 물어보아라. 백성마다 자기네 신들에게 물어보고, 산 자들에 대하여 죽은 자들에게 물어보아야 하지 않느냐?"(이사 8,19)

하느님의 관대하심

1200 좋은 것은 모두 하느님께 받은 것입니다. 값진 것은 모두 다 하느님께서 창조하시어 나누어 주셨다는 점에서 하느님께서는 다시 한번 존엄하십니다. 시편에 이런 구절이 있습니다. "당신 손을

---

[158] [원주] 데우스Deus의 어원은 div인데 '빛나다', '환하다', '맑다'는 뜻이다. 독일어 '하느님 Gott'은 페르시아어 Khodā, 곧 '절대자'란 뜻이며, 다른 한편으로는 인도게르만어 ghu rufen인데, '부름받은 이' 혹은 또 다른 어원인 godhi의 뜻은 '사제', '거룩한 존재'란 뜻이다.

내미시어 숨 붙은 모든 것을 은총으로 채우십니다."(*시편 145,16 참조) 그러니 좋은 것은 모두 다 하느님, 곧 크나큰 은총을 나누어 주시는 분, 모든 것을 당신의 은총으로 가득 채우시는 분에게서 옵니다. 그러니 우리가 가진 것의 전부를 주신 분으로 하느님을 알아 모시지 않고, 주님 손에 이끌려 이집트에서 나온 이스라엘 자손들이 우상을 만들듯 다른 신을 만들면, 그야말로 하느님께 배은망덕한 짓입니다. 이스라엘 자손들의 행실은 호세아서에서 말하는 불륜을 저지른 여인과 같습니다. 그 여인은 이렇게 말합니다. "양식과 물 양털과 아마 기름과 술을 주는 내 애인들을 쫓아가야지."(호세 2,7)

하느님이 아니라 다른 무언가에 희망을 거는 사람, 다시 말해 다른 누군가에게 도움을 갈구하는 사람은 똑같이 죄를 짓는 것입니다. 그래서 시편에서는 주님의 이름에 희망을 거는 사람을 복되다 찬양합니다(*시편 39,8 참조). 또 바오로 사도는 갈라티아 신자들에게 이런 글을 씁니다. "지금은 하느님을 알게 되었습니다. 아니, 하느님께서 여러분을 알아주셨습니다. 그런데 여러분은 어떻게 그 약하고 초라한 정령들에게 돌아갈 수가 있습니까? 그것들에게 다시 종살이를 하고 싶다는 말입니까? 여러분은 날과 달과 절기와 해를 잘도 지킵니다."(갈라 4,9-10)

세례 서약의 불가침성

1201 세례식에서 우리는 마귀와 관계를 끊고 오직 하느님께만

온 마음을 다 바치겠다고 맹세합니다. 이 서약은 절대로 깨면 안 됩니다. 그래서 바오로 사도는 히브리 사람들에게 보낸 편지에 이렇게 씁니다. "모세의 율법을 무시한 자는 둘이나 세 증인의 말에 따라 가차 없이 처형됩니다. 그렇다면 하느님의 아드님을 짓밟고, 자기를 거룩하게 해 준 계약의 피를 더러운 것으로 여기고, 은총의 성령을 모독한 자는 얼마나 더 나쁜 벌을 받아야 마땅하겠습니까?"(히브 10,28-29) 또 로마 신자들에게 보낸 편지에는 이런 대목이 나옵니다. "남편이 살아 있는 동안에 다른 남자에게 몸을 맡기면 간통한 여자"(로마 7,3) 애통하구나, 두 갈래 길을 함께 걷는 죄인, 애처롭구나, 양다리를 걸친 죄인들!

마귀의 지배 압력

1202 "너희는 낯선 신들을 섬겨야 하고, 저들은 밤이고 낮이고 너희를 쉴 수 없게 하리라."(*예레 16,13 참조) 마귀는 우리를 어느 하나의 죄로 유혹했다고 멈추지 않습니다. 또 다른 유혹으로 다시 끌어가기 때문입니다. 그래서 구세주께서도 말씀하셨습니다. "죄를 짓는 자는 누구나 죄의 종이다."(요한 8,34) 그레고리오 성인도 이렇게 말합니다. "고해로 지워지지 않은 죄는 그 무게 때문에 곧 다른 죄로 우리를 끌어 간다."[159] 하느님의 지배는 그와는 정반대입니다.

---

159 그레고리오 《윤리논집》 제25권 제9장 제22절.

하느님의 계명은 무겁지도 어렵지도 않습니다. 그리스도께서 말씀
하십니다. "정녕 내 멍에는 편하고 내 짐은 가볍다."(마태 11,30) 사람
이 죄를 위해 한 일만큼 하느님을 위해 하는 일이 많다면, 그것으로
도 셈이 충분합니다. 바오로 사도가 이런 이야기를 전했습니다. "여
러분이 전에 자기 지체를 더러움과 불법에 종으로 넘겨 불법에 빠
져 있었듯이, 이제는 자기 지체를 의로움에 종으로 바쳐 성화에 이
르십시오."(로마 6,19) 마귀의 종살이에 관하여 지혜서에 이런 구절이
나옵니다. "우리는 불법과 파멸의 엉겅퀴에 말려든 채 인적 없는 광
야를 걸어가며 주님의 길을 알지 못하였다."(지혜 5,7) 예레미야서에
는 이런 말씀이 나옵니다. "온통 불법한 일을 저지르느라 몹시도 지
쳤구나."(*예레 9,5 참조)

헤아릴 길 없는 보상 또는 선물

1203 우리가 받을 보상 또는 선물이 헤아릴 수 없이 많습니다.
그리스도의 법만큼 엄청난 보상을 약속해 주는 법은 다시 없습니
다. 사라센 사람들에게는 젖과 꿀의 강을, 유다인에게는 약속의 땅
을, 그리스도인들에게는 천사의 영광을 약속하십니다. 성경에 이에
관한 구절이 나옵니다. "하늘에서 하느님의 천사와 같아진다."(*마태
22,30 참조) 베드로 사도는 이렇게 외칩니다. "주님, 저희가 누구에게
가겠습니까? 주님께는 영원한 생명의 말씀이 있습니다."(요한 6,68)

제2계명: 하느님의 이름을 함부로 부르지 마라

1) '함부로'의 네 가지 의미

1204 "주 너의 하느님의 이름을 부당하게(함부로) 불러서는 안 된다."(탈출 20,7) 이것이 하느님 법의 둘째 계명입니다. 우리가 흠숭해야 할 하느님이 한 분뿐이듯, 우리가 다른 어느 것보다 섬겨야 할 분 역시 한 분뿐이십니다. 이 흠숭은 우선 이름과 관련이 있습니다. 그래서 성경에 이런 말씀이 나옵니다. "주 너의 하느님의 이름을 부당하게 불러서는 안 된다."(탈출 20,7)

이 '함부로in vacuum'란 말은 네 가지 뜻으로 쓰입니다.

거짓되게

1205 이 말은 어떤 경우에는 '거짓되게'라는 뜻입니다. 시편에 이렇게 나옵니다. "저마다 제 이웃에게 거짓을 말하고."(시편 12,3) 그러니까 거짓말에 힘을 싣느라 하느님의 이름을 쓴다면, 그 이름을 함부로 쓰는 것입니다. 그래서 성경에 이런 구절이 있습니다. "거짓 맹세를 좋아하지 마라. 이 모든 것은 내가 미워하는 것이다. 주님의 말이다."(즈카 8,17) 이런 구절도 있습니다. "너는 주님의 이름으로 거짓을 말하였으니 이제 더 이상 살지 못한다."(즈카 13,3)

1206 거짓 맹세를 하는 것은 하느님과 자기 자신과 이웃에 부정

을 저지르는 일입니다. 하느님께 맹세한다는 말은 다름 아니라 하느님을 증인으로 부른다는 말이고,[160] 그러니 거짓 맹세를 하는 자는 하느님께서 진실을 모르시리라 생각하며 하느님께 무지를 덧씌우는 격입니다. 바오로 사도가 그들에게 일침을 가합니다. "그분 눈에는 모든 것이 벌거숭이로 드러나 있습니다."(히브 4,13) 아니면 하느님께서 거짓을 사랑하는 줄로 망상을 하는 것입니다. 하지만 하느님께서는 거짓을 증오하시니, 시편에 이런 말이 나옵니다. "거짓을 말하는 자들을 멸망시키십니다."(시편 5,7) 그것도 아니면 거짓 맹세를 하는 자는 하느님께서 마치 증언하지 못하기라도 하실 듯, 혹은 거짓 증언을 처벌하지 못하기라도 하실 듯 하느님 권능을 줄여 놓는 것입니다.

거짓으로 맹세하는 자는 자신에게도 똑같이 부정을 범합니다. 하느님께 심판받을 짓을 저지르기 때문입니다.[161] 하느님께 '맹세코 진실'이라고 하는 말은 '그것이 진실이 아니면 하느님께서 나를 벌하시라'는 뜻입니다.

끝으로 거짓 맹세자는 이웃에게도 부정을 행하는 자입니다. 서로에 대한 신뢰 없이는 인간 사회가 지속될 수 없습니다. 맹세란 어

---

160 《신학대전》 제2부 제2편 제89문 제1절.
161 《신학대전》 제2부 제2편 제89문 제7절.

느 진술의 진실성에 그 어떤 의심도 없게 하자는 것입니다.[162] 바오로 사도는 이런 말을 합니다. "그 맹세는 모든 논쟁을 그치게 하는 보증이 됩니다."(히브 6,16) 따라서 거짓 맹세자는 하느님, 자신 그리고 이웃에게 부정을 저지르는 것입니다.

헛되이

1207 '함부로'는 '헛되이'란 뜻이기도 합니다. 시편에 이런 구절이 있습니다. "주님께서는 알고 계시다, 사람들의 생각을, 그들은 입김일 뿐임을."(시편 94,11) 그래서 헛된 이야기에 힘을 보태느라 하느님의 이름을 입에 올리면, 그 이름을 함부로 부른 것이 됩니다. "주 너의 하느님의 이름을 부당하게 불러서는 안 된다."(신명 5,11)

그리스도께서는 맹세 자체를 금하셨습니다. 어쩔 수 없는 곤경에 빠졌을 때만 빼고 말입니다. "'거짓 맹세를 해서는 안 된다. 네가 맹세한 대로 주님께 해 드려라.' 하고 옛사람들에게 이르신 말씀을 너희는 또 들었다. 그러나 나는 너희에게 말한다. 아예 맹세하지 마라."(마태 5,33-34) 이렇게 금지하는 이유는 야고보 사도의 가르침처럼 "사람의 혀는 아무도 길들일 수 없"(야고 3,8)기 때문입니다. 우리 혀만큼 잘못을 쉽게 범하는 것이 또 없습니다. 이 혀를 제대로 다스릴 줄 아는 사람이 거의 없을 지경입니다. 그러니 그릇되게 맹세

---

[162] 《신학대전》 제2부 제1편 제100문 제5절.

할 위험에 빠지기 쉽습니다. 구세주께서도 이렇게 말씀하셨습니다. "너희는 말할 때에 '예.' 할 것은 '예.' 하고, '아니요.' 할 것은 '아니요.'라고만 하여라."(마태 5,37) "아예 맹세하지 마라."(마태 5,34)

1208 이 맹세[163]란 것은 늘 쓰는 것이 아니라 다급할 때만 쓰는 약과 같습니다. 그래서 구세주께서 이런 말을 덧붙이십니다. "그 이상의 것은 악에서 나오는 것이다."(마태 5,37) 집회서에도 이런 구절이 있습니다. "네 입에 맹세하는 버릇을 들이지 말고 거룩하신 분의 이름을 습관적으로 부르지 마라. 끊임없이 문초를 당하는 종이 상처가 가시지 않듯 언제나 그분의 이름을 부르며 맹세하는 자도 결코 죄악에서 깨끗해지지 못하리라."(집회 23, 8-10) 그러니 하느님의 이름을 늘 입에 달고 다니지 말아야 하고, 성인들의 이름을 자기 이야기 속에 끼워 넣으면 안 됩니다. 그랬다가는 거짓 맹세의 죄를 면하지 못하기 때문입니다.

죄 또는 불의 iniustitia

1209 시편에 이런 대목이 있습니다. "사람들아, 너희는 언제까지 그리 냉혹해지려느냐? 어쩌면 그리도 부당함을 좋아하고 거짓을 따르느냐?"(*시편 4,3 참조) 이에 따르면 어떤 죄를 짓겠다고 맹세하는 사람이 바로 하느님의 이름을 함부로 부르는 죄, 다시 말해 하느님

---

[163] 《신학대전》 제2부 제2편 제89문 제5절.

의 이름을 불러 죄를 짓습니다. 정의라는 것은 선한 일을 베풀고 악을 피하는 일입니다. 그러니 도둑질이나 그 비슷한 일을 하겠다고 맹세한다면, 정의에 반하는 죄를 짓는 것입니다. 비록 그런 맹세가 지켜지지 못하더라도, 죄가 되는 맹세인 것은 변함이 없습니다. 요한에 대한 헤로데 임금의 맹세가 바로 그런 예입니다(마르 6,17-27 참조). 이를테면 교회에 가지 않겠다거나 수도회에 들어가지 않겠다는 등, 이런저런 선행을 하지 않겠다고 맹세하는 사람도 마찬가지로 정의에 반하는 죄를 짓습니다. 그런 맹세는 지켜질 필요가 없다 하더라도 죄가 되기는 마찬가지입니다. 그래서 거짓되게 맹세해서도 안 되고, 헛되이 맹세해서도 안 되며, 죄가 되는 맹세를 해서도 안 됩니다. 예레미야 예언자도 이런 말을 했습니다. "하느님의 이름으로 맹세할 때에는 참되고 진지하며 정의롭게 하여라."(*예레 4,2 참조)

어리석게

1210 '함부로'라는 말이 이따금 어리석다는 뜻으로 쓰이기도 합니다. 지혜서에서 말합니다. "하느님에 대한 무지가 그 안에 들어찬 사람들은 본디 모두 아둔하여 눈에 보이는 좋은 것들을 보면서도 존재하시는 분을 보지 못하고"(지혜 13,1) 그러니 하느님의 이름을 어리석게 부르는 것은 그분의 이름을 함부로 부르는 것과 같습니다. 이런 사람들에게 어울리는 말이 성경에 나옵니다. "주님의 이름을 모독한 자는 사형을 받아야 한다."(레위 24,16)

2) 하느님의 이름을 부르는 여섯 가지 이유

1211 "하느님의 이름을 함부로 부르지 마라." 이 계명을 더 자세히 설명하기 위해 염두에 두어야 할 것은 하느님의 이름을 부르는 이유가 여섯 가지란 사실입니다.

진술의 힘 강화

이를테면 선서할 때처럼 발언의 힘을 키우기 위해서입니다.[164] 하느님만이 진실임을 고백하여 하느님께 대한 흠숭을 표현하니 말입니다. 그래서 성경에서도 "너희는 주 너희 하느님을 경외하고 그분을 섬기며, 그분의 이름으로만 맹세해야 한다."(신명 6,13)고 명합니다. 하느님이 아니라 어떤 다른 것을 두고 맹세하는 사람들은 정반대로 하는 것입니다. 성령께서 이것을 금하셨습니다. "다른 신들 이름으로 맹세하지 말라."(*탈출 23,13 참조) 그런데 피조물을 두고 맹세하는 것 역시 하느님께 맹세하는 것과 다를 바가 없을 때도 많습니다. 예컨대 영혼이라든가 목숨을 걸고 맹세한다면, 그것은 결국 (내 말이 거짓이라면) 하느님께서 내 영혼이나 내 목숨에 벌을 내리신다고 말하는 것과 다를 바 없으니 말입니다. 바오로 사도의 이야기도 이런 뜻의 맹세입니다. "나는 내 영혼을 걸고 하느님을 증인으로 부

---

[164] 《신학대전》 제2부 제2편 제89문 제1절.

릅니다."(*2코린 1,23 참조) 성경에 맹세할 때도 마찬가지입니다. 결국은 그 성경을 주셨던 하느님께 맹세하는 셈이니 말입니다.[165] 그러기에 하느님과 성경을 두고 경솔하게 맹세하는 사람들은 죄를 짓는 것입니다.

성화

1212 거룩한 세례식에서처럼 우리가 성화되는 경우를 말합니다. 이와 관련해 바오로 사도는 이렇게 말합니다. "여러분은 주 예수 그리스도의 이름과 우리 하느님의 영으로 깨끗이 씻겼습니다. 그리고 거룩하게 되었고 또 의롭게 되었습니다."(1코린 6,11) 세례에서 씻음의 효력은 더없이 거룩하신 삼위일체를 부름으로써 생겨납니다. "주님, 당신께서는 저희 한가운데에 계십니다. 저희가 당신의 이름으로 불리니 저희를 버리지 마소서!"(예레 14,9)

마귀 퇴치

1213 그래서 세례 전에 하느님의 이름을 불러 마귀를 몰아냅니다. "우리에게 당신의 이름만 불리도록 해 주시고, 이 수치를 거두어 주소서."(*이사 4,1 참조) 거룩한 세례성사 후에 다시금 죄로 돌아가면 하느님의 이름을 함부로 부르는 것이 됩니다.

---

[165] 《신학대전》 제2부 제2편 제89문 제6절.

하느님 이름의 고백

1214 이에 관해 바오로 사도는 이런 말을 남겼습니다. "자기가 믿지 않는 분을 어떻게 받들어 부를 수 있겠습니까?"(로마 10,14) 그리고 이어서 이런 구절이 나옵니다. "주님의 이름을 받들어 부르는 이는 모두 구원을 받을 것입니다."(로마 10,13)

주님의 이름을 고백할 때 우리는 먼저 하느님을 찬미합니다.[166] 다음 말씀에 비추어 보아도 그렇습니다. "내 이름을 부르는 자는 하나같이 다 나를 찬미하라고 내가 창조하였노라."(*이사 43,7 참조) 하느님 영광에 거슬리는 말을 하면 그분의 이름을 함부로 부르는 것입니다. 하느님을 찬양하는 활동을 하면서도 그분의 이름을 고백할 수 있습니다. 구세주께서도 이런 말씀을 하셨습니다. "이와 같이 너희의 빛이 사람들 앞을 비추어, 그들이 너희의 착한 행실을 보고 하늘에 계신 너희 아버지를 찬양하게 하여라."(마태 5,16)

그러나 이와 정반대로 하는 사람들이 많습니다. 바오로 사도는 이런 사람들에 관하여 이렇게 말합니다. "하느님의 이름이 너희 때문에 다른 민족들 가운데에서 모독을 받는다."(로마 2,24)

보호

1215 보호를 위해 하느님의 이름을 부릅니다. 성경에 이런 대목

---

166 《신학대전》 제2부 제2편 제91문 제1절.

이 있습니다. "주님의 이름은 견고한 성탑 의인은 그곳으로 달려가 안전하게 된다."(잠언 18,10) 구세주께서도 "믿는 이들에게는 이러한 표징들이 따를 것이다. 곧 내 이름으로 마귀들을 쫓아내고 새로운 언어들을 말하며"(마르 16,17)라고 말씀하셨습니다. 성경에 이런 구절도 있습니다. "사람들에게 주어진 이름 가운데에서 우리가 구원받는 데에 필요한 이름은 하늘 아래 이 이름밖에 없습니다."(사도 4,12)

저마다의 사업 수행

1216 우리는 저마다의 일이 완수되길 바라며 하느님의 이름을 부릅니다. 바오로 사도는 이렇게 권고합니다. "말이든 행동이든 무엇이나 주 예수님의 이름으로 하면서, 그분을 통하여 하느님 아버지께 감사를 드리십시오."(콜로 3,17) 시편에는 이런 구절이 나옵니다. "우리의 도움(구원) 오직 주님 이름 안에 있구나."(*시편 124,8 참조) 여기저기 서원(誓願)[167] 같은 것을 분별없이 시작해 놓고는 지키지도 않는 일이 허다한데, 그 역시 하느님의 이름을 함부로 부르는 것입니다. 그래서 성경에서도 이렇게 이릅니다. "네가 하느님께 서원을 하면 지체하지 말고 그것을 채워라."(코헬 5,3) 이런 구절도 있습니다. "주 너희 하느님께 서원하고 채워 드려라."(시편 76,12) 부정하고 어리석은 약속은 하느님 마음에 들지 않기 때문입니다.

---

[167] 《신학대전》 제2부 제2편 제88문 제1절.

제3계명: 주일을 거룩히 지내라

1217 "안식일을 기억하여 거룩하게 지켜라."(탈출 20,8)라는 성경 구절은 세 번째 계명 "주일을 거룩히 지내라."로 자리 잡았습니다.

그리스도인에게 하느님을 공경하는 일이 가장 중요하기에 "한 분이신 하느님을 흠숭하여라."가 첫 번째 계명입니다. 두 번째 계명은 "하느님의 이름을 함부로 부르지 마라."이며, 입으로 하느님을 공경하는 우리가 반드시 명심해야 할 가르침입니다. 세 번째 계명은 '하느님 공경'이 행동으로, 즉 외적으로 드러나는 예배를 통해 표현됩니다. 하느님께서는 "안식일(주일)을 거룩히 지내기를 잊지 마라."[168]는 말씀을 통해 우리가 이날 온전히 하느님을 섬기는 데 전념해야 한다는 의지를 분명히 보여 주셨습니다.

1) 이 계명이 있어야 할 다섯 가지 이유

1218 이 계명이 있어야 할 이유는 다섯 가지입니다.

오류 피하기

성령께서는 세월이 가면 세상이 본디 영원히 존재하던 것이라고

---

[168] 《신학대전》 제2부 제2편 제122문 제4절.

가르치는 이들이 등장하리라고 내다보셨습니다. 베드로 사도가 이런 말을 합니다. "여러분은 무엇보다 먼저 이것을 알아 두어야 합니다. 마지막 때에, 자기 욕망에 따라 사는 조롱꾼들이 나와서 여러분을 조롱하며, '그분의 재림에 관한 약속은 어떻게 되었소? 사실 조상들이 세상을 떠나고 나서도, 창조 이래 모든 것이 그대로 있지 않소?' 할 것입니다. 이렇게 주장하는 그들은, 하느님의 말씀으로 하늘이 예로부터 있어 왔고 땅이 물에서 나와 물로 이루어졌다는 사실을 간과하고 있습니다."(2베드 3,3-5) 그래서 하느님께서는 엿새 동안 만물을 창조하셨고 이레째 쉬셨다는 것을 기억하고 기념하게 하셨습니다. 그리고 이 점을 고려하시어 이 계명을 세우셨습니다. "안식일을 기억하여 거룩하게 지켜라."(탈출 20,8)

1219 유다인들은 하느님의 창조 사업을 기억하기 위해 안식일을 거룩하게 지냅니다. 하지만 그리스도께서 오시며 새로운 창조가 이루어졌습니다. 하느님의 첫 번째 계획이 세상 만물의 창조였다면, 두 번째는 인류의 구원입니다. 바오로 사도는 말합니다. "사실 할례를 받았느냐 받지 않았느냐는 중요하지 않습니다. 새 창조만이 중요할 따름입니다."(갈라 6,15) 하느님의 은총으로 사람이 되어 오신 예수님께서는 부활을 통해 새 창조의 놀라운 계획을 드러내 보이십니다. "그리스도께서 아버지의 영광을 통하여 죽은 이들 가운데에서 되살아나신 것처럼, 우리도 새로운 삶을 살아가게 되었습니다. 사실 우리가 그분처럼 죽어 그분과 결합되었다면, 부활 때에도 분

명히 그리될 것입니다."(로마 6,4-5) 하느님의 창조를 기념하며 안식일을 보내는 유다인들과 달리 우리 그리스도인들은 부활을 기념하며 주일을 거룩히 지냅니다.

구세주를 나타내려

1220 "당신을 기리는 자가 썩어 가는 것을 놓아 두시지 않으리라는 희망에 내 육신이 평안을 누립니다."(*시편 16,9-10 참조) 시편의 구절처럼 그리스도의 몸은 무덤에서 훼손되지 않은 채로 남았습니다. 안식일의 휴식이 무덤 속에서 휴식을 취하듯 누워 계신 그리스도를 예시한다면, 안식일의 희생은 그리스도의 죽음을 예시하는 것입니다. 그런데 우리는 이제 더 이상 이 희생을 바치지 않습니다. 예수님의 죽음을 미리 보여 주는 일은 실재와 진리 앞에서는 물러나야 하니까요. 떠오르는 태양 앞의 그림자처럼 말입니다. 그 대신 그리스도께서 무덤에 누우신 날을 당신의 마음에 간직하신 영광 가득하신 동정 성모님을 공경하는 데 이 안식일을 봉헌합니다.

하느님 약속의 뒷받침과 상징화

1221 하느님께서는 우리도 언젠가 안식을 얻으리라고 하셨습니다. 이사야 예언자도 이렇게 전합니다. "하느님께서 네 고난과 곤경과 전에 네가 종사했던 가혹한 굴종에서 네게 안식을 마련해 주실 날이 오리라."(*이사 14,3 참조) 이런 구절도 있습니다. "나의 백성은

평화로운 거처에, 안전한 거주지와 걱정 없는 안식처에 살게 되리라."(이사 32,18)

1222 그러나 우리는 삼중의 재앙에서 안식을 고대하니, 바로 현재 생활의 고생과 유혹의 재앙과 마귀의 종살이입니다. 그리스도께서는 이런 말씀을 건네며 당신께 오는 사람들에게 안식을 약속하셨습니다. "고생하며 무거운 짐을 진 너희는 모두 나에게 오너라. 내가 너희에게 안식을 주겠다. 나는 마음이 온유하고 겸손하니 내 멍에를 메고 나에게 배워라. 그러면 너희가 안식을 얻을 것이다. 정녕 내 멍에는 편하고 내 짐은 가볍다."(마태 11,28-30)

하느님께서는 엿새 동안 일하시고 이렛날에 쉬셨습니다. 우리도 안식일을 기뻐하며 즐기기 전에 먼저 우리가 할 일부터 완수해야 합니다. 그래도 이 안식의 시간은 일하는 시간보다 오래 갑니다. 성경에서는 이와 관련하여 이렇게 말합니다. "나 자신이 얼마나 적은 노력을 기울여 큰 안식을 얻게 되었는지 너희 눈으로 보아라."(집회 51,27) 영원에 비하면 우리가 보내는 현재라는 시간은 그저 미미한 찰나에 불과합니다(*시편 90,4 참조).

하느님 사랑의 발화

1223 "썩어 없어질 육신이 영혼을 무겁게 하고"(지혜 9,15) 사람들은 끊임없이 세속적인 일을 하며 살아갑니다. 거기에서 벗어나 위로 오르려는 노력은 하지 않은 채로 말입니다. 그에 반해 천상의 일

을 생각하며 더 높은 일에 매달리는 사람들도 있습니다. 시편에 이런 말씀이 나옵니다. "나 언제나 주님을 찬미하리라. 내 입에 늘 그분에 대한 찬양이 있으리라."(시편 34,2) 바오로 사도는 "끊임없이 기도하십시오."(1테살 5,17)라며 세속적인 일에만 매달리는 사람들을 훈계합니다. 천상의 일을 생각하며 사는 이들에게는 하루하루가 안식일입니다.

시편을 살펴보면 시간을 정해 두고 하느님을 생각하는 사람들도 있습니다. "하루에도 일곱 번 당신을 찬양하니 당신의 의로운 법규 때문입니다."(시편 119,164) 하느님과 멀어지거나 그분을 향한 사랑이 뜨뜻미지근해지지 않도록 신앙의 깊이를 더하는 시간을 정해 두는 것도 좋겠습니다.

다음 성경 구절만 보더라도 그렇습니다. "네 자신의 길을 가지 않고 수다를 즐기지 않으며 기쁨에 차서 안식일을 거룩하게 보내며 주님께 큰 기쁨을 얻으리라."(*이사 58,13-14 참조) 욥도 이런 말을 합니다. "그러면 전능하신 분께서 자네의 기쁨이 되시고 자네는 하느님께 얼굴을 들게 될 것일세."(욥 22,26) 안식일은 감각적 만족을 추구하기 위함이 아닌 주 하느님을 찬양하고 기도하기 위해 정해진 날입니다. 아우구스티노 성인도 '이날 노느니 쟁기질하는 게 죄가 덜하다.'고 하셨습니다.[169]

---

[169] 아우구스티노《시편강해》91,2.

아랫사람을 위한 사랑의 일

1224 이 계명은 안식과 휴식이 필요한 아랫사람들을 위해서도 필요합니다. 탐욕이 지나쳐 자신은 물론 아랫사람들까지 쉼 없이 일하게 만드는 사람들이 있습니다. 안식일을 거룩하게 보내라는 계명이 없으면 이들은 지쳐서 쓰러질지도 모릅니다. 유다인들은 소유욕 때문에 바로 이 점에서 그르칠 때가 많습니다.[170] 성경에 이런 말이 나옵니다. "주 너의 하느님이 너에게 명령한 대로 안식일을 지켜 거룩하게 하여라. 엿새 동안 일하면서 네 할 일을 다 하여라. 그러나 이렛날은 주 너의 하느님을 위한 안식일이다. 그날 너와 너의 아들과 딸, 너의 남종과 여종, 너의 소와 나귀, 그리고 너의 모든 집짐승과 네 동네에 사는 이방인은 어떤 일도 해서는 안 된다. 그렇게 하여 너의 남종과 여종도 너와 똑같이 쉬게 해야 한다."(신명 5,12-14)

---

[170] 원문에 충실한 번역이지만 가톨릭 교회와 유다교와의 관계에 관한 설명을 추가하는 것이 필요할 듯하다. 가톨릭은 '유다인은 예수를 죽인 민족'이라며 유다교와 2000년간 반목을 이어왔다. 가톨릭의 반유다주의는 가톨릭이 나치의 유다인 학살을 묵인 동조했다는 비난으로까지 이어졌다. 하지만 새로운 관계의 모색은 꾸준히 진행되어 1964년 교황 바오로 6세가 거룩한 땅Terra Sancta을 방문한 이래 교황들은 빠짐없이 이스라엘을 방문하였고, 교황청과 이스라엘은 1974년 정식으로 수교했다. 신학적인 노력도 주목받았다. 예컨대 "별이 예루살렘을 가리키고 있다. 그것은 꺼지고 다시 하느님 말씀에서, 이스라엘의 성경에서 떠오른다.", "가톨릭이 비록 구약을 다른 관점에서 보고 있지만 유다교와 함께 아브라함의 신앙을 믿고 있으며, 양자는 서로 내적인 친화성을 가지고 있다.", "그리스도께서는 아브라함의 자손, 다윗의 자손이셨고, 유다인이셨다. 그것이 약속의 일부이고 신앙의 일부이다."(요셉 라칭거 저, 《이 땅의 소금》, 284쪽 이하) 프란치스코 교황은 2016년 1월 이스라엘 방문 때 "종교와 무관하게 우리는 모두 형제"임을 강조하며 모든 형태의 반유다주의를 거부한다고 선언했다.

여기까지가 이 계명이 존재하는 다섯 가지 이유입니다.

2) 안식일에 피해야 할 일

1225 지금까지 유다인들이 안식일을, 그리스도인들이 주일을 왜 기념하는지 살펴보았습니다. 이제는 이날을 어떻게 보내야 하는지 알아봅시다. 그 전에 이 계명이 '주일을 지켜라'가 아닌 '거룩히 지내라'라는 데 주목해야 합니다.

1226 '거룩하다'라는 말에는 두 가지 뜻이 담겨 있는데[171] '순수하다, 깨끗하다'라는 의미로 쓰일 때가 많습니다. 바오로 사도의 다음 이야기가 그런 경우입니다. "여러분은 깨끗이 씻겼으니 거룩해졌습니다."(*1코린 6,11 참조) 또 '거룩하다'라는 말은 하느님을 흠숭하기 위해 봉헌된 것, 이를테면 성소(거룩한 장소), 거룩한 시기, 성스러운 의복, 성스러운 그릇 등에 사용합니다. 우리는 이렇게 이중의 의미로 주일을 거룩하게 지내야 합니다. 다시 말해 깨끗하고 순수한 마음으로 이날을 기념하며 하느님을 섬기는 일에 헌신해야 한다는 의미입니다.

1227 이에 따라 두 가지를 따져 보겠습니다. 첫째가 주일에 피해야 할 것이고, 둘째가 주일에 마땅히 해야 할 것입니다.

---

[171] 《신학대전》 제2부 제2편 제81문 제8절.

주일에 피해야 할 것은 세 가지입니다.

육체 노동

우선 육체 노동을 멀리해야 합니다. 성경에 이런 말씀이 있습니다. "안식일을 거룩하게 지키고, 아무 일도 하지 마라."(*예레 17,22 참조) 또 이런 구절도 있습니다. "너희는 엿새 동안 일을 할 수 있다. 그러나 이렛날은 안식일로서 거룩한 모임을 여는 안식의 날이니, 어떤 일도 해서는 안 된다. 이날은 너희가 사는 곳 어디에서나 지켜야 하는 주님의 안식일이다."(레위 23,3) 육체적으로 힘든 일은 성스러운 일들과 반대됩니다. 성스러운 일이란 아무도 강요할 수 없으니 '자유로운' 일입니다.

1228 그런데 다음 네 가지 경우라면 안식일에도 힘든 일, 육체 노동을 할 수 있습니다.

첫째, 궁한 상태에 빠져 어쩔 수 없을 때입니다. 주님께서도 안식일에 배 고팠던 사도들이 밀 이삭 뜯어먹은 것을 용서하셨습니다(마태 12,4 참조).

둘째, 교회의 일입니다. 성경을 보면 사제들도 안식일에 성전에서 해야 할 의무를 다하고 있습니다(마태 12,5 참조).

셋째, 이웃 사랑의 일입니다. 주님께서도 안식일에 손이 오그라든 사람을 치유하셨습니다. 그 일로 나무라는 유다인들을 안식일에 구덩이에 빠진 양의 비유로 반박하셨습니다(마태 12,10-13 참조).

넷째, 하느님께서 유다인에게 안식일에 할례를 베풀라고 명하신 경우처럼 윗사람의 합법적인 명령이 있을 때입니다(요한 7,22 참조).

죄짓는 일

1229 죄를 피해야 합니다. 예레미야 예언자는 이렇게 말합니다. "너희 영혼을 잘 지키고 안식일에 짐을 나르지 마라."(*예레 17,21 참조) 영혼을 짓누르는 짐과 부담은 죄를 의미합니다. 시편에서는 이렇게 표현합니다. "저의 죄악들이 제 머리 위로 넘쳐흐르고 무거운 짐처럼 저에게는 너무나 무겁습니다."(시편 38,5) 이렇게 "주일을 거룩히 지내라."는 계명은 죄의 측면에서도 이해할 수 있습니다. 안식일에 죄를 지으면 이 계명을 위반하는 것입니다. 이날 죄를 짓는 것은 종살이 일을 하는 것과 마찬가지입니다. 주님께서는 예언자의 입을 통해 이렇게 말씀하셨습니다. "더 이상 헛된 제물을 가져오지 마라. 분향 연기도 나에게는 역겹다. 초하룻날과 안식일과 축제 소집 불의에 찬 축제 모임을 나는 견딜 수가 없다. 나의 영은 너희의 초하룻날 행사들과 너희의 축제들을 싫어한다. 그것들은 나에게 짐이 되어 짊어지기에 나는 지쳤다."(이사 1,13-14)

게으름

1230 "게으름은 온갖 나쁜 짓을 가르치기 때문이다."(집회 33,29)

예로니모[172] 성인이 루스티코 성인에게 보낸 편지에 이렇게 썼습니다. "늘 선한 일을 하여 악마 눈에 항상 바쁘게 보이게 하세요." 다른 축일들을 게을리 보낼 거라면 주일만 지내는 편이 낫습니다.

시편에 이런 구절이 있습니다. "임금의 권능은 재량을 사랑하네."(*시편 99,4 참조) 다시 말해 법에 대한 분별 있는 해석을 좋아한다는 말씀입니다. 이는 마카베오기 하권 2장 31절부터 38절까지 말씀에서도 잘 드러납니다. 상당한 숫자의 유다인이 적의 습격을 받고 광야의 피신처로 숨었습니다. 방어도 일인지라 안식일에는 방어해선 안 된다고 생각하였던 것이지요. 적과 맞서 싸우지 않았던 그들은 결국 죽고 말았습니다. 이들에게 성경에서는 이렇게 이야기합니다. "적들이 저들을 보고 그들의 안식일을 조롱하였다."(*애가 1,7 참조) 이 점에서는 후대 유다인들을 모범으로 삼아야 하겠습니다. "안식일에 우리를 공격해 오는 자가 있으면, 그가 누구든 맞서 싸우자. 그래야 피신처에서 죽어 간 형제들처럼 우리가 모두 죽는 일이 없을 것이다."(*1마카 2,41 참조)[173]

---

[172] 예로니모(Eusebius Sophronius Hieronymus, 347-420): 제1차 니케아 공의회 이후의 신학자, 4대 교부 중에 한 사람, 교회박사, 불가타 성경 번역자. 16세기 트리엔트 공의회는 이 판을 교회의 공식적인 라틴어 성경으로 인정하였다.

[173] 《신학대전》 제1부 제1편 제100문 제8절.

3) 안식일에 해야 할 일

1231 주일을 거룩하게 지내야 한다는 것, 이날에 피해야 하는 것들을 살펴보았습니다. 이제 주일에 꼭 해야 할 일이 무엇인지 알아보는 일이 남았습니다. 이는 세 가지로 정리됩니다.

희생 바치기

주일에는 모름지기 희생을 바쳐야 합니다. 이미 모세가 유다인들에게 명하기를, 날마다 아침저녁으로 양을 희생으로 바치되 안식일에는 이 희생을 곱절로 하라고 가르칩니다(민수 28,3-4,9 참조). 역대기에도 같은 내용이 나옵니다. "모든 것은 당신에게서 오기에, 저희가 당신 손에서 받아 당신께 바쳤을 따름입니다."(1역대 29,14)

1232 우리가 하느님께 희생으로 바쳐야 하는 것은 깨끗한 영혼입니다. 그러기 위해서는 지은 죄에 대해 진심으로 회개해야 합니다. "하느님께 맞갖은 제물은 부서진 영. 부서지고 꺾인 마음"(시편 51,19)이란 말도 이것을 나타내는 것입니다. 하느님의 자비를 바라는 기도를 통해서도 우리 영혼을 하느님께 드릴 수 있습니다. 시편에서도 이것을 희생이라 부릅니다. "저의 기도 당신 면전의 분향으로 여기시고 저의 손 들어 올리니 저녁 제물로 여겨 주소서."(시편 141,2) 주일에는 영적인 기쁨을 베풀고, 이 기쁨이 기도를 일깨우니 우리 기도를 여러 곱절 배가해야 하겠습니다. 둘째, 하느님께 희

생으로 우리의 육신을 바쳐야 합니다. 이것은 주로 금식을 통해 이루어집니다. 바오로 사도는 이렇게 권고합니다. "여러분의 몸을 하느님 마음에 드는 거룩한 산 제물로 바치십시오. 이것이 바로 여러분이 드려야 하는 합당한 예배입니다."(로마 12,1) "찬양 제물을 바치는 이가 나를 공경하는 사람"(시편 50,23)이란 말처럼 하느님께 드리는 찬양도 그렇습니다. 그래서 주일마다 찬미의 노래를 갑절로 합니다. 셋째, 덧없는 세속의 재산을 하느님께 바쳐야 합니다. 이것은 기쁘게 자선하는 것으로 이루어집니다. 이를 권장하는 바오로 사도는 "선행과 나눔을 소홀히 하지 마십시오. 이러한 것들이 하느님 마음에 드는 제물입니다."(히브 13,16)라고 합니다. 주일에는 가난한 사람들에게 선행을 많이 베풀어야 합니다. 다 함께 기뻐하는 날이어야 하니 말입니다. 성경에 이런 구절도 나옵니다. "오늘은 우리 주님께 거룩한 날이니, 미처 마련하지 못한 이에게는 그의 몫을 보내주십시오. 주님께서 베푸시는 기쁨이 바로 여러분의 힘이니, 서러워하지들 마십시오."(느헤 8,10)

하느님 말씀의 경청과 묵상

1233 주일에는 열과 성을 다하여 하느님의 말씀에 귀를 기울이고 묵상해야 합니다. 유다인들이 오늘날까지도 안식일마다 예언자의 글을 읽으면서 실천하는 것처럼(사도 13,15 참조) 우리도 하느님의 말씀을 듣고 묵상하기를 게을리하지 말아야 할 것입니다. 구세주께

서도 말씀하셨습니다. "하느님에게서 난 이는 하느님의 말씀을 듣는다."(요한 8,47) 우리는 서로 덕이 되는 이야기로 신앙심을 키워야 합니다. 바오로 사도는 이렇게 권합니다. "여러분의 입에서는 어떠한 나쁜 말도 나와서는 안 됩니다. 필요할 때에 다른 이의 성장에 좋은 말을 하여, 그 말이 듣는 이들에게 은총을 가져다줄 수 있도록 하십시오."(에페 4,29) 하느님의 말씀에 대한 묵상과 서로의 신심을 키워 주는 이야기, 이 두 가지는 죄인의 영혼을 치유하는 효력이 있습니다. 더 나은 방향으로 끌어 주기 때문입니다. "나의 말이 불과 같고 바위를 부수는 망치와 같지 않으냐? 주님의 말씀이다."(예레 23,29)

하느님의 말씀은 모르는 사람들을 깨우치십니다. 그래서 시편에는 이런 구절이 나옵니다. "당신 말씀은 제 발에 등불, 저의 길에 빛입니다."(시편 119,105) 마찬가지로 미지근한 사람들 마음에 열의를 부채질합니다. "주님의 소리가 불꽃을 내뿜으며"(시편 29,7) 시편에서는 이렇게 노래합니다. "마음속에 당신 말씀을 간직합니다."(시편 119,11) "주님 말씀이 그를 불타오르게 했나이다."(*시편 105,19 참조)

그러나 쓸데없는 이야기를 하고 그런 말에 귀 기울이는 사람들에게는 바오로 사도가 이렇게 이야기합니다. "'나쁜 교제는 좋은 관습을 망칩니다.' 정신을 똑바로 차리고 죄를 짓지 마십시오."(1코린 15,33-34)

거룩한 일에 영혼 바치기

1234 주일에는 거룩한 일에 우리 영혼을 담아야 합니다. 이것은 더할 나위 없이 훌륭한 사람들의 일입니다. "너희는 맛보고 눈여겨 보아라, 주님께서 얼마나 좋으신지!"(시편 34,9) 이것이 영혼의 안식으로 이어집니다. 피로에 지친 몸이 안식을 찾듯이, 영혼도 마찬가지입니다. 영혼이 쉴 곳은 하느님입니다. "오 하느님, 저의 보호자이시고 피난처이십니다."(*시편 31,2 참조) 바오로 사도는 "하느님의 백성에게는 아직도 참안식이 그대로 남아 있습니다."(히브 4,9)라고 말했고, 지혜서에도 "집에 들어가면 지혜와 함께 편히 쉬리니."(지혜 8,16)라는 구절이 나옵니다.

1235 그런데 영혼이 이 안식에 다다르기 전에 세 가지 안식을 먼저 얻어야 합니다. 첫째, 죄의 안식입니다. "악인들은 요동치는 바다와 같아 가만히 있지 못하니 그 물결들은 오물과 진창만 밀어 올린다."(이사 57,20) 둘째, 육신의 욕정으로부터의 안식입니다. "육이 욕망하는 것은 성령을 거스르고, 성령께서 바라시는 것은 육을 거스릅니다."(갈라 5,17) 셋째, 세속의 걱정들로부터 안식입니다. 주님께서도 이렇게 말씀하셨습니다. "마르타야, 마르타야! 너는 많은 일을 염려하고 걱정하는구나."(루카 10,41)

이 세 가지 안식이 먼저 이루어지고 나면, 영혼이 하느님 안에서 쉴 수 있습니다. 예언자의 다음 말도 이에 부합합니다. "네가 안식일을 '기쁨'이라 부르고 주님의 거룩한 날을 '존귀한 날'이라 부른

다면 네가 길을 떠나는 것과 네 일만 찾는 것을 삼가며 말하는 것을
삼가고 안식일을 존중한다면 너는 주님 안에서 기쁨을 얻고 나는
네가 세상 높은 곳 위를 달리게 하며 네 조상 야곱의 상속 재산으로
먹게 해 주리라."(이사 58,13-14)

1236 성인들은 안식을 위해 모든 것을 버립니다. 안식이야말로 우리가 간직해야 할 값진 진주입니다. 안식이야말로 영원한 생명과 영원한 행복의 시작입니다. 그래서 시편에는 이런 대목이 나옵니다. "이는 길이길이 내 안식처 내가 이를 원하였으니 나 여기에서 지내리라."(시편 132,14)

제4계명: 부모에게 효도하여라

"아버지와 어머니를 공경하여라. 그러면 너는 주 너의 하느님이 너에게 주는 땅에서 오래 살 것이다."(탈출 20,12)

1237 사람의 완성perfectio hominis은 하느님 사랑과 이웃 사랑에서 이루어집니다. 하느님 사랑과 관련한 계명은 첫째 석판에 새겨진 세 개의 계명입니다. 이웃 사랑 관련한 계명은 일곱 개의 계명으로 둘째 석판에 새겨졌습니다.

요한 사도의 이야기처럼 우리는 "말과 혀로 사랑하지 말고 행동으로 진리 안에서 사랑"(1요한 3,18 참조)해야 합니다. 이런 방식으로

우리 사랑을 밝히려면 서로 중첩되는 두 가지 사실을 살펴야 합니다. 바로 악을 피하고 선에게 다가가는 일입니다. 그래서 우리를 선에게 이끄는 계명들이 있는가 하면, 우리를 악에서 멀어지게 만드는 계명들도 있습니다.

1238 누군가에게 악한 짓을 하지 않는 것은 우리 하기 나름이지만, 선행을 베푸는 것은 우리 소관이 아닙니다. 아우구스티노 성인도 이웃을 사랑해야 하지만, 모두에게 선행을 베풀 수는 없다고 하셨습니다.[174] 우리가 누구보다 먼저 선을 베풀어야 할 사람은 가까운 관계에 있는 사람들이어야 합니다. 바오로 사도는 가족을 돌보지 않으면, 믿음을 저버린 자라고 했습니다(1티모 5,8 참조).

1) 부모에게 받은 은혜

부모님과 우리는 가장 가까운 관계입니다. 암브로시오 성인은 이렇게 이야기합니다. "먼저 하느님을 사랑해야 하고, 하느님 다음으로는 부모를 사랑해야 한다."[175] 이것이 제4계명의 핵심입니다. 아리스토텔레스도 이렇게 말합니다. "부모에게 받은 은혜들을 그대로 보답할 형편은 되지 못하니, 아버지는 자기를 모욕하는 아들을

---

[174] 아우구스티노 《그리스도교의 가르침》 제1권 제28장 제29절.

[175] 암브로시오 《루카 복음 주해》 제7권 136.

내쳐도 되나, 아들은 아버지를 내쳐서는 안 된다."고 말입니다.[176]

1239 부모에게 특히 감사드려야 할 은혜는 세 가지입니다.

자기 존재의 근거

성경에 이런 구절이 나옵니다. "마음을 다해 네 아버지를 영광스럽게 하고 어머니의 산고를 잊지 마라. 그들이 아니었으면 태어나지도 못했으리라는 걸 기억하라."(*집회 7,27-28 참조)

양육

욥기 1장 21절에도 나오듯 부모님은 벌거벗고 태어난 자식을 기릅니다.

교육

바오로 사도가 이런 이야기를 했습니다. "우리에게는 우리를 훈육하시는 육신의 아버지가 계셨고 우리는 그러한 아버지를 공경하였습니다."(히브 12,9) 현명한 시라는 이렇게 훈계합니다. "자녀가 있느냐? 그들을 훈육하고 어릴 때부터 그들이 목을 숙이게 하여라."(집회 7,23)

1240 교육은 일찍부터 시작해야 합니다. "마땅히 걸어야 할 길

---

[176] 아리스토텔레스 《니코마코스 윤리학》 제8권 14.

을 아이에게 가르쳐라. 그러면 늙어서도 그 길에서 벗어나지 않는다."(잠언 22,6) "젊은 시절에 멍에를 메는 것이 사나이에게 좋다네."(애가 3,27)

교육으로 가르칠 것이 두 가지입니다. 하느님을 경외하게 하고 죄에서 달아나게 하는 것입니다. 그 모범이 토빗인데, 그는 아들이 어릴 때부터 주님을 두려워하고 죄를 짓지 않도록 조심하는 법을 가르쳤습니다(토빗 4,5 참조). 자녀의 방황은 부모의 책임입니다. 지혜서에서도 그런 이야기가 나옵니다. "부정한 잠자리에서 생겨난 자식들은 재판 때에 부모가 저지른 죄악의 증인이 된다."(지혜 4,6) 탈출기 20장 5절에는 조상의 죄를 그 자손들에게 처벌한다는 이야기도 나옵니다.

2) 부모에게 감사해야 할 이유

1241 자녀들은 이처럼 자기 존재 자체와 먹을 것과 교육에 감사해야 합니다. 그 이유는 세 가지입니다.

존재의 근거

부모에게서 '존재'를 받았으니, 한시적인 재화를 받을 뿐인 다른 그 어떤 주인보다 더 공경해야 마땅합니다. 그러나 영혼을 주신 하느님보다 더 큰 공경은 아닙니다. "주님을 경외하는 이는 아버지를 공경하고 자신을 낳아 준 부모를 상전처럼 섬긴다. 말과 행동으로 네 아버지를 공경하여라. 그러면 그의 축복을 받으리라. 그리고 그 축복이 영원토록 보전되리라."(*집회 3,8-10 참조)

자녀가 부모를 공경하면 자기 자신에 대한 공경도 됩니다. 현명한 시라도 그런 말을 합니다. "아버지를 욕되게 하여 자신을 영광스럽게 하지 마라. 아버지의 치욕이 네게 영광이 될 수는 없다. 사람의 명망은 아버지의 명예에 있고, 불명예스런 아버지는 아들의 치욕이다."(*집회 3,10-11 참조)

어려서 받은 은혜 늙은 부모에게 갚기

1242 부모님이 우리가 어렸을 때 음식을 주셨으니, 우리도 마땅히 늙은 부모님께 음식을 드려야 합니다. 그래서 성경에도 이런 말이 나옵니다. "얘야, 네 아버지가 나이 들었을 때 잘 보살피고 그가 살아 있는 동안 슬프게 하지 마라. 그가 지각을 잃더라도 인내심을 가지고 그를 업신여기지 않도록 네 힘을 다하여라. 아버지에 대한 효행은 잊히지 않으니 네 죄를 상쇄할 여지를 마련해 주리라. 네가 재난을 당할 때 네가 기억되리니 네 죄가 따뜻한 날 서리처럼 녹아내리리라. 아버지를 버리는 자는 하느님을 모독하는 자와 같고 자기 어머니를 화나게 하는 자는 주님께 저주를 받는다."(집회 3,12-16)

이 의무를 다하지 않는 죄를 짓는 자식들을 나무라기 위해 카시오도루스는 황새를 예로 듭니다. 황새는 부모가 나이 들어 날개에 힘을 잃고 스스로 먹이를 마련하지 못하면, 자식 황새들이 깃털로 부모를 덮어 따뜻하게 해 주고 먹이를 구해다 먹여 몸의 원기를 북돋아 줍니다. 그렇게 어려서 부모에게 받은 은혜를 경건하게 보답합니다.

기르고 가르치신 공

1243 부모님이 우리를 가르치고 길러 주셨으니 우리는 부모님께 순종해야 합니다. 바오로 사도의 타이름도 이에 부합합니다. "자녀 여러분, 무슨 일에서나 부모에게 순종하십시오."(콜로 3,20) 다만 부모님이 무엇인가 하느님의 법의 어긋나는 것을 명한다면 이야기는 달라집니다. 혹시 그럴 때가 있다면, 예로니모 성인이 헬리오도루스에게 보낸 편지에 쓴 것처럼, 그 부모에게 가차없이, 다시 말해 단호하게 불복하는 것이 효행입니다.[177] 구세주께서도 말씀하십니다. "누구든지 나에게 오면서 자기 아버지와 어머니, 아내와 자녀, 형제와 자매, 심지어 자기 목숨까지 미워하지 않으면, 내 제자가 될 수 없다."(루카 14,26) 아버지란 말의 더없이 완전한 의미로 보아서도 하느님 아버지가 지상의 아버지보다 훨씬 더 큰 존재입니다. "그분은 너희를 내신 아버지가 아니시냐? 그분께서 너희를 만들고 세우시지 않았느냐?"(신명 32,6)

---

[177] 예로니모 《서간집》 제14 서간 2.

3) 효도하는 자녀에게 약속된 다섯 가지 보물

1244 "아버지와 어머니를 공경하여라. 그러면 너는 주 너의 하느님이 너에게 주는 땅에서 오래 살 것이다."(탈출 20,12) 열 가지 계명 전체에서 장수의 약속을 직접 담은 건 이 제4계명이 유일합니다. 그런데 이 약속이 덧붙은 이유는, 부모에게 효도하는 것이 자연의 요구인지라 자녀에게 아무 보상도 돌아가지 않는 듯 보이지 않도록 하기 위해서입니다.

1245 부모에게 효도하는 자녀에게는 더할 나위 없이 바랄 만한 보상이 다섯 가지 약속되었습니다.

현세의 삶에 은총과 미래 삶에 영광

"아버지를 공경하라. 그러면 하느님의 축복을 받으리라."(*집회 3,8 참조) 반면에 이 계명을 지키지 않는 자들은 하느님의 저주를 받습니다. 성경 말씀도 그렇습니다. "자기 아버지나 어머니를 업신여기는 자는 저주를 받는다."(신명 27,16) 구세주께서도 말씀하셨습니다. "아주 작은 일에 불의한 사람은 큰일에도 불의하다."(루카 16,10)

그런데 육신의 삶은 은총의 삶과 견주면 이른바 아무것도 아닙니다. 그러니 부모에게서 받은 자연의 생명이 주는 혜택에 감사하지 않는 사람이라면 보다 큰 은총의 삶, 더없이 큰 영광의 삶을 누릴 자격이 없는 것입니다.

장수

1246 생명은 누구나 갈망할 만한 것입니다. 집회서에서는 이렇게 말합니다. "아버지를 영광스럽게 하는 이는 장수하고,"(집회 3,6) 오래 산다는 것은 아리스토텔레스가 가르치듯이 시간으로 헤아려서가 아니라 그보다도 이루어지는 행위 결과에 비추어서 그렇다는 말입니다.[178] 덕성 깃든 삶이야말로 풍성한 삶입니다. 그래서 덕이 깊은 사람과 성인은 비록 일찍 죽더라도 오래 삽니다. "짧은 생애 동안 완성에 다다른 그는 오랜 세월을 채운 셈이다. 주님께서는 그 영혼이 마음에 들어 그를 악의 한가운데에서 서둘러 데려가셨다. 그러나 사람들은 그것을 보고도 깨닫지 못하고 그 일을 마음에 두지도 않았다."(지혜 4,13-14) 다른 사람이 1년 걸려 할 일을 하루에 처리하는 상인이야말로 일 처리에 가장 뛰어난 사람입니다. 반면에 육신이 오래 사는 삶은 영적인 죽음의 원인이 되기도 합니다. 유다가 바로 그런 경우였습니다.(*사도1,17-18 참조)[179]

1247 그러나 부모를 공경하는 자식이 장수를 누려 마땅하듯이 부모에게 부당한 짓을 하는 자녀들은 죽음을 받아 마땅합니다. 군인이 왕에게 봉토를 받듯이 자식들은 부모에게 생명을 받습니다.

---

[178] 아리스토텔레스 《니코마코스 윤리학》 제1권 제10장(1098a7-20).

[179] "유다는 그 은돈을 성전 안에다 내던지고 물러가서 목을 매달아 죽었다."(마태 27,5) "유다는 우리 가운데 한 사람으로서 우리와 함께 이 직무를 받았습니다. 그런데 그자는 부정한 삯으로 밭을 산 뒤, 거꾸로 떨어져 배가 터지고 내장이 모조리 쏟아졌습니다."(사도 1,17-18)

군인이 왕에 충성하지 않는다면 당연히 그 봉토를 잃듯이, 우리도 부모를 능욕하면 그 목숨을 잃는 것이 당연합니다. 성경에도 이런 구절이 나옵니다. "아버지를 비웃고 어머니에게 순종하기를 하찮게 여기는 눈은 개울의 까마귀들이 쪼아 내고 독수리 새끼들이 쪼아 먹는다."(잠언 30,17) 새끼 독수리란 여기서 왕이나 영주들을 말하고, 까마귀는 공권력 종사자들을 말합니다. 행실이 바르지 못한 자식들은 언제나 육신의 죽음으로 처벌되지는 않는다 하더라도, 정신적 죽음에서 벗어나지 못합니다.

1248 그래서 아버지는 자식들에게 너무 많은 권리를 주어서도 안 됩니다. 현명한 시라의 훈계를 명심해야 합니다. "아들과 아내에게, 형제와 친구에게 네가 살아 있는 동안 자신에 대한 권리를 넘겨주지 말고 네 재산을 남에게 넘겨주지 마라. 그렇게 하면 후회하면서 그것들을 간청하게 되리라. 네가 아직 살아 숨쉬는 한 아무와도 네 자리를 바꾸지 마라."(집회 33,20-21)

감사하고 기뻐하는 자식의 대물림

1249 아버지는 아들에게 대물림합니다. "아버지를 공경하는 이는 자녀들에게서 기쁨을 얻고 그가 기도하는 날 받아들여진다."(집회 3,5) 이런 구절도 있습니다. "너희가 되질하는 바로 그 되로 너희도 받을 것이다."(마태 7,2)

훌륭한 평판

1250 "사람의 영광은 아버지의 명예에 있습니다. 아버지를 버리는 자 제 스스로 그 얼마나 고약한 오명을 만드는가!"(*집회 3,11 참조)

현세의 유복함

1251 성경에 이런 구절이 있습니다. "아버지의 축복은 자녀들의 집안을 튼튼하게 해 주고 어머니의 저주는 집안을 뿌리째 뽑는다."(집회 3,9)

4) 부모처럼 공경해야 할 분들

1252 "부모에게 효도하여 오래 살고 지상의 삶에서 복을 누려라." 그런데 육신의 부모 말고 공경해야 할 다른 부모가 있다는 것을 명심해야 합니다. 여기에도 다섯 부류가 있습니다.[180]

사도와 성인들

그 가르침과 훌륭한 모범을 기리어 사도와 성인들도 아버지라 부릅니다. 바오로 사도가 코린토 사람들에게 이렇게 씁니다. "여러분을 그리스도 안에서 이끌어 주는 인도자가 수없이 많다 하여도

---

[180] 《신학대전》 제2부 제2편 제102문 제1-2절.

아버지는 많지 않습니다. 그리스도 예수님 안에서 내가 복음을 통하여 여러분의 아버지가 되었습니다."(1코린 4,15) 현명한 시라도 이런 말을 합니다. "훌륭한 사람들과 역대 선조들을 칭송하자."(집회 44,1) 그러나 그저 입으로만 칭송할 것이 아니라 저들의 모범을 본받음으로써 칭송해야 합니다. 우리에게 그와 반대되는 것이 없을 때 비로소 그런 칭송을 하게 되는 것이지요. 그래서 성경에도 이런 구절이 나옵니다. "하느님의 말씀을 일러 준 여러분의 지도자들을 기억하십시오. 그들이 어떻게 살다가 죽었는지 살펴보고 그들의 믿음을 본받으십시오."(히브 13,7)

영적 지도자

1253 우리는 영적인 지도자들도 아버지라 부르고 공경해야 합니다. 그들은 그리스도를 섬기는 공복이기 때문입니다. 구세주께서 이렇게 말씀하셨습니다. "너희 말을 듣는 이는 내 말을 듣는 사람이고, 너희를 물리치는 자는 나를 물리치는 사람이며, 나를 물리치는 자는 나를 보내신 분을 물리치는 사람이다."(루카 10,16) 그래서 바오로 사도의 말씀처럼 순명을 통하여 영적 지도자들을 공경해야 마땅합니다. "지도자들의 말을 따르고 그들에게 복종하십시오."(히브 13,17) 그리고 성경 말씀대로 십일조 납부를 통해서 그 마음을 드러낼 수 있습니다. "네 재물과 네 모든 소출의 맏물로 주님께 영광을 드려라."(잠언 3,9)

왕과 영주

1254 왕이며 영주도 아버지입니다. 이를테면 성경에서 시리아의 장수 나아만을 그의 부하들이 아버지라 부릅니다. 나아만의 부하들이 그에게 말합니다. "아버님, 만일 이 예언자가 어려운 일을 시켰다면 하지 않으셨겠습니까? 그런데 그는 아버님께 몸을 씻기만 하면 깨끗이 낫는다고 하지 않습니까?"(2열왕 5,13) 왕이며 영주를 아버지라 부르는 이유는 그들이 백성의 안녕과 행복을 염려해야 하기 때문입니다. 그래서 우리는 복종으로 그들을 공경합니다. 바오로 사도는 그렇게 하라고 권합니다. "사람은 누구나 위에서 다스리는 권위에 복종해야 합니다."(로마 13,1) 그것도 그냥 이성적 이유 때문이 아니라 양심 때문에라도 그렇습니다. 바오로 사도의 가르침에 따르면 모든 권위는 하느님께로부터 온 것이기에 저마다의 권위에 주어야 할 것을 주어야 합니다. "조세를 내야 할 사람에게는 조세를 내고 관세를 내야 할 사람에게는 관세를 내며, 두려워해야 할 사람은 두려워하고 존경해야 할 사람은 존경하십시오."(로마 13,7). 솔로몬의 격언에도 이런 말이 나옵니다. "내 아들아, 주님과 임금을 경외하고 너와 생각이 다른 자들과는 사귀지 마라."(잠언 24,21)

은인

1255 은인들도 아버지라고 부릅니다. 집회서에서는 이렇게 이야기합니다. "고아들에게 아버지가 되어 주고 그들의 어머니에게 남

편 노릇을 해 주어라."(집회 4,10) 아이들에게 은혜를 베푸는 것이 아버지의 본디 일이니 말입니다. 그래서 우리는 은인들에게도 다시 은혜로 보답해야 할 책임이 있습니다. "보증인의 호의를 잊지 마라."(집회 29,15) 그런 호의를 잊는 일은 배은망덕한 자나 하는 짓입니다. "고마움을 모르는 자의 희망은 겨울 서리처럼 녹아 버리고 쓸데없는 물처럼 흘러가 버립니다."(지혜 16,29)

나이 지긋한 어른들

1256 끝으로 나이 지긋한 어른들도 아버지라 불립니다. 성경에 이런 대목이 나옵니다. "아버지에게 물어보아라. 알려 주리라. 노인들에게 물어보아라. 말해 주리라."(신명 32,7) "너희는 백발이 성성한 어른 앞에서 일어서고, 노인을 존경해야 한다."(레위 19,32) 현명한 시라도 이야기합니다. "명망 있는 사람들 모인 자리에서 주제넘게 굴지 말고 노인들이 있는 자리에서 말을 많이 하지 마라. 그러면 너의 자식에게 호의와 친절이 베풀어지리라."(*집회 32,9-10 참조)

1257 이들을 공경하는 것은 이분들 모두 하늘에 계신 아버지와 어느 정도 닮은 점이 있기 때문입니다. 구세주의 다음 말씀은 이분들에게도 적용됩니다. "너희 말을 듣는 이는 내 말을 듣는 사람이고, 너희를 물리치는 자는 나를 물리치는 사람이며, 나를 물리치는 자는 나를 보내신 분을 물리치는 사람이다."(루카 10,16)

제5계명: 사람을 죽이지 마라

1) 살인에 대한 그릇된 해석

1258 "살인해서는 안 된다."(탈출 20,13) 하느님의 법은 우리에게 하느님 사랑과 이웃 사랑에서 벗어나지 말라고 명령하며, 선행을 넘어 악을 멀리해야 한다고 가르칩니다. 사람이 이웃에게 저지를 수 있는 범죄 중 가장 중대하고 용납할 수 없는 악행은 생명을 앗아 가는 것입니다. 이를 금지하는 것이 바로 제5계명입니다. "사람을 죽이지 마라."[181]

1259 이 말의 의미와 관련하여 시대의 흐름에 따라 세 가지 그릇된 견해가 나왔습니다.

동물을 죽이는 일

이 계명에 따라 분별력이 없는 짐승을 죽이는 일도 금해야 한다고 주장하는 이들이 있습니다. 이 주장이 잘못이라는 건 불 보듯 뻔합니다. 사람의 지배를 받는 짐승을 사람의 이익을 위해 이용하는 것은 죄가 아니기 때문입니다. 식물이 동물의 먹이가 되고, 동물 가운데 어떤 동물은 다른 동물의 먹이가 되며, 식물과 동물 모

---

[181] 《신학대전》 제2부 제2편 제69문 제2-3절; 제112문 제6절.

두 사람의 식량이 되는 것은 자연의 질서이기도 합니다. 그래서 주님께서는 노아와 그의 식솔들에게 말씀하셨습니다. "살아 움직이는 모든 것이 너희의 양식이 될 것이다. 내가 전에 푸른 풀을 주었듯이, 이제 이 모든 것을 너희에게 준다."(창세 9,3) '사냥은 정당한 전쟁과 같다.'[182]는 아리스토텔레스의 말도 이것과 일치합니다. 바오로 사도는 코린토 사람들에게 쓴 편지에서 똑같은 것을 가르칩니다. "시장에서 파는 것은 양심을 따져 보지 말고 무엇이든지 먹으십시오."(1코린 10,25)

사람을 죽이는 행위가 허용되는 경우

1260 사람을 죽이는 일은 어떤 경우라도 금지라고 주장하는 이들이 있습니다. 그래서 법에 따라 사형을 선고하는 판사를 살인자로 봐야 한다는 것입니다.

이런 사람들에게 아우구스티노 성인이 대답하기를, 사람을 죽이지 말라는 계명을 통해 하느님께서는 죽일 권한 자체를 거둔 것은 아니라고 하였습니다.[183] 하느님께서 당신 스스로에 관하여 말씀하십니다. "나는 죽이기도 하고 살리기도 한다. 나는 치기도 하고 고쳐 주기도 한다."(신명 32,39) 그래서 하느님께 권한을 받아 누군가를

---

[182] 아리스토텔레스 《정치학》 제1권 제6장(1256b24-27).

[183] 아우구스티노 《신국론》 제1권 제26장.

죽이는 것이 허용된 사람들이 있습니다. 하느님께서 그들에게 맡기신 일을 당신 스스로 하시는 셈입니다.[184] 계명마다 하느님께서 맡기신 바가 있습니다. 성경에 이런 말씀이 나옵니다. "내 도움으로 임금들이 통치하고 군주들이 의로운 명령을 내린다."(잠언 8,15) 바오로 사도는 편지에 이렇게 썼습니다. "그대는 권위를 두려워하지 않기를 바랍니까? 선을 행하십시오. 그러면 권위로부터 인정을 받을 것입니다. 지배자는 그대의 이익을 위하여 일하는 하느님의 일꾼입니다. 그러나 그대가 악을 행할 경우에는 두려워하십시오. 그들은 공연히 칼을 차고 있는 것이 아닙니다. 그들은 악을 저지르는 자에게 하느님의 진노를 집행하는 그분의 일꾼입니다."(*로마 13,3-4 참조)[185] 하느님께서는 모세에게도 명령하셨습니다. "너희는 주술쟁이 여자를 살려 두어서는 안 된다."(탈출 22,17) 하느님께서는 당신의 일

---

[184] 《신학대전》 제2부 제1편 제100문 제8절.

[185] 사형에 관한 가톨릭 교회의 공적인 가르침이 바뀌었다. 《가톨릭 교회 교리서》 2267항 "오랫동안 합법적인 권위(국가)가 통상적인 재판 절차에 따라 사형을 선고하는 것은 비록 극단적이긴 하지만, 일부 범죄의 중대성에 대한 적절한 대응이자 공동선 수호를 위하여 용납되는 수단으로 여겨져 왔다. 그러나 오늘날 어떤 사람이 심지어 매우 중대한 범죄를 저질렀다 하더라도 그의 존엄성이 박탈되어서는 안 된다는 인식이 높아지고 있다. 또한 국가가 시행하는 형벌 제재의 의미에 대한 새로운 이해가 확산되고 있다. 마침내 시민들에게 합당한 보호를 보장하고 동시에 범죄자에게서 그 죄에 대한 속죄의 가능성을 앗아 가지 않는 더욱 효과적인 수감 제도가 마련되어 있다. 따라서 교회는 복음에 비추어 '사형은 개인의 불가침과 인간 존엄에 대한 모욕이기에 용납될 수 없다.'(2017.10.11. 교황청 새복음화촉진평의회가 주최한 회의 참석자들에게 한 프란치스코 교황의 연설)고 가르치며 전 세계의 사형제 폐지를 위해 노력한다.

을 일꾼들이 하도록 위임하셨습니다.[186]

하느님께서 죄를 죽음으로 처벌하신다고 해서 모든 법의 원조이신 그분께서 죄를 지으신다는 것은 말이 되지 않습니다. 바오로 사도의 말씀처럼 "죄가 주는 품삯은 죽음이지만, 하느님의 은사는 우리 주 그리스도 예수님 안에서 받는 영원한 생명이기 때문입니다."(로마 6,23) 따라서 하느님의 종도 그분께서 맡기신 바에 따라 범죄자에게 죽음의 벌을 내리는 것은 죄가 되지 않습니다. 그래서 '죽이지 마라.'는 말이 뜻하는 바는 "멋대로, 자기의 권위로 죽이지 말라."는 것입니다.[187]

자살

1261 끝으로 "사람을 죽이지 마라."는 계명이 다른 사람을 죽이는 것을 금하는 것이지, 자기 자신을 죽이는 것을 금한 것은 아니라고 주장하는 이들이 있습니다. 삼손(판관 16,28-30 참조)과 카토[188] 그리고 몇몇 처녀들과 같은 이들입니다. 아우구스티노 성인은 《신국론》에서 그들이 불꽃 속으로 떨어졌다고 썼습니다.[189] 이 거룩하신 교

---

[186] 《신학대전》 제2부 제2편 제64문 제2절.

[187] 《신학대전》 제2부 제2편 제64문 제3절.

[188] 대 카토(M. Porcius Cato)의 증손자 소 카토(Cato Uticae). 탑수스 전투에서 패해 우티카에서 자살했다(BC 46).

[189] 아우구스티노 《신국론》 제1권 제26장.

회의 스승은 '자살'에 대해 잘못 생각하고 있는 이들에게 이렇게 말합니다.[190] "스스로를 죽이는 자도 사람을 죽이는 것이다." 하느님께서 맡기신 것이 아니면 사람을 죽이는 것이 허용되지 않습니다. 마찬가지로 하느님께서 맡기셨을 때나 삼손처럼 성령이 자극하실 때 외에는 자기 자신을 죽이는 일도 허용되지 않습니다.[191] 이때도 "사람을 죽이지 마라."는 계명이 적용됩니다.

2) 사람을 죽이는 방식

1262 사람을 죽이는 방식에는 여러 가지가 있습니다.

손으로

이사야서에 이런 구절이 나옵니다. "너희의 손은 피로 가득하다."(이사 1,15) 이러한 일은 이웃을 자신처럼 사랑하라는 그리스도교의 사랑을 거스릅니다. 그래서 요한 사도는 "살인자는 아무도 자기 안에 영원한 생명을 지니고 있지 않습니다."(1요한 3,15)라고 말합니다. 이는 자연의 질서에도 위배되니, 성경에서도 "모든 피조물은 저와 비슷한 존재를 사랑하고 모든 인간은 제 이웃을 사랑한다."(집회

---

[190] 아우구스티노《신국론》제1권 제20장.

[191] 아우구스티노《신국론》제1권 제21장.

13,15)라고 했습니다. 탈출기에도 이런 대목이 있습니다. "사람을 때려서 죽인 자는 사형을 받아야 한다."(탈출 21,12) 살인자는 늑대보다 잔인합니다. 늑대조차 다른 늑대의 살은 먹지 않으니 말입니다.[192]

입으로

이웃을 비난하고 헐뜯으며 자극하여 빚어지는 일입니다. 이와 관련하여 시편에 이런 대목이 나옵니다. "그들의 이빨은 창과 화살, 그들의 혀는 날카로운 칼입니다."(시편 57,5)

살인자를 도와서

성경에 이런 말씀이 있습니다. "내 아들아, 그들이 이렇게 말할지라도 그들과 함께 길을 가지 마라. 그들의 행로에 발을 들여놓지 마라."(잠언 1,15-16)

동조를 통해

바오로 사도는 악을 행하는 "자들은 죽어 마땅"(로마 1,32)하다고 말합니다. 그런데 살인을 가로막지 않았다면 그것은 살인에 어느 정도 동의한 것이 됩니다. 그래서 성경에 이런 내용이 있습니다. "죽음에 사로잡힌 이들을 구해 내고 학살에 걸려드는 이들을 **빼내**

---

[192] 아리스토텔레스 《동물지》 제9권 제44장.

어라. '이봐, 우리는 그걸 몰랐어.' 하고 네가 말하여도 마음을 살피시는 분께서 알아보시지 않느냐? 영혼을 지켜보시는 분께서 아시고 사람에게 그 행실대로 갚으신다."(잠언 24,11-12)

태만이나 인색함으로

태만이나 인색함으로 사람을 죽게 할 수 있습니다. 도울 수 있는데 돕지 않고 몰락하게 놓아 두어서 말입니다. 그래서 암브로시오 성인은 이렇게 이야기했습니다. "굶주림에 죽어 가는 사람들에게 음식을 주라. 그런 사람에게 음식을 주지 않으면 네가 그 사람을 죽인 자다."[193]

영혼 생명을 죽임

1263 앞에서 이야기한 것들은 육신을 죽이는 것입니다. 그런데 육신뿐만 아니라 영혼을 죽일 수도 있습니다. 사람을 죽을죄로 유혹하고 은총의 생명을 빼앗는 것입니다. 그래서 성경에서는 "그는 처음부터 살인자로서, 진리 편에 서 본 적이 없다."(요한 8,44)라고 합니다. 악마가 사람을 죄로 유혹했기 때문입니다. 또 육신과 영혼을 동시에 죽일 수도 있습니다. 이는 다음 두 가지 방식으로 일어날 수 있습니다. 첫째는 임신부 살해인데, 이를 통해 태어나지 않은 아이

---

[193] 《신학대전》 제2부 제2편 제158문 제2절.

의 육신과 영혼의 생명을 죽이는 것입니다. 둘째는 자살입니다.

1264 "사람을 죽이지 마라." 그리스도께서는 복음서에 우리의 의로움이 율법 학자와 바리사이보다 뛰어나야 한다고 가르치십니다 (마태 5,20 참조). 이것으로 그리스도께서는 우리 그리스도인들이 유다인보다 더 완전하게 법의 규정을 지켜야 한다고 요구하는 것입니다. 이 요구의 근거는 이미 충분한데, 더 큰 보상을 얻으려면 더 큰 노력을 기울여야 한다는 것입니다. 바오로 사도의 이야기에 비추어 보아도 그렇습니다. "적게 뿌리는 이는 적게 거두어들이고 많이 뿌리는 이는 많이 거두어들입니다."(2코린 9,6) 구약에서는 그저 유한하고 세속적인 재물들만 약속되었습니다. 이사야 예언자의 입을 통해 하느님께서는 이렇게 약속하십니다. "너희가 기꺼이 순종하면 이 땅의 좋은 소출을 먹게 되리라."(이사 1,19) 반면에 신약에서는 하늘 나라의 영원한 보물이 약속되어 있었습니다. 더 큰 보상을 기대할 수 있으니, 더 큰 의로움을 베풀어야 합니다. 그런데 의로움이란 계명을 준수하는 데에서 성립합니다.

3) 분노를 조심하는 법

1265 구세주께서는 "사람을 죽이지 마라."는 계명을 확실하게 짚어서 언급하셨습니다. 완벽하게 지켜야 할 계명이라는 의미입니다. "'살인해서는 안 된다. 살인한 자는 재판에 넘겨진다.'고 옛사람들

에게 이르신 말씀을 너희는 들었다. 그러나 나는 너희에게 말한다. 자기 형제에게 성을 내는 자는 누구나 재판에 넘겨질 것이다."(마태 5,21-22) 즉 다른 사람을 죽인 자는 법에서 규정한 죄를 지었다는 말입니다. "그러나 악의로 흉계를 꾸며 이웃을 죽였을 경우에는, 그가 내 제단을 붙잡았더라도 끌어내어 사형에 처해야 한다."(탈출 21,14)

1266 분노는 여섯 가지 방식으로 조심해야 합니다.

급하게 터뜨리지 말기

너무 성급하게 화를 터뜨리지 말아야 합니다. "모든 사람이 듣기는 빨리 하되, 말하기는 더디 하고 분노하기도 더디 해야 합니다."(야고 1,19) 분노가 하느님의 처벌을 받을 죄이기 때문입니다.[194]

1267 그러면 모든 분노가 죄가 되는지 묻지 않을 수 없겠습니다. 이에 대한 견해가 둘로 갈립니다.[195] 스토아 학파의 주장에 따르면, 현자라면 감정의 변화는 멀리해야 하며, 참다운 덕은 영혼의 안식에 있다고 합니다. 소요 학파의 가르침에 따르면 그와 반대로, 현자도 그 정도가 적절하다면 얼마든지 분노할 수 있다고 합니다.[196] 후자의 견해가 아무래도 더 옳을 듯합니다.

---

[194] 《신학대전》 제2부 제2편 제158문 제2절.
[195] 《신학대전》 제2부 제2편 제158문 제1절.
[196] 아우구스티노 《신국론》 제9권 제4장.

하느님의 권위가 이를 증명합니다. 그리스도께서도 더러 화를 내셨습니다. 성경 자체에서 모든 지혜의 원천이신 그리스도의 속성에 그와 같은 정념의 변화들을 포함합니다(마르 3,5; 요한 2,13 참조). 다른 한편으로 우리 이성에 의해 증명되기도 합니다. 감정의 변화가 덕과 부합하지 않는다면, 영혼에도 부정적인 영향을 미칠 수 있습니다. 화나 욕심 같은 것들이 거기에 속할 것입니다.[197]

1268 그러므로 분노는 덕일 때도 있고 그렇지 않을 때도 있습니다. 분노란 말은 세 가지 의미로 쓸 수 있습니다.

첫째, 분노가 감정의 동요 없이 이성의 판단 속에만 있을 때입니다. 이것은 실제 분노는 아니고, 이성의 판단일 뿐입니다. 이런 의미의 분노는 성경에서 악을 처벌하시는 주님께도 있습니다. 미카서에서 나오는 대목입니다. "내가 그분께 죄를 지었으니 그분께서 나에게 판결을 내리시고 권리를 찾아 주실 때까지 나는 주님의 분노를 짊어지리라."(미카 7,9)

둘째, 분노란 표현이 지각에 뿌리를 둔 정념이란 의미에서 쓰입니다.[198] 이 분노는 감각적 욕구에 들어 있습니다. 이 역시 두 가지 의미로 쓰입니다. 이성으로 조절하고, 그 테두리 안에 머물러 화를 꼭 내야 할 때에 화를 내는 것입니다. 이럴 때 그것은 덕행이며 '열

---

[197] 《신학대전》 제3부 제15문 제9절.

[198] 《신학대전》 제2부 제2편 제158문 제1-2절.

정에 의한 분노ira per zelum'라고도 부릅니다. 이와 관련하여 아리스토텔레스는 온순함이 결코 그리고 어떤 식으로도 화를 내지 않는 것은 아니라고 합니다.[199] 이런 식의 분노는 죄가 되지 않습니다.

1269 또 다른 세 번째 분노는 이성의 테두리를 벗어나는 감정의 흥분입니다. 이 종류의 분노는 언제나 죄가 되는데, 가벼운 죄가 되기도 하고 죽을죄가 되기도 합니다. 분노가 향하는 그 대상의 차이에 따라서 달라집니다. 죽을죄는 그 속성genus, 또는 그와 결부된 상황 때문일 수 있습니다.

1270 예컨대 살인은 하느님의 계명을 직접 위배하기 때문에 그 속성 자체가 죽을죄가 되고, 따라서 그 죄에 동의하는 것도 그 속성상 죽을죄가 됩니다. 행위 자체가 죽을죄라면 그 행동을 하라고 동의한 것도 죽을죄이기 때문입니다.

행위는 그 속성상 죽을죄이지만, 그렇게 하고자 하는 열망은 죽을죄가 아닐 때도 있습니다. 그 행위에 동의하지 않을 때입니다. 예컨대 간음에 대한 욕망은 우리가 승낙하지 않는 한 죽을죄가 아닙니다. 당한 부당함에 복수하고자 하는 욕망과 다를 바 없는 분노도 마찬가지입니다. 그런데 이 정념에 대한 욕망이 이성을 지배하게 되면, 죽을죄가 됩니다. 반면 이성이 그것을 승인할 때까지 가지 않는다면 가벼운 죄로 그치고 맙니다. 그리고 욕망과 관련한 행위의

---

199 아리스토텔레스 《니코마코스 윤리학》 제4권 제13장.

속성이 죽을죄가 아니라면, 그 욕망도 죽을죄가 아닙니다. 그래서 "자기 형제에게 성을 내는 자는 누구나 재판에 넘겨질 것이다."(마태 5,22)라는 구세주의 말씀에서 이렇게 성을 내는 것은 다른 사람에게 해를 끼치려는 분노로 이해할 수 있습니다. 그런 분노에 승낙까지 더해지면 심각한 죄가 됩니다. 여기에 관해 성경에 이런 구절이 나옵니다. "일어난 일은 선하든 악하든 모두 하느님이 위반 사항을 심판하신다."(*코헬 12,14 참조)

자유를 앗아 가는 분노

1271 더군다나 지나치게 서둘러 화를 폭발해서는 안 됩니다. 사람이라면 누구나 자유를 사랑하고 종살이를 증오합니다. 그런데 분노는 사람에게서 자유를 빼앗아 갑니다. 화난 사람은 자기 자신의 주인 노릇을 더는 하지 못하기 때문입니다. 성경에 이런 구절이 있습니다. "성난 사람의 과격함을 누가 견딜손가?"(*잠언 28,4 참조) "돌이 무겁고 모래가 묵직하지만 미련한 자가 일으키는 불쾌감은 이 둘보다 무겁다."(잠언 27,3)

오래 끌지 말아야

1272 아울러 분노 속에 너무 오래 머물지 않도록 조심해야 합니다. "성내어 죄짓지 마라."(*시편 4,4 참조) 바오로 사도는 "해가 질 때까지 노여움을 품고 있지 마십시오."(에페 4,26)라고 훈계합니다. 그

이유를 주님께서 말씀하십니다. "너를 고소한 자와 함께 법정으로 가는 도중에 얼른 타협하여라. 그러지 않으면 고소한 자가 너를 재판관에게 넘기고 재판관은 너를 형리에게 넘겨, 네가 감옥에 갇힐 것이다. 내가 진실로 너에게 말한다. 네가 마지막 한 닢까지 갚기 전에는 결코 거기에서 나오지 못할 것이다."(마태 5,25-26)

분노를 키우지 말아야

1273 분노가 더 커지지 않도록 조심해야 합니다. 생각 속에서 더욱더 자라나 증오로 커지지 않도록 말입니다. 분노와 증오 사이에는 차이가 있습니다. 분노는 쉬 사라지지만, 증오는 오래갑니다. 그래서 증오는 죽음의 죄입니다. 바오로 사도는 이렇게 말합니다. "자기 형제를 미워하는 자는 모두 살인자입니다."(1요한 3,15) 그런 사람은 저 스스로 사랑에서 벗어나 자신을 죽이게 됩니다. 게다가 폭주하여 증오의 대상까지 죽이기 쉽습니다. 그래서 아우구스티노 성인도 이렇게 씁니다. "서로 다툼을 품지 말고 아니면 다툼을 되도록 서둘러 해소하여 분노가 증오로 번지고 나뭇조각이 들보가 되며 영혼이 살인자가 되게 하지 마라."[200] 잠언에는 이런 대목이 나옵니다. "성을 잘 내는 사람은 싸움을 일으키고 분노에 더딘 이는 다툼을 가라앉힌다."(잠언 15,18) 그리고 창세기에는 이런 구절이 나옵니다. "포

---

[200] 아우구스티노 《서간집 *Epistulae*》, 211,14.

악한 그들의 격분, 잔악한 그들의 분노는 저주를 받으라."(창세 49,7)

말로 드러내지 말아야

1274 분노가 말로 드러나지 않도록 조심해야 합니다. "미련한 자는 불쾌함을 바로 드러내지만 영리한 이는 모욕을 덮어 둔다."(잠언 12,16) 분노는 욕설과 깔보는 말, 두 가지 방식으로 옮겨집니다. 욕과 관련하여 구세주께서 이런 말씀을 하십니다. "자기 형제에게 '바보!'[201]라고 하는 자는 최고 의회에 넘겨지고, '멍청이!'라고 하는 자는 불붙는 지옥에 넘겨질 것이다."(마태 5,22) 마찬가지로 잠언에 이런 구절이 있습니다. "부드러운 대답은 분노를 가라앉히고 불쾌한 말은 화를 돋운다."(잠언 15,1)

행동으로 옮기지 말아야

1275 끝으로 화가 행동으로, 즉 실천으로 이어지지 않도록 조심해야 합니다. 무슨 행동을 하든 우리가 눈여겨보아야 할 것이 두 가지이니, 바로 정의를 실현하고 자비를 행하는 것입니다. 그런데 분노는 저 두 가지 모두 방해합니다. "사람의 분노는 하느님의 의로움을 실현하지 못합니다."(야고 1,20) 아무리 그렇게 하려고 해도 그럴 수가 없습니다. 그래서 현자는 그를 모욕하는 사람에게 이렇게 말

---

201 [공동번역] "미친놈"

합니다. "내가 화가 나지 않았다면 당신을 처벌할지도 모르겠다."[202] 잠언에도 분노와 격분이 홍수처럼 인정사정 볼 줄 모른다(잠언 27,4 참조)는 말이 나옵니다. 또 창세기에 야곱의 두 아들인 시메온과 레위에 관해 이런 말이 나옵니다. "그들은 격분하여 사람들을 죽이고 멋대로 소들을 못 쓰게 만들었다."(창세 49,5-6)

1276 그래서 그리스도께서는 살인만 조심할 것이 아니라 분노도 조심해야 한다고 가르치십니다. 훌륭한 의사는 겉으로 보이는 병만 없애는 것이 아니라 그 뿌리까지 없애 다시 병이 생기는 일이 없게 합니다. 주님께서도 우리가 모든 죄의 시작인 분노를 조심하라고 하십니다.

제6계명: 간음하지 마라

1277 "간음해서는 안 된다."(탈출 20,14) 살인 금지 다음으로 간음과 간통 adulterium 금지가 이어집니다. 이런 흐름이 적절하고 자연스럽습니다. 성경의 말씀처럼 남녀가 한 몸이니 말입니다. "남자는 아버지와 어머니를 떠나 아내와 결합하여, 둘이 한 몸이 된다."(창세 2,24) 살인 다음으로 그 사람과 맺어진 신상에 끼친 부당함, 다시 말

---

[202] 기원전 4세기의 플라톤 친구로 피타고라스파의 철학자 아르키타스(Archytas)를 말한다.

해 간음으로 입힌 부당함보다 더 큰 부당함은 없습니다.[203]

1) 아내의 간음

1278 간통은 아내뿐 아니라 남편에게도 금지입니다. 그래도 먼저 아내의 간음부터 살피고 넘어가겠습니다. 똑같은 죄지만 남편보다 더 큰 죄로 보이기 때문입니다. 아내는 간음으로 동시에 세 개의 중죄를 짓습니다. 성경에 이런 구절이 있습니다. "제 남편을 떠나 다른 남자에게서 상속자를 낳은 여자도 마찬가지다. 첫째, 그 여자는 지극히 높으신 분의 율법을 어기고 둘째, 제 남편을 거슬러 죄를 지었으며 셋째, 간통죄를 짓고 다른 남자에게서 자식을 낳았기 때문이다."(집회 23,22-23) 여자가 죄를 짓는 동기는 세 가지입니다.

부정

부정하다는 것은 하느님의 법을 위반하여 정절을 지키지 않았다는 의미입니다. 주님께서는 간통을 금하셨습니다. 그런데 부정한 여인은 하느님께서 분명하게 표현해 놓은 지시를 어긴 것입니다. 주님께서 말씀하셨습니다. "하느님께서 맺어 주신 것을 사람이 갈라놓아서는 안 된다."(마태 19,6) 아울러 교회의 규정과 혼인성사를

---

[203] 《신학대전》 제2부 제2편 제122문 제6절.

위반한 것이기도 합니다. 혼인은 교회에서 맺어져 하느님을 혼인에 의한 정절의 증인이자 보증인으로 모시니 말입니다. 이와 관련한 말라키 예언자의 이야기가 있습니다. "네가 배신한 젊은 시절의 네 아내와 너 사이의 증인이 바로 주님이시기 때문이다. 그 여자는 너의 동반자이고 너와 계약으로 맺어진 아내이다."(말라 2,14) 간통한 여자의 행실은 하느님의 법과 말씀과 혼인성사 위반입니다.

남편에 대한 배신

1279 남편을 버리고 떠나니 그에 대한 배신으로 죄를 짓습니다. 바오로 사도는 "아내의 몸은 아내가 아니라 남편의 것이고, 마찬가지로 남편의 몸은 남편이 아니라 아내의 것입니다."(1코린 7,4)라고 말했습니다. 여자는 남편의 승낙 없이는 동정의 순결조차 지킬 수가 없습니다. 그래서 간음을 하면, 다른 남자에게 몸을 맡겨 남편에 대한 배신의 죄를 범하는 것입니다. 종이 다른 주인에게 몸을 맡기는 것이 주인에 대한 배반인 것처럼 말입니다. 성경에 그런 여인에 관한 내용이 나옵니다. "그런 여자는 제 젊은 시절의 친구를 버리고 자기 하느님과 맺은 계약을 잊은 자다."(잠언 2,17)

도둑질

1280 간음으로 다른 남자의 아이들을 낳으면 도둑질의 죄를 짓는 것입니다. 이것은 합법적 자식의 상속분을 다른 아이들에게 넘

기는 것이기도 하니 매우 큰 도둑질입니다. 간통한 여자는 이로써 하느님 법의 위반자요 배신자이며 도둑입니다.

2) 남편의 간음

1281 남자가 맞대응하여 비위를 맞춘다면 간음을 통해 남자가 짓는 죄가 여자보다 적지 않습니다. 그 이유는 세 가지입니다.

평등한 결혼의 권리와 의무

"아내의 몸은 아내가 아니라 남편의 것이고, 마찬가지로 남편의 몸은 남편이 아니라 아내의 것입니다."(1코린 7,4) 결혼 문제에서는 부부의 어느 쪽도 다른 한편의 승낙 없이 무슨 일을 벌여서는 안 됩니다. 부부 사이의 이 내적 관계는 하느님께서 여자를 남자의 다리나 머리가 아니라 옆구리에서 만들었다는 사실로 암시됩니다.[204] 그래서 결혼도 그리스도의 법을 통해 비로소 완성됩니다. 유다의 율법에서는 부부가 평등하지 않습니다. 남자는 여러 아내를 거느릴 때가 많은데, 여자는 여러 남편을 둘 수 없으니 말입니다.

---

[204] 《신학대전》 제1부 제92문 제3절.

더 큰 남자의 힘

1282 간음을 통해 짓는 죄가 남편이 아내보다 적지 않은 것은 남편의 힘이 더 세기 때문입니다. 본디 여성의 약점은 욕정입니다. 베드로 사도는 이렇게 말했습니다. "남편들도 자기보다 연약한 여성인 아내를 존중하면서, 이해심을 가지고 함께 살아가야 합니다. 아내도 생명의 은총을 함께 상속받을 사람이기 때문입니다. 그렇게 해야 여러분의 기도가 가로막히지 않습니다."(1베드 3,7) 스스로 지키지 못할 것을 아내에게 요구한다면, 그것은 정절을 깨는 일입니다.

남편의 권위

1283 남편은 아내의 머리이니, 그 권위 때문입니다. 바오로 사도는 아내들이 교회에서 이야기해서는 안 되고, 알고 싶은 것이 있으면 집에서 남편에게 물어야 한다고 했습니다(*1코린 14,34-35 참조). 남편은 아내의 스승이기에 하느님께서는 남편에게 계명을 주셨습니다. 성직자의 계명 위반은 평신도보다 더 무거운 죄로 여겨지는데, 이는 그들이 타인에게 모범이 되고 가르침을 전하는 중요한 직분을 맡고 있기 때문입니다. 마찬가지로 남편이 혼인의 의무를 저버리고 간음을 저지르면 그 죄는 매우 무겁고 심각한 일입니다. 남편이 간음했을 때 아내는 주님의 말씀을 유념하는 것이 좋습니다. "그들이 너희에게 말하는 것은 다 실행하고 지켜라. 그러나 그들의 행실은 따라 하지 마라."(마태 23,3)

3) 이단의 주장

성매매는 간음죄가 아니다?

1284 "간음하지 마라." 하느님께서는 남성은 물론 여성에게도 간음을 금지하셨습니다. 그런데도 간혹 단순한 성매매fornicatio는 죽을 죄가 아니라고 생각하는 사람들이 많습니다. 이것이 완전히 잘못된 생각이라는 것은 바오로 사도의 이야기에 비추어 보아도 분명하게 드러납니다. "불륜을 저지르는 자fornicator와 간음하는 자를 하느님께서는 심판하실 것입니다."(히브 13,4) 여기서 불륜은 성매매fornicatio를 말합니다. "착각하지 마십시오. 불륜을 저지르는 자도 우상 숭배자도 간음하는 자도 남창도 비역하는 자도, 도둑도 탐욕을 부리는 자도 주정꾼도 중상꾼도 강도도 하느님의 나라를 차지하지 못합니다."(1코린 6,9-10) 죽을죄 하나만으로 하늘나라에서 배제됩니다. 단순한 성매매도 죽을죄입니다.

1285 성매매가 간통과 달리 결혼한 여자의 몸을 내주는 것도 아닌데 어째서 죽을죄인지 이해할 수 없다며 이의를 제기할 수도 있습니다. 성매매가 비록 결혼한 여자의 몸을 파는 것은 아니더라도 그리스도의 몸을 파는 것이기 때문입니다. 세례식에서 우리는 우리의 몸을 그리스도께 바치고 봉헌합니다. 그러니 결혼한 여자에게 부정을 가해서 안 된다면, 그리스도께는 더더욱 안 되는 것입니다. 바오로 사도는 코린토 사람들에게 보낸 편지에 이렇게 썼습니다.

"여러분의 몸이 그리스도의 지체라는 것을 모릅니까? 그런데 그리스도의 지체를 떼어다가 탕녀의 지체로 만들 수 있겠습니까? 결코 그럴 수 없습니다."(1코린 6,15) 그러니 단순한 성매매는 죽을죄가 아니라는 주장은 이단입니다.

1286 '간음하지 마라.'는 계명을 통해 간음만 금지되는 것이 아니라 결혼 이외의 육체적 동침 모두 다 엄격히 금지됩니다.

남녀의 성적 결합은 모두 죄?

1287 반면에 죄가 되지 않는 남성과 여성의 성적 결합은 없다는 주장도 있는데, 이 또한 이단입니다. 바오로 사도가 이런 이야기를 했습니다. "혼인은 모든 사람에게서 존중되어야 하고, 부부의 잠자리는 더럽혀지지 말아야 합니다."(히브 13,4) 이와 같은 성적 결합은 죄 없이 일어나는 일이며, 사랑과 은총의 상태에 있는 사람들에게는 영생에 도움이 되기도 합니다. 그러나 어떤 경우에는 크고 작은 죄와 결부될 때도 있고, 죽을죄와 맞물릴 때도 있습니다.

자녀를 낳겠다는 의도에서 이루어진다면, 그것은 덕행입니다. 그리고 성적 결합이 부부 서로가 위로를 얻기 위해 이루어진다면, 그것은 정의로운 행동입니다. 반면에 욕망을 채우려는 목적에서 일어난다면, 결혼이란 테두리를 벗어나지 않는 한 가벼운 죄로 남습니다. 그러나 부부간의 성관계가 한도를 넘어서, 그 대상이 다른 사람에게까지 확장된다면 그것은 죽을죄입니다.

4) 간음과 매음 금지의 이유

1288 간통과 간음을 금지하는 이유를 다섯 가지로 정리할 수 있습니다.

영혼의 죽음

이 죄는 사람의 영혼을 죽입니다. 성경에도 이런 내용이 있습니다. "남의 여자와 간통하는 자는 지각없는 자 자신을 망치려는 자만 그런 짓을 한다."(잠언 6,32) '지각없음'은 '마음의 빈곤'으로 풀이됩니다. 육신이 정신을 지배하면 그것이 바로 빈곤이기 때문입니다.

생명의 상실

이 계명에 따르면 간통한 자는 죽임을 당합니다(*레위 20,10 참조). 그런 자가 육신의 처벌을 받지 않을 때도 있는데, 그렇더라도 결국은 자신의 몰락으로 이어질 뿐입니다. 현세에서 육신의 벌을 받고 죄를 용서받을 수 있지만 그것으로 끝이 아닙니다. 사후에 받게 될 영혼의 처벌이 남아 있기 때문입니다.

재산의 탕진

구세주께서도 돈 씀씀이가 헤픈 아들에 관해 말씀하십니다. 그는 펑펑 쓰는 생활로 자기 재산을 허비해 버립니다(루카 15,13 참조).

또 현명한 시라는 이런 말을 합니다. "창녀들에게 네 마음을 주지 마라. 유산을 탕진할까 두렵다."(집회 9,6)

후손의 명예 실추

지혜서에 이런 구절이 있습니다. "간음의 소생들은 크지 못하고 부정한 잠자리에서 생긴 자식들은 망하고 만다. 오래 산다 하여도 그들은 아무것도 아닌 것으로 여겨지고 결국은 나이가 많음도 그들에게는 영예롭지 못하다."(지혜 3,16-17) 이와 관련하여 바오로 사도는 "그렇지 않으면 여러분 자녀도 부정하겠지만"(*1코린 7,14 참조)이라며 이야기를 꺼낸 적이 있습니다. 불법적 결혼으로 생긴 자식에게 교회의 고위 성직은 허용되지 않습니다.

불명예의 오명

이 죄는 불명예의 오명을 남기는데, 여성들에게 더합니다.

"음란한 여자라면 누구나 다 거리의 똥처럼 짓밟히리니."(*집회 9,10 참조)[205] 간통한 남자에 관해서는 이런 구절이 있습니다. "매를 맞고 치욕을 당하여 그 수치가 지워지지 않는다."(잠언 6,33) 그레고리오 성인도 '육신의 죄는 비록 사소하더라도 뒤집어쓸 치욕은 정

---

[205] 불가타역. 지금의 우리말 《성경》에는 없음.

신의 죄보다 크다.'고 했습니다.[206] 육신의 죄는 우리를 짐승처럼 만들어 버립니다. 시편에도 이런 구절이 나옵니다. "영화 속에 있으면서도 지각없는 사람은 도살되는 짐승과 같다."(시편 49,21)

제7계명: 도둑질을 하지 마라

1) 도둑질 방식

1289 십계명에서는 먼저 이웃에게 부당한 짓을 하지 못하게 합니다. 첫째, 이웃의 신상에 부당한 짓을 하지 말라고 하셨습니다. "사람을 죽이지 마라." 둘째, 그 이웃과 관계된 사람들에게 부당한 짓을 하지 말라고 하셨습니다. "간음하지 마라." 셋째, 그의 소유에 대한 말씀입니다. "도둑질해서는 안 된다."(탈출 20,15) 불법으로 무언가를 차지하면 안 된다는 말씀입니다.[207] 도둑질은 여러 가지 방식으로 이루어집니다.

---

206 그레고리오 《도덕론》 제33권 제12장 25.
207 《신학대전》 제2부 제2편 제66문 제3절.

몰래 차지하기

1290 내 것이 아닌 물건을 몰래 차지하는 것은 도둑질입니다.[208] 복음서에는 이렇게 나옵니다. "도둑이 밤 몇 시에 올지 집주인이 알면"(마태 24,43 참조) 그런 일은 일종의 배신이니, 비난받아 마땅합니다. 그래서 성경에 이런 말이 나옵니다. "부끄러움이 도둑에게 닥치고 엄한 단죄가 두 혀를 지닌 자에게 떨어지리라."(집회 5,14)

강탈

1291 힘을 써서 강제로 빼앗는 짓은 훨씬 더 부당합니다. "저들은 폭력을 행사하고 고아들을 노략질하며 가난한 백성을 약탈하네."(*욥 24,9 참조) 못된 왕이나 영주들도 이런 부류의 도둑에 포함됩니다. 예언서에서는 "그들의 영주들은 으르렁대는 사자들"(*스바 3,3 참조)이라고 부릅니다. 저들의 행동은 의로운 통치를 바라는 하느님의 뜻을 거스릅니다. 하느님께서는 말씀하셨습니다. "내 도움으로 임금들이 통치하고 군주들이 의로운 명령을 내린다."(잠언 8,15) 저들은 때로는 도둑질로, 때로는 강도질로 부당한 짓을 행합니다. 그래서 이사야 예언자는 "네 지도자들은 반역자들이요 도둑의 친구들."(이사 1,23)이라고 합니다. 때로는 자기들 이익만 헤아리는 법률로 도둑질하기도 합니다. 예언자는 외칩니다. "불행하여라, 불의한

---

[208] 《신학대전》 제2부 제2편 제66문 제4절.

법을 세우고 고통을 주는 규정들만 써 내려가는 자들!"(이사 10,1) 아우구스티노 성인도 정의가 없는 통치는 도둑질이라 칭하며 이렇게 말했습니다. "국가라는 것이 강도떼와 다를 게 무어냐?"[209]

임금의 미지급

1292 주어야 할 임금을 주지 않는 것도 도둑질입니다.[210] 그래서 성경에 이런 구절이 나옵니다. "너희는 품팔이꾼의 품삯을 다음 날 아침까지 가지고 있어서는 안 된다."(레위 19,13)

여기서 우리가 알아야 할 점은 모든 사람에게 마땅히 돌아가야 할 몫을 공정하게 주어야 한다는 것입니다. 그래서 바오로 사도는 이렇게 말합니다. "여러분은 모든 이에게 자기가 해야 할 의무를 다 하십시오. 조세를 내야 할 사람에게는 조세를 내고 관세를 내야 할 사람에게는 관세를 내며, 두려워해야 할 사람은 두려워하고 존경해야 할 사람은 존경하십시오."(로마 13,7) 특히 공공의 안전을 지키는 정부에 우리는 마땅히 세금을 내야 합니다.

거래에서 사기치기

1293 장사를 하고 거래를 할 때 사기를 치는 것도 도둑질입니다.

---

[209] 아우구스티노 《신국론》 제4권.
[210] 《신학대전》 제2부 제1편 제144문 제1절.

이와 관련해 성경에 이런 대목이 있습니다. "너희는 재판할 때나 물건을 재고 달 때에 부정을 저질러서는 안 된다. 너희는 바른 저울과 바른 추, 바른 에파[211]와 바른 힌[212]을 써야 한다."(레위 19,35-36) "너희는 자루에 크고 작은 두 개의 저울추를 가지고 있어서는 안 된다."(신명 25,13)

포도주에 물을 타는 주점 주인도 이와 똑같은 사기죄를 지은 것입니다. 고리대금업자도 여기에 해당합니다. 시편에서 솔로몬 임금의 가수가 이렇게 묻습니다. "주님, 누가 당신 천막에 머물 수 있습니까? 누가 당신의 거룩한 산에서 지낼 수 있습니까?"(시편 15,1) 그 대답은 이렇습니다. "이자를 받으려고 돈을 놓지 않으며 무죄한 이에게 해되는 뇌물을 받지 않는다네. 이를 실행하는 이는 영원히 흔들리지 않으리라."(시편 15,5) 부정직한 행위를 하는 환전꾼을 겨냥한 이 계명은 천과 다른 물건들을 파는 상인들에도 마찬가지로 받아들여집니다.

1294 왜 돈peccunia은 말equus이나 집domum을 빌리는 것처럼 빌릴 수 없냐고 누군가 물을 수도 있겠습니다. 여기서 말하는 죄는 같은 물건을 두 번 판다는 사실에 초점이 있습니다. 집을 예로 들자면,

---

[211] 에파ephah: 에바라고도 쓰는데, 바구니란 뜻. 단위로는 한 바구니에 들어가는 양(가루나 곡식 등을 재는 단위). 약 22ℓ 또는 12되에 해당.

[212] 힌hin: 기름, 포도주 등 액체의 단위. 약 3.6ℓ.

'소유'와 '사용'이라는 두 가지 면을 따로 구별해 볼 필요가 있습니다. 집을 소유하고 있다는 것과 사용하고 있다는 것은 서로 다른 것입니다. 따라서 집의 소유권은 팔지 않고 사용권만 임대할 수 있습니다. 다른 물건들도 마찬가지입니다. 반면에 그 가치가 '사용'에만 있는데, 사용하는 중에 집을 파괴하게 된다면 같은 기준이 적용되어서는 안 되겠지요? 사실 돈은 소비할 때 사용하고, 곡식은 섭취할 때 사용하는 것입니다. 따라서 돈이나 곡식의 사용권을 판다면, 두 번 파는 셈이 되는 것입니다.

매관매직

1295 끝으로 매관매직이나 종교의 성직 매매를 통해서도 도둑질이 일어납니다.[213] 세속의 관직을 파는 것과 관련하여 욥은 이렇게 말합니다. "그는 집어삼켰던 재물을 토해 내야 하니 하느님께서 그것을 그의 배 속에서 밀어내시기 때문이지."(욥 20,15) 그러니 제국이든 지방이든 봉토든 힘으로 빼앗는 폭군들은 도둑이며 그것을 상환할 의무가 있습니다. 구세주께서 권위와 관련해서 이런 말씀을 하셨습니다. "내가 진실로 진실로 너희에게 말한다. 양 우리에 들어갈 때에 문으로 들어가지 않고 다른 데로 넘어 들어가는 자는 도둑이며 강도다."(요한 10,1) 그러니 성직을 매매하는 이들은 도둑입니다.

---

[213] 《신학대전》 제2부 제2편 제100문 제1절.

2) 이 계명을 지켜야 하는 이유

1296 "도둑질을 하지 마라." 방금 살펴보았듯이 이 계명은 그것이 무엇이든 불법으로 차지하는 것을 금합니다. 우리가 이 계명을 지켜야 하는 이유는 많습니다.

도둑죄의 중함

이 죄가 얼마나 중한지[214] 성경에서는 살인과 비교합니다. "궁핍한 이들의 빵, 그것은 가난한 이들의 목숨이니 그것을 빼앗는 자는 살인자다."(집회 34,25) "날품팔이 품삯을 빼앗는 자는 피를 흘리게 하는 자이다."(*집회 34,27 참조)

이 죄의 위험성

1297 다른 어떤 죄도 이만큼 위험한 것은 없습니다. 통회와 보속 없이 용서되지 않는다는 점에서는 모든 죄가 같지만, 이 죄만큼 통회와 보속이 어려운 예는 없습니다. 다른 죄들은 곧바로 후회가 뒤따릅니다. 예컨대 살인의 경우 분노가 식자마자, 성매매는 열정이 가시자마자, 그리고 다른 죄들도 그렇습니다. 그런데 이 도둑질은 후회한 후 빼앗은 것을 되돌려 주어야 할 뿐만 아니라, 그로 인해

---

[214] 《신학대전》 제2부 제2편 제66문 제3절.

입힌 손실까지 배상해야 하고, 죄 자체에 대해서도 회개해야 하니 쉬운 일이 아닙니다. 그래서 성경에 이런 말이 나옵니다. "화 있을 진저. 제 것이 아닌 것을 긁어모으려는 자여! 깊디깊은 진창 속으로 얼마나 더 파고들려는가?"(*하바 2,6 참조) 성경에 진창이라고 한 것은 사람이 쉽사리 빠져나올 수 없기 때문입니다.

강탈한 재화의 무용성

1298 강탈한 재화는 우리 영혼에 아무 이득이 없습니다. "불의하게 모은 보화는 소용이 없지만 정의는 사람을 죽음에서 구해 준다."(잠언 10,2) 자선과 희생을 위해 쓰는 재산이라야 영혼에 이로운 것입니다. "재산은 사람의 목숨을 보장해 주지만 가난한 이는 협박을 들을 일도 없다."(잠언 13,8) 그렇게 하려면 자기 재산을 써야지, 남의 재산을 써서는 안 됩니다. 이사야서에 그 답이 있습니다. "나 주님은 올바름을 사랑하고 불의한 수탈을 미워한다."(이사 61,8) 시라의 책에도 이런 구절이 나옵니다. "날품팔이의 재산으로 제사를 바치는 자는 아버지 앞에서 그 자식을 죽이는 자와 같다."(집회 34,24)

세속의 시각에서 보더라도 훔친 재산은 쓸모가 없습니다. 오래 가지 못하기 때문입니다. 성경에 이런 내용이 나옵니다. "불행하여라, 자기 집안을 위하여 부당한 이득을 취하고 재앙의 손길에서 벗어나려고 높은 곳에 둥지를 트는 자!"(하바 2,9) "죄인의 재산은 의인의 몫으로 보존된다."(잠언 13,22) "변리와 이자로 재산을 불리는 자는

빈민을 불쌍히 여기는 이를 위해 그것을 쌓는 것이다."(잠언 28,8)

부당한 재산의 해로움

1299 부정한 재산 때문에 합법적인 재산까지 상실할 수 있기 때문입니다. 이는 마치 허접쓰레기로 지핀 불과 같습니다. 욥기에 이런 내용이 나옵니다. "뇌물을 좋아하는 자들의 천막은 불이 집어삼켜 버린다네."(욥 15,34) 사기꾼은 제 영혼만 타락하는 것이 아니라 자기 자녀들의 영혼마저 위험에 빠뜨립니다. 자녀들도 부당한 재물의 배상 의무를 져야 하기 때문입니다.

제8계명: 거짓 증언을 하지 마라

1300 "이웃에게 불리한 거짓 증언을 해서는 안 된다."(탈출 20,16) 앞에서 설명한 세 계명이 이웃에 대한 부당한 행동을 금지하는 것이었다면, 이번 계명은 부당한 말을 금지하고 있습니다. "거짓 증언을 하지 마라." 이런 일은 두 가지 배경, 법정에서나 일상에서 다른 사람들과 말이 오가는 상황에서 일어날 수 있습니다.

1) 법정 거짓 증언

1301 법정에서의 거짓 증언은 세 가지 방식으로 일어날 수 있는데, 이 계명을 어길 수 있는 역할이 세 가지이기 때문입니다.

거짓 고발인

첫째는 거짓 고발인입니다.[215] 성경에 이런 말이 나옵니다. "너는 네 백성들 사이에서 중상자, 밀고자가 되어서는 안 된다."(*레위 19,16 참조) 거짓말을 해서는 안 되듯이 법정에서 진실을 숨겨서도 안 됩니다. 구세주께서 이렇게 타이르십니다. "네 형제가 너에게 죄를 짓거든, 가서 단둘이 만나 그를 타일러라."(마태 18,15)

거짓 증인

1302 거짓 증인도 그렇습니다.[216] 잠언에는 이런 대목이 나옵니다. "거짓 증인은 벌을 면하지 못하고 거짓말을 퍼뜨리는 자는 멸망한다."(잠언 19,9) 여기에는 앞에서 보았던 계명들이 모두 들어 있습니다. 거짓 증인은 상황에 따라 살인자도 되고 도둑도 될 수 있기 때문입니다. 그런 자는 마땅히 받아야 할 벌로 처리해야 합니다. 성

---

[215] 《신학대전》 제2부 제2편 제68문 제4절.
[216] 《신학대전》 제2부 제2편 제70문 제4절.

경에도 이런 요구를 하는 대목이 나옵니다. "판관들이 잘 심문한 결과, 그 증인이 거짓 증인이고 자기 동족에 대하여 거짓으로 증언한 것이 드러나면, 너희는 그가 자기 동족에게 하려고 작정하였던 것과 똑같이 그에게 해야 한다. 그래서 너희는 너희 가운데에서 악을 치워 버려야 한다. 그러면 남은 사람들이 그것을 듣고 두려워하여, 너희 가운데에서 다시는 그런 악한 짓을 하지 않을 것이다. 너희는 그를 동정해서는 안 된다. 목숨은 목숨으로, 눈은 눈으로, 이는 이로, 손은 손으로, 발은 발로 갚아야 한다."(신명 19,18-21) 또 이런 대목도 있습니다. "이웃에게 해로운 거짓 증언을 하는 자는 방망이와 칼과 날카로운 화살과 같다."(잠언 25,18)

부당하게 판결하는 판사

1303 부당하게 판결하는 판관도 그렇습니다.[217] 성경에 관련 구절이 있습니다. "너희는 재판할 때 불의를 저질러서는 안 된다. 너희는 가난한 이라고 두둔해서도 안 되고, 세력 있는 이라고 우대해서도 안 된다. 너희 동족을 정의에 따라 재판해야 한다."(레위 19,15)

---

[217] 《신학대전》 제2부 제2편 제67문 제2절.

2) 일상의 소통에서

1304 일상의 말이 오고 가는 소통에서 이 계명을 어기는 사람이 다섯 부류입니다.

중상자

바오로 사도가 이렇게 전합니다. "중상자는 하느님의 미움을 산다."(*로마 1,30 참조) '하느님께서 미워하신다.'고 하는데, 사람에게 명성보다 값진 것이 없으니 그렇습니다. "명성이 값진 향유보다 낫고 죽는 날이 태어난 날보다 낫다."(코헬 7,1) "이름은 큰 재산보다 값지고 명성은 은보다 금보다 낫다."(잠언 22,1) 그런데 중상자가 이 좋은 이름과 명성을 빼앗아 갑니다. 그래서 성경에 이런 말이 나옵니다. "몰래 사람을 깎아내리는 사람은 소리 없이 무는 뱀과 다를 바 없다."(*코헬 10,11 참조) 그러니 중상자는 자기가 빼앗은 이웃의 훌륭한 명성을 회복해 주지 않고서는 복을 받을 수 없습니다.[218]

중상자의 말에 귀 기울이기 좋아하는 사람

1305 사람들을 향한 경고의 말씀이 성경에 있습니다.[219] "네 귀에

---

218 《신학대전》 제2부 제2편 제73문 제2절.
219 《신학대전》 제2부 제2편 제73문 제4절.

가시나무 울타리를 두르고, 고약한 혀에 귀 기울이지 말아라. 또 네 입에 문과 빗장을 달아라."(*집회 28,24-25 참조) 그래서 중상자의 말에 귀 기울이지 말아야 하고, 상대방이 알아차릴 수 있도록 불만을 표해야 합니다. "북풍이 비를 몰아내듯 험악한 얼굴이 헐뜯는 혀를 침묵하게 만든다."(*잠언 25,23 참조)

고자질하는 사람

1306 누군가에 관해 들은 것을 다른 사람에게 전하는 사람,[220] 주님께서는 그런 사람을 혐오하셨습니다. 잠언에 이런 대목이 나옵니다. "이 여섯 가지를 주님께서 미워하시고 이 일곱 가지를 그분께서 역겨워하신다. 거만한 눈과 거짓말하는 혀, 무고한 피를 흘리는 손, 간악한 계획을 꾸미는 마음, 악한 일을 하려고 서둘러 달려가는 두 발, 거짓말을 퍼뜨리는 거짓 증인, 형제들 사이에 싸움을 일으키는 자다."(잠언 6,16-19) 시라도 같은 말을 합니다. "중상하는 자와 한 입으로 두말하는 자는 저주를 받는다. 평화로이 사는 사람들을 무수히 이간질하였기 때문이다."(*집회 28,13 참조)

---

[220] 《신학대전》 제2부 제2편 제74문 제1절.

아첨꾼

1307 아첨꾼은 입에 발린 소리로 거짓 증언을 합니다.[221] 성경에 아첨꾼에 관한 대목이 있습니다. "죄인은 영혼의 욕망 때문에 (아첨꾼에게) 칭찬 받고, 악인이 축복을 받네."(*시편 10,3 참조) "내 백성아! 너희 지도자들이 너희를 잘못 이끌고 너희가 걸어야 할 길을 혼란하게 하는구나."(이사 3,12) "의인이 자애로 저를 벌하고 질책해도 좋습니다! 그러나 죄인의 기름을 제 머리에 바르게는 하지 마소서!"(*시편 141,5 참조)

투덜대는 불평꾼

1308 끝으로 투덜대기 좋아하는 사람이 이 계명을 어깁니다. 아랫사람들 사이에서 특히 흔하게 보이는 죄입니다. 그래서 바오로 사도는 이렇게 경고했습니다. "투덜대다가 죽음의 천사에게 목숨을 잃는 사람들이 있습니다. 여러분은 그들처럼 투덜대지 마십시오."(*1코린 10,10 참조) 지혜서에는 이렇게 나옵니다. "조심하여 쓸데없이 투덜거리지 말고 비방하지 않도록 혀를 잡도리하여라."(지혜 1,11) 잠언에도 있습니다. "끈기는 판관을 설득하고 부드러운 혀는 뼈를 부순다."(잠언 25,15)

---

221 《신학대전》 제2부 제2편 제74문 제1절.

3) 거짓이 허용되지 않는 네 가지 이유

1309 "거짓 증언을 하지 마라." 이 계명을 통하여 거짓은 모두 금지되었습니다. 성경에서도 말합니다. "어떤 거짓말도 하려 들지 마라. 거짓말을 거듭하면 끝이 좋지 않다."(집회 7,13) 거짓말을 허용하지 않는 데에는 주로 네 가지 이유가 있습니다.

악마를 닮게 하는 거짓말

거짓말쟁이는 악마의 아들이 됩니다. 말을 통해 그 사람이 어느 지역, 어느 나라 출신인지 드러나기 마련입니다. 성경에서 어떤 이가 베드로에게 말했습니다. "당신도 그들과 한패임이 틀림없소. 당신의 말씨를 들으니 분명하오."(마태 26,73) 거짓말은 스스로 악마의 족속, 악마의 자식이라는 것을 드러내는 것입니다. 악마는 최초의 거짓말쟁이요 거짓의 아비이기 때문입니다(요한 8,44 참조). 악마는 아담과 하와에게 "너희는 결코 죽지 않는다."(창세 3,4)라고 거짓말을 했습니다. 이와 달리 진리를 말하는 사람은 하느님의 자녀입니다. 하느님께서는 곧 진리 그 자체이시기 때문입니다.

사회를 허무는 거짓

1310 거짓으로 인간 사회의 조직이 무너집니다. 사람들은 공동체 안에서 서로 의지하며 살아야 하는데, 진실을 이야기하지 않는

다면 이것이 불가능하게 됩니다. 이를 누구보다 잘 알았던 바오로 사도는 "거짓을 벗어 버리고 '저마다 이웃에게 진실을 말하십시오.' 우리는 서로 지체입니다."(에페 4,25)라고 이야기합니다.

명예와 명성을 죽이는 거짓말

1311 거짓말은 사람의 명예와 명성을 죽여 버립니다. 거짓말이 몸에 배면 진실을 말한다 하더라도 믿음을 얻지 못하기 때문입니다. 성경에서도 확인할 수 있습니다. "더러운 것에서 어찌 깨끗한 것이 나오고 거짓에서 어찌 참이 나오겠느냐?"(집회 34,4)

영혼을 망치는 거짓말

1312 거짓말로 인해 영혼이 타락하여 망가집니다. 성경에 이런 말이 나옵니다. "거짓을 말하는 입은 영혼을 죽인다."(지혜 1,11) 이런 구절도 있습니다. "당신께서는 나쁜 짓 하는 자들을 모두 미워하시고 거짓을 말하는 자들을 멸망시키십니다."(시편 5,7)

1313 거짓말에는 죽을죄가 되는 것과 가벼운 죄가 되는 것이 있으니 구분해야 합니다.

4) 죽을죄가 되는 거짓말

신앙의 일에서 하는 거짓말

고위 성직자, 교사와 강론자와 같은 사람들이 해당할 수 있습니다. 이런 부류의 사람들이 하는 거짓말은 다른 사람들의 거짓말보다 막중한 책임이 따릅니다. 베드로 사도는 이렇게 말합니다. "이스라엘 백성 가운데에 거짓 예언자들이 일어났던 것처럼, 여러분 가운데에도 거짓 교사들이 나타날 것입니다. 그들은 파멸을 가져오는 이단을 끌어들이고, 심지어 자기들을 속량해 주신 주님을 부인하면서 파멸을 재촉하는 자들입니다."(2베드 2,1)

신앙적인 측면에서 더 학식 있는 것처럼 보이려고 거짓말을 하는 사람들도 있습니다. 이사야 예언자는 이러한 사람들을 강하게 비판합니다. "너희가 누구를 조롱하느냐? 너희가 누구에게 입을 크게 벌리고 혀를 내미느냐? 너희 자신이 죄악의 자식들이며 거짓의 종자가 아니냐?"(이사 57,4)

이웃을 해치려 하는 거짓말

이웃을 해치려고 하는 거짓말도 하면 안 됩니다. 바오로 사도가 말했습니다. "서로 거짓말을 하지 마십시오."(콜로 3,9)

이 두 가지 거짓말은 죽을죄에 해당합니다.

5) 거짓말을 하는 이유

1314   자기 자신을 위해 거짓말하는 사람들이 있습니다. 그런 일이 생기는 이유를 다섯 가지로 정리할 수 있습니다.

겸손과 삼가는 마음

특히 고해성사에서 그렇습니다. 아우구스티노 성인이 말했습니다. "자기가 한 일을 숨기는 일이 없어야 하듯이, 하지 않은 일을 했다고 말하는 일도 없어야 한다."[222] 성경에도 이런 구절이 있습니다. "자네들은 하느님을 위하여 불의를 말하고 그분을 위하여 허위를 말하려나?"(욥 13,7) 이런 대목도 나옵니다. "그러나 올바른 판결을 내리는 현자도 있다. 상복을 입고 굽실거리는 악인이 있는데 그의 속은 거짓으로 가득하다. 그는 얼굴을 숙이고 못 듣는 체하지만 아무도 눈치 채지 못하는 곳에서 너를 덮치리라."(집회 19,25-27)

경솔함과 수치심

처음에는 진실을 말한다는 생각으로 거짓말을 하는데, 나중에는 자기가 말한 것이 부적절하다는 것을 깨닫고는 부끄러워 그 말 자체를 철회하지 못하는 사람이 있습니다. 성경에 이런 사람들에 대

---

[222] 아우구스티노 《강론집》 제181강론 제4장 5.

한 충고가 나옵니다. "진리를 거스르는 말을 하지 말고 네 무지를 부끄러워하여라."(집회 4,25)

잇속 챙기기

무엇인가를 얻거나 좋지 않은 일을 면하려고 거짓말하는 사람들이 있습니다. 이런 사람들에게 어울리는 예언자의 말씀이 있습니다. "거짓을 우리의 피신처로 삼고 속임수 속에 우리 몸을 숨겼기 때문이다."(이사 28,15) 잠언에도 이런 구절이 나옵니다. "거짓말을 의지하는 사람은 바람을 먹는 것과 같다."(*잠언 10,4 참조)[223]

이웃의 이익을 위해

이웃을 위험한 상황이나 죽음에서 구하려고, 혹은 어떤 해가 되는 일을 면하게 하려고 거짓말하는 사람들이 있습니다. 아우구스티노 성인은 이런 종류의 거짓말도 조심해야 한다고 가르칩니다.[224] 성경에도 이렇게 나옵니다. "누군가를 배려하느라 스스로 손해를 보지 말고 거짓말을 하여 네 영혼을 해치지 마라."(*집회 4,22 참조)

---

[223] 한국천주교중앙협의회 《성경》과 공동번역 《성경》에는 이 내용이 없음.

[224] 아우구스티노 《거짓말에 관하여(허언론)》 제12권 20.

농담으로 하는 거짓말

농담으로 거짓말하는 사람들도 있는데, 이 또한 조심해야 합니다.[225] 거짓말이 몸에 밸 수 있기 때문입니다. 그리고 이런 습관이 죽을죄로 이어질 수 있습니다. "악습의 마력에 귀한 것이 어두워진다."(*지혜 4,22 참조)

제9계명: 남의 아내를 탐내지(갈망하지) 마라

지금까지 살펴본 계명은 언행이 대상이었습니다. 이제 사람들 생각과 관계된 것들만 남았습니다. 하느님께서는 생각이 바로 행동이나 마찬가지이기에 "탐내지 마라."는 말은 "이웃의 것을 행동으로 빼앗지 말고 더 나아가 그런 생각조차 품지 마라."는 뜻입니다.

1323 요한 사도는 첫째 편지에서 이렇게 씁니다. "세상에 있는 모든 것, 곧 육의 욕망과 눈의 욕망과 살림살이에 대한 자만은 아버지에게서 온 것이 아니라 세상에서 온 것입니다."(1요한 2,16) 감각적인 인간이 욕망할 만한 것은 이 세 가지, '육의 욕망'과 '눈의 욕망'

---

[225] 《신학대전》 제2부 제2편 제110문 제2절.

과 '살림살이의 욕망'에 담겨 있습니다.[226] 그중 두 가지를 금하는 계명이 "이웃의 집을 탐내서는 안 된다."(탈출 20,17)였습니다. 여기서 '집'이란 말은 세속적 차원에서 이해할 수 있습니다. 시편에서도 이렇게 말합니다. "부와 재물이 그의 집에 있고"(시편 112,3) 그래서 이웃의 집을 탐한다면 그 명망과 재물을 탐하는 것이 됩니다. 이웃의 집을 탐하는 것을 금하는 이 계명에 이어지는 계명이 있으니, 육신의 욕망을 금하는 것입니다. 바로 이것입니다. "이웃의 아내를 갈망desiderare하지 마라."(*탈출 20,17 참조)

1) 육신 안에서 죄가 군림할 때

1324 그런데 원죄로 우리 본성이 타락해서[227] 그리스도와 영광의 성모님 외에는 이 욕망에서 벗어난 사람이 아무도 없습니다.[228] 욕망은 죄와 맞물립니다. 사람이 욕망에 완전히 지배되면 가벼운 죄나 죽을죄를 짓게 됩니다. 그래서 바오로 사도는 로마 사람들에게 보낸 편지에 이렇게 씁니다. "죄가 여러분의 죽을 몸을 지배하여 여러분이 그 욕망에 순종하는 일이 없도록 하십시오."(로마 6,12) 그런

---

226 《신학대전》 제2부 제1편 제77문 제5절.
227 《신학대전》 제2부 제1편 제81문 제2절; 제85문 제3절.
228 《신학대전》 제3부 제27문 제3절.

데 죄(욕망)가 내 몸 안에 '있지 않게 하라.'고 하지 않고, 내 몸을 '지배하지 않게 하라.'고 하십니다. 다른 대목에서는 당신 자신에 대해 이런 고백도 하십니다. "내 안에, 곧 내 육 안에 선이 자리 잡고 있지 않음을 나는 압니다."(로마 7,18)

1325 육신에 죄가 군림하는 경우는 세 가지입니다.

마음속에서 자의로 욕망에 동의할 때

우리 스스로 자유재량liberum arbitrium으로 욕망이 마음을 지배하게 하면 죄가 군림합니다. 그래서 바오로 사도는 곧바로 이런 말씀을 덧붙입니다. "죄가 여러분의 죽을 몸을 지배하여 여러분이 그 욕망에 순종하는 일이 없도록 하십시오."(로마 6,12) 구세주께서도 이런 의미에서 하신 말씀이 있습니다. "음욕을 품고 여자를 바라보는 자는 누구나 이미 마음으로 그 여자와 간음한 것이다."(마태 5,28) 하느님 앞에서는 생각이 곧 행위로 여겨집니다.

나쁜 욕망이 말로 나올 때

1326 나쁜 욕망이 말로 나올 때 우리 안에 죄가 군림합니다. 성경에 이런 구절이 있습니다. "마음에 가득 찬 것을 입으로 말하는 법이다."(마태 12,34) 이런 구절도 있습니다. "여러분의 입에서는 어떠한 나쁜 말도 나와서는 안 됩니다."(에페 4,29) 그래서 천박한 노

래cantionas vans를 짓는 것도 죄가 됩니다.[229] 색욕을 다룬 시carmina amatoria를 짓는 시인들을 나라 밖으로 추방해야 한다는 철학자들[230]의 가르침에 따르더라도 그렇습니다.

사악한 욕망이 행동으로 나타날 때

1327 끝으로 사악한 욕망이 실제 행동으로 드러나서 지체가 그 욕망을 따르면 우리 안에 죄가 군림합니다. 그래서 바오로 사도는 이렇게 타이릅니다. "여러분이 전에 자기 지체를 더러움과 불법에 종으로 넘겨 불법에 빠져 있었듯이, 이제는 자기 지체를 의로움에 종으로 바쳐 성화에 이르십시오."(로마 6,19)

2) 욕망을 이기는 네 가지 방법

1328 죄를 피하는 데는 많은 노력이 필요합니다. 나라 안의 적을 막아 내는 일이 외부의 적을 이기기보다 훨씬 힘든 법이니 말입니다. 이 사악한 욕망에 승리하는 방법은 네 가지입니다.

---

[229] 아우구스티노 《신국론》 제2권 제14편, 제8권 제13편.
[230] 플라톤의 《국가》 제10권 '시인추방론'에 나오는 내용.

죄지을 가능성 없애기

이를테면 불건전한 모임 mala societas이나 기회가 있으면 죄로 빠질 가능성이 높으니, 그것을 애초에 차단하는 것입니다. 이와 관련한 구절이 성경에 있습니다. "계집을 유심히 바라보지 마라. 그와 함께 벌을 받을까 두렵다. 창녀들에게 네 마음을 주지 마라. 유산을 탕진할까 두렵다. 읍내 거리에서 두리번거리지 말고 그곳의 으슥한 데서 서성거리지 마라. 몸매 예쁜 여자에게서 눈을 돌리고 남의 아내의 아름다움을 유심히 바라보지 마라. 많은 사람들이 여자의 아름다움에 홀려 그에 대한 욕정을 불처럼 태운다."(집회 9,5-8) 또 이런 구절도 있습니다. "누가 불을 품에 안고 다니는데 옷을 태우지 않을 수 있겠느냐?"(잠언 6,27) 롯에게 소돔 인근에서 완전히 벗어나 달아나라는 명이 내려진 것(창세 19,17 참조)도 다 그런 이유 때문입니다.

그릇된 생각 물리치기

1329 그릇된 생각을 물리치지 않으면 욕망이 발동합니다. 이런 생각에 빠져드는 것을 막으려면 육신을 담금질해야 합니다. "나는 내 몸을 단련하여 복종시킵니다. 다른 이들에게 복음을 선포하고 나서, 나 자신이 실격자가 되지 않으려는 것입니다."(1코린 9,27)

열심한 기도

1330 열성적으로 기도하면 욕망에 승리할 수 있습니다. "주님께

서 성읍을 지켜 주지 않으시면 그 지키는 이의 파수가 헛되리라."(시편 127,1) 지혜서에도 이런 구절이 있습니다. "하느님께서 주지 않으시면 달리 얻을 수 없음을 깨달았다."(지혜 8,21) 구세주께서도 이 진리를 직접 확인해 주십니다. "그러한 것은 기도가 아니면 다른 어떤 방법으로도 나가게 할 수 없다."(마르 9,29) 영혼과 육신의 싸움은 끝이 없습니다. 영혼이 승리하길 바란다면, 영혼에게 도움을 주어야 합니다. 그것은 기도를 통해 이루어집니다. 그리고 육신에 대한 도움을 차단해야 하는데, 그것은 단식을 통해 이루어집니다. 단식으로 육신이 약해지기 때문입니다.

유용한 일에 몰입하기

1331 유용한 일에 빠져들면 욕망을 이길 수 있습니다. "게으름은 온갖 나쁜 짓을 가르치기 때문이다."(집회 33,29) 에제키엘 예언자가 이런 말을 합니다. "네 동생 소돔의 죄악은 이러하다. 소돔과 그 딸들은 교만을 부리며, 풍부한 양식을 가지고 걱정 없이 안락하게 살면서도 가련한 이들과 가난한 이들의 손을 거들어 주지 않았다."(에제 16,49) 예로니모 성인도 이런 이야기를 남겼습니다. "늘 선한 일을 하여 악마 눈에 항상 바쁘게 보이게 하세요."[231]

우리가 할 수 있는 일 중에 최고는 성경 공부입니다. 예로니모

---

[231] 예로니모 《서간집》 제125서간.

성인은 파울리누스에게 이런 편지를 씁니다. "성경 공부를 사랑하시게. 그러면 육신의 죄악을 사랑하지 않을 것이네." 시편에서도 이렇게 이릅니다. "당신이 무서워 제 살이 떨리며 제가 당신의 법규를 경외합니다."(시편 119,120)

제10계명: 남의 재물을 탐내지 마라[232]

1315 "이웃의 아내나 남종이나 여종, 소나 나귀 할 것 없이 이웃의 소유는 무엇이든 탐내서는 안 된다."(탈출 20,17) 하느님의 법과 인간의 법 차이는, 인간의 법이 말과 행동을 겨냥하지만 하느님의 법은 말과 행동뿐만 아니라 생각까지 겨냥한다는 데 있습니다.[233] 이 차이의 원인은 두 법을 처음 세운 이로부터 비롯합니다. 인간의 법은 겉으로 드러나는 것만 판단할 수 있는 인간이 세운 것입니다. 반면에 하느님의 법은 내면이나 외면이나 다 보시는 하느님께서 세우신 것입니다.[234] 그래서 시편에서는 하느님을 "내 마음의 하느

---

[232] 토마스 성인은 열 번째 계명을 아홉 번째보다 먼저 설명한다. 그래서 독일어판에서는 제9계명과 제10계명의 순서가 우리와 다르다. 이 책에서는 한국천주교중앙협의회 《가톨릭 기도서》에 수록된 순서대로 싣는다.

[233] 《신학대전》 제2부 제1편 제100문 제9절.

[234] 《신학대전》 제2부 제1편 제91문 제4절.

님"(*시편 73,26 참조)이라고 부릅니다. 또 이런 대목이 있습니다. "사람들은 눈에 들어오는 대로 보지만 주님은 마음을 본다."(1사무 16,7) 이웃의 소유를 탐내지 말아야 하는 이유는 여섯 가지입니다.

채울 수 없는 욕망

1316 욕망concupiscentia이란 것이 어떤 의미에서는 무한한 것입니다.[235] 분별 있는 사람이라면 목적 없이 헤매지 않도록 목표를 분명히 세울 것입니다. 성경에 이런 대목이 있습니다. "돈을 사랑하는 자는 돈으로 만족하지 못하고 큰 재물을 사랑하는 자는 수확으로 만족하지 못하니 이 또한 허무이다."(코헬 5,9) 다른 구절도 있습니다. "부정한 재산을 믿지 마라. 정녕 재난의 날에 아무런 도움도 되지 못하리라."(집회 5,8) 욕망을 채울 수 없는 이유는 인간의 마음이 하느님을 받아들이도록 만들어졌기 때문입니다. 그래서 아우구스티노 성인은 이렇게 말했습니다. "주님은 당신을 위하여 우리를 창조하셨습니다. 오, 주여! 우리 마음은 당신 안에서 안식을 찾을 때까지 불안합니다."[236] 그러니 하느님께 미치지 못하는 것이 우리 마음을 채울 수는 없는 노릇입니다. 시편에 이르듯이, 오직 하느님만 우리의 한평생을 복으로 채워 주십니다(시편 103,5 참조).

---

[235] 《신학대전》 제2부 제1편 제30문 제4항.
[236] 아우구스티노 《고백록》 1,1.

안식의 상실

1317 귀한 보물인 안식을 잃은 마음은 채울 길이 없습니다.[237] 욕망이라는 것은 갖지 못한 것을 차지하려고 안달하고 가진 것을 지켜 내려고 악을 씁니다. 그래서 코헬렛에 이런 구절이 나옵니다. (재산이 아무리 차고 넘쳐도) "부자의 배부름은 잠을 못 이루게 한다."(코헬 5,11) 이런 구절도 있습니다. "사실 너의 보물이 있는 곳에 너의 마음도 있다."(마태 6,21) 그런 이유에서 그레고리오 성인은 재산을 가시와 비교했습니다. "가시덤불에 떨어진 것은, 말씀을 듣기는 하였지만 살아가면서 인생의 걱정과 재물과 쾌락에 숨이 막혀 열매를 제대로 맺지 못하는 사람들이다."(루카 8,14)

큰 재산의 무용성

1318 소유욕이 재산을 쓸데없는 것으로 만듭니다. 우리 자신이나 다른 사람들을 위해 그것을 사용하려고 모으는 것이 아니라 순전히 모으는 것에만 목적이 있으니 말입니다. 성경에도 이를 확인하는 구절이 있습니다. "큰 재산은 소심한 사람에게 걸맞지 않다. 구두쇠에게 재물이 무슨 이익을 주겠느냐?"(집회 14,3)

---

[237] 《신학대전》 제2부 제2편 제119문 제8항.

정의감을 약화하는 소유욕

1319 소유욕이 정의감을 약하게 만듭니다. 그래서 성경에 이런 구절이 있습니다. "너희는 뇌물을 받아서는 안 된다. 뇌물은 온전한 눈을 멀게 하고, 의로운 이들의 송사를 뒤엎어 버린다."(탈출 23,8) "황금을 좋아하는 자는 의롭게 되지 못하고 돈을 밝히는 자는 돈 때문에 그릇된 길로 들어서리라."(집회 31,5)

하느님 사랑과 이웃 사랑을 죽이는 욕망

1320 소유욕이 하느님 사랑과 이웃 사랑을 죽입니다. 아우구스티노 성인의 이야기처럼 우리 안의 사랑은 욕망이 약해질수록 강해지고, 욕망이 강해지면 약해지기 때문입니다.[238] "친형제를 오피르의 금과 바꾸지 마라."(집회 7,18) 우리는 하느님과 재물을 동시에 섬길 수 없습니다(마태 6,24 참조).

온갖 부정

1321 남의 재산을 탐하면 안 되는 마지막 이유는, 그것이 여러 가지 부정을 만들어 내기 때문입니다. 바오로 사도의 가르침처럼 탐욕이야말로 모든 악의 뿌리입니다(1티모 6,10 참조). 그래서 탐욕이 뿌리 내리면 살인과 도둑질 그리고 모든 악을 불러일으킵니다. "부

---

[238] 아우구스티노 《83문제집》 제36문 제1항.

자가 되기를 바라는 자들은 사람들을 파멸과 멸망에 빠뜨리는 유혹과 올가미와 어리석고 해로운 갖가지 욕망에 떨어집니다. 사실 돈을 사랑하는 것이 모든 악의 뿌리입니다."(1티모 6,9-10)

1322 끝으로 언급할 것은, 이웃의 재산에 대한 욕망이 정당한 원인 없이 발동하면 죽을죄라는 것입니다. 만약 정당한 원인이 있다면 가벼운 죄로 용서받을 수 있습니다.[239]

십계명의 핵심 내용

1332 주님께서는 십계명과 관련하여 이렇게 말씀하셨습니다. "네가 생명에 들어가려면 계명들을 지켜라."(마태 19,17) 이 모든 계명의 뿌리는 하느님 사랑과 이웃 사랑, 두 가지입니다.

1) 하느님 사랑

하느님을 사랑하는 사람은 세 가지 일을 해야 합니다. 첫째, 절대 다른 신을 두어서는 안 되니, 이렇게 명령하십니다. "한 분이신 하느님을 흠숭하여라." 둘째, 하느님을 공경해야 합니다. 이와 관련

---

[239] 《신학대전》 제2부 제2편 제118문 제4절.

한 계명은 이렇습니다. "하느님의 이름을 함부로 부르지 마라." 셋째, 기꺼이 하느님 안에서 안식을 누려야 합니다. 이와 관련한 계명은 "주일을 거룩히 지내라."입니다.

2) 이웃 사랑

이웃을 사랑하려면 누구에게나 합당한 예를 갖춰야 합니다. 그와 관련한 계명은 첫째가 "부모에게 효도하여라."입니다. 둘째, 이웃에게 해를 끼쳐서는 안 되며, 이는 행동으로도 그러해야 합니다. 따라서 "사람을 죽이지 마라."는 계명이 따라옵니다. 이 계명에서 '살인'은 이웃에게 가하는 부당함입니다. "간음하지 마라."는 계명에서 '간음'은 이웃과 맺어진 관계에 끼치는 부당함입니다. "도둑질을 하지 마라."는 계명에서 '도둑질'은 이웃의 재산에 가하는 부당함입니다. 마찬가지로 이러한 행위는 말로도 해서는 안 됩니다. 그래서 "거짓 증언을 하지 마라."라고 하였습니다. 이는 생각으로 해서도 안 됩니다. 관련 계명은 "남의 재물을 탐내지concupire 마라."와 "남의 아내를 탐내지(갈망하지) 마라."입니다.

《토마스 아퀴나스의 가톨릭 교리서》 요점 정리

제1장 사도 신경

I 신앙 일반에 관하여

신앙의 이로움

1) 하느님과 결합
2) 영원한 생명의 시작
3) 우리 삶의 길잡이
4) 유혹의 극복

신앙이 주는 분별력

1) 불완전한 우리의 지식
2) 인간의 한계 너머에 계시는 하느님
3) 온전히 믿을 수 있는 존재
4) 참된 진리의 확인

II 12개 신조

제1신조: 한 분이신 하느님을 저는 믿나이다

1) 믿음
2) 다신론의 4가지 원인
    ① 인간 정신의 나약함
    ② 사람의 아첨
    ③ 혈족에 대한 애착
    ④ 마귀의 간계
3) 다신론자들
    ① 별이 사람에게 영향을 미친다고 믿는 이들
    ② 하느님보다 왕후장상에 더 순종하는 이들
    ③ 자식과 친척을 하느님보다 더 사랑하는 이들
    ④ 음식과 술을 하느님보다 더 좋아하는 이들
    ⑤ 마술과 미신을 숭배하는 이들

전능하신 천주 성부 천지의 창조주를 저는 믿나이다

1) 하느님의 창조와 관련한 오류
    ① 마니교도의 오류
    ② 세상이 처음부터 존재했다고 믿는 이들의 오류
    ③ 하느님께서 이미 있던 질료로 세상을 창조하셨다고 믿는 이들의 오류
2) 하느님을 창조주로 믿는 것의 이로움
    ① 하느님의 엄위하심 깨닫기
    ② 감사하는 마음
    ③ 역경의 인내

④ 피조물의 바른 사용

⑤ 인간의 존엄성에 대한 깨달음

제2신조: 그 외아들 우리 주 예수 그리스도님

1) 하느님의 아드님이신 그리스도
2) 하느님의 아드님이신 그리스도에 대한 이단
    ① 포티누스
    ② 사벨리우스
    ③ 아리우스
3) 하느님의 말씀이신 그리스도
4) 하느님의 말씀에 대한 우리의 태도
    ① 말씀 즐겨 듣기
    ② 말씀 믿기
    ③ 말씀 묵상하기
    ④ 말씀 전하기
    ⑤ 말씀의 실천
5) 동정 성모 마리아의 본보기

제3신조: 성령으로 인하여 동정 마리아께 잉태되어 나시고

1) 강생의 이해를 돕는 비유
    ① 발설된 말(개념)
    ② 적힌 말씀
2) 강생에 관한 오류들
    ① 오리게네스
    ② 포티누스

③ 마니교

④ 유다인 에비온

⑤ 그노시스파 발렌티누스

⑥ 아리우스와 아폴리나리우스

⑦ 유티케스

⑧ 네스토리우스

3) 강생의 믿음이 주는 이로움

① 신앙의 강화

② 희망을 일깨움

③ 불붙는 사랑의 불씨

④ 순수한 영혼

⑤ 그리스도를 향한 동경

제4신조: 본시오 빌라도 통치 아래서 고난을 받으시고 십자가에 못 박혀 돌아가시고 묻히셨으며

1) 상상하기 어려운 예수님의 죽음

2) 예수님의 죽음: 인간으로서의 죽음

① 우리 안의 본보기

② 임금의 옷

③ 말씀을 적은 종이

3) 그리스도께서 우리를 위해 수난을 당하신 이유

① 죄의 얼룩

② 하느님의 노여움

③ 나약함

④ 처벌의 빚

⑤ 왕국 추방

4) 그리스도의 수난은 덕행의 본보기
　　① 사랑의 본보기
　　② 인내의 본보기
　　③ 겸손의 본보기
　　④ 순명의 본보기
　　⑤ 세상일 하찮게 여김의 본보기

제5신조: 저승에 가시어 사흘날에 죽은 이들 가운데서 부활하시고

1) 저승에 가신 이유
　　① 인간의 죄를 대속하시려고
　　② 당신 벗들을 온전히 도우시려고
　　③ 마귀를 완전하게 이겨 승리하시려고
　　④ 저승의 성인들을 해방하시려고
2) 예수님의 저승행에서 배울 점
　　① 하느님에 대한 굳건한 희망
　　② 경외심 키우고 오만하지 말기
　　③ 마음에 새겨 조심하기
　　④ 사랑의 본보기
3) 그리스도의 부활에서 배울 점
4) 예수님의 부활이 다른 사람들의 부활과 다른 점
　　① 부활의 원인
　　② 부활 뒤 생명의 차이
　　③ 결실과 효력의 차이
　　④ 시간의 차이
5) 우리 신앙에 덕이 되는 그리스도의 부활
　　① 의로운 삶으로 부활하려는 노력

② 미루어서는 안 될 부활

③ 부활 후에 다시 죄짓지 않기

④ 더 높은 삶으로 부활

제6신조: 하늘에 올라 전능하신 천주 성부 오른편에 앉으시며

1) 숭고한 승천
    ① 물리적 하늘 꼭대기에 오르심
    ② 영적인 하늘 꼭대기에 오르심
    ③ 천주 성부 오른편에 앉으심
2) 승천의 확실한 근거
    ① 하늘에서 비롯한 그리스도 본성
    ② 그리스도의 승리
    ③ 그리스도의 겸손
3) 그리스도의 승천이 주는 이로움
    ① 하늘에 오르는 길의 제시
    ② 구원의 확실한 보장
    ③ 우리 마음을 이끄심

제7신조: 그리로부터 산 이와 죽은 이를 심판하러 오시리라 믿나이다

1) 심판의 형식
    ① 눈에 보여야 할 심판관 모습
    ② 스스로 부당한 심판을 당하셨기 때문에
    ③ 두려움과 절망을 덜어 줌
2) 심판받는 사람들의 차이
    ① 무신론자

② 죽을죄를 지은 자

③ 마음이 가난한 사람들

④ 처벌받고 나서 구원받는 사람들

3) 심판이 두려운 이유

① 심판관의 지혜

② 심판관의 권능

③ 심판관의 의로움

④ 심판관의 노여움

4) 심판의 두려움 피하는 법

① 선행 베풀기

② 고백과 보속

③ 자선

④ 사랑

제8신조: 성령을 믿으며

1) 성령의 성격

① 주님

② 생명을 주시는 분

③ 성부와 성자로부터 비롯하는 성령

④ 성부 성자와 똑같이 성령께 경배

⑤ 예언자의 입을 통해 예언하시는 성령

2) 성령이 주는 은혜와 이로움

① 죄의 정화

② 일깨움

③ 계명의 준수

④ 영원한 생명에 대한 희망

⑤ 회의에 빠진 우리를 위한 조언과 하느님의 뜻에 대한 가르침

제9신조: 거룩하고 보편된 교회와

1) 하나뿐인 교회
    ① 신앙의 단일성
    ② 희망의 단일성
    ③ 사랑의 단일성
2) 거룩한 교회
    ① 씻기
    ② 도유
    ③ 삼위일체의 내재화
    ④ 자기 관련 기도
3) 가톨릭 또는 보편된 교회
    ① 장소
    ② 각양각색의 사람들
    ③ 시간
4) 굳건함
    ① 기반이 단단한 집
    ② 흔들려도 무너지지 않는 집

제10신조: 모든 성인의 통공을 믿으며 죄의 용서와 (성인들의 공동체, 죄 사함)

1) 성사를 통해 전달되는 그리스도의 선
    ① 세례성사
    ② 견진성사
    ③ 성체성사

《토마스 아퀴나스의 가톨릭 교리서》 요점 정리

④ 고해성사

⑤ 병자성사

⑥ 성품성사(신품성사)

⑦ 혼인성사(혼배성사)

2) 죄의 사함
3) 성인들의 통공의 이로움

제11신조: 육신의 부활을 믿으며

1) 부활에 대한 믿음에서 오는 이로움
    ① 사랑하는 가족의 죽음에서 오는 슬픔 몰아내기
    ② 죽음에 대한 두려움 벗어나기
    ③ 선한 일에 최선을 다하기
    ④ 죄에 대한 경각심
2) 부활하는 사람들의 상태와 모습
    ① 부활하는 몸의 동일성
    ② 부활한 몸의 상태
    ③ 부활한 몸의 완전성
    ④ 부활한 몸의 나이
3) 선한 사람들의 부활
    ① 빛에 휩싸임(광채, claritas)
    ② 고통을 모름(무손상, impassibilitas)
    ③ 가벼운 몸놀림(신속, agilitas)
    ④ 영묘함(투철, subtilitas)
4) 저주받은 자들의 부활
    ① 어둠에 묻힘
    ② 멈출 줄 모르는 고통

③ 한없는 무거움
④ 짐승과 같음

제12신조: 영원한 삶을 믿나이다. 아멘

1) 축복받은 영원한 삶의 본모습
    ① 하느님 직관을 통해 완전히 하나됨(conjunctio)
    ② 모든 갈망의 충족(satietas desiderii)
    ③ 완전한 안전(perfecta securitas)
    ④ 축복받은 모든 이와 함께 하는 기쁨의 공동체(jucunda societas)
2) 죄인들을 위한 영원한 죽음의 속성
    ① 하느님과 모든 선인에서 분리(separatio Dei et omnium bonorum)
    ② 양심의 가책(remorsus conscientiae)
    ③ 엄청난 감각적 벌(immensitas poenae sensibilis)
    ④ 구원에 대한 절망(desperatio salutis)

사도 신경의 핵심 내용

1) 하느님의 신성
2) 그리스도의 인성

제2장 주님의 기도와 성모송

I 주님의 기도

1) 주님의 기도의 탁월성

  ① 확신

  ② 진정성

  ③ 질서

  ④ 경건

  ⑤ 겸손

2) 기도의 이로움

  ① 악의 구제책

  ② 우리의 바람을 위해

  ③ 하느님의 충실한 자녀가 되는 일

하늘에 계신

1) 기도자의 확신

2) 하늘에 계심의 의미

  ① 기도자의 준비와 하늘의 영광

  ② 기도 들어줄 마음이 생기도록

  ③ 한계가 없는 하느님의 능력

3) 기도에 대한 확신 부여

  ① 기도를 들어주시는 분의 권능

  ② 하느님의 친절하심

  ③ 기도에서 청하는 내용의 적절성

우리 아버지

1) 하느님을 아버지라 부르는 까닭

  ① 우리의 창조주이신 하느님

  ② 우리를 다스리시는 하느님

③ 우리를 자녀로 받아들이신 하느님

2) 아버지이신 하느님께 해 드려야 할 일

 ① 공경

 ② 하느님 따라 하기

 ③ 순종

 ④ 인내

3) 이웃에게 해야 할 일

첫 번째 소원: 아버지의 이름이 거룩히 빛나시며

1) 하느님의 이름에 담긴 뜻

 ① 기적과 같음

 ② 사랑스러움

 ③ 황공하옴

 ④ 말로 다 표현할 수 없는 존재

2) 거룩해지심의 의미

 ① 불변성

 ② 세상의 초월

 ③ 피로 씻김

두 번째 소원: 아버지의 나라가 오시며

1) 효경의 선물

2) 소원의 이유

 ① 차지했으나 행사하지 않은 지배권

 ② 천상 낙원의 영광

 ③ 죄에 대한 지배

3) 그 결과로 얻는 복: 행복하여라, 온유한 사람들!

세 번째 소원: 아버지의 뜻이 하늘에서와 같이 땅에서도 이루어지소서!

1) 지식의 선물
2) 우리를 위한 하느님의 뜻
    ① 영생에 다다르기
    ② 계명(법)의 준수
    ③ 사람을 원래 상태로 되돌림
3) 슬픔의 행복

네 번째 소원: 오늘 저희에게 일용할 양식을 주시고

1) 용기의 선물
2) 재화에 대한 탐욕에서 오는 죄
    ① 탐욕
    ② 사기
    ③ 지나친 걱정
    ④ 과도한 식탐
    ⑤ 배은망덕
    ⑥ 세속적인 일에 대한 과도한 걱정
3) 성체성사와 하느님의 말씀
    ① 성체성사의 빵
    ② 하느님 말씀의 빵

다섯 번째 소원: 저희에게 잘못한 이를 저희가 용서하오니 저희 죄를 용서하시고

1) 조언(의견, 일깨움)의 소중함
2) 용서를 청하는 이유
    ① 두려움(경외)과 겸손
    ② 희망
3) 소원이 받아들여지는 방식
    ① 죄
    ② 벌
4) 소원을 들어줄 조건
    ① 이웃에 대한 용서
    ② 용서의 두 가지 종류

여섯 번째 소원: 저희를 유혹에 빠지지 않게 하시고

1) 유혹의 본질
    ① 선행 베풀기
    ② 악 멀리하기
2) 유혹의 방식과 종류
    ① 육신의 유혹
    ② 마귀의 유혹
    ③ 세속의 유혹
3) 유혹에 대처하는 법
    ① 사랑의 불
    ② 이성의 일깨움

일곱 번째 소원: 악에서 구하소서. 아멘

1) 하느님의 예방
2) 하느님의 위로
3) 하느님의 보상
4) 시련에서 기쁨으로

주님의 기도 핵심 내용

1) 우리의 바람
　① 영원한 생명
　② 하느님의 뜻과 정의의 성취
　③ 삶에 꼭 필요한 것
2) 피해야 할 것
　① 악
　② 죄
　③ 유혹
　④ 재난과 수난

II 성모송

천사의 인사

1) 인간보다 높은 천사
　① 품위
　② 하느님과의 거리
　③ 충만한 은총의 빛

2) 은총이 가득하신 분
    ① 은총이 충만한 영혼
    ② 은총이 충만한 몸
    ③ 모든 사람에게 두루 흘러넘치는 은총
3) 주님께서 함께하십니다
4) 여성들 가운데 가장 큰 축복을 받으시다
    ① 여성에게 내린 저주
    ② 남성에게 내린 저주
    ③ 여자와 남자 모두에게 내린 저주
5) 태중의 아드님 또한 복되시나이다
    ① 하느님과 같아짐
    ② 쾌락
    ③ 아름다움

제3장 두 가지 참사랑의 법과 하느님의 십계명

I 두 가지 참사랑의 법

1) 법과 계명에 관하여
    ① 자연법
    ② 욕망의 법
    ③ 글로 새겨진 법(실정법, 성문법)
    ④ 사랑의 법

사랑의 법에 관하여

1) 하느님 참사랑의 법이 갖는 효력
   ① 영적 생명
   ② 하느님 계명의 준수
   ③ 재난 극복
   ④ 영원한 행복
2) 다섯 가지 사랑의 또 다른 작용
   ① 죄의 용서
   ② 마음 밝힘
   ③ 완전한 기쁨
   ④ 완전한 평화
   ⑤ 드높은 존엄성
3) 사랑 키우기
   ① 하느님 말씀에 귀 기울이고 말씀 읽기
   ② 관상
   ③ 세속의 일에서 마음 거두기
   ④ 역경을 견뎌 내는 인내

하느님 사랑에 관하여

1) 사랑의 계명을 이행하기 위해 필요한 것
   ① 하느님의 자비에 대한 감사와 기억
   ② 하느님의 위대하심과 숭고하심에 대한 묵상
   ③ 세속의 일 벗어나기
   ④ 죄에서 피하기
2) 하느님을 향한 사랑에서 바쳐야 할 것

① 마음

② 선한 의지

③ 의도와 의지 모두 선할 때

④ 하느님께 힘과 기운 바치기

이웃 사랑에 관하여

1) 이웃 사랑의 동인
 ① 하느님 사랑
 ② 하느님의 계명
 ③ 자연 공동체
 ④ 큰 이로움
2) 이웃 사랑의 질서
 ① 자기 자신처럼 사랑하기
 ② 도리에 따른 사랑
 ③ 보람 있는 이웃 사랑
 ④ 꾸준한 이웃 사랑
 ⑤ 거룩하고 바른 이웃 사랑
3) 이웃 사랑에 대한 오해와 원수의 사랑
 ① 유다인과 바리사이인의 오해
 ② 죄는 미워해도 사람은 사랑하라
 ③ 더 큰 선을 위한 의로운 벌
 ④ 최선의 이웃 사랑
 ⑤ 나를 위한 용서
4) 용서가 좋은 5가지 이유
 ① 자기 존엄성 지키기
 ② 승리의 쟁취

③ 다양한 이로움

④ 더 큰 기도의 힘

⑤ 죄 벗겨내기

II 십계명

제1계명: 한 분이신 하느님을 흠숭하여라

1) 옛사람들이 이 계명을 어긴 방식

① 악령 숭배

② 일월성신 숭배

③ 불과 바람과 세속의 일 숭배

④ 인간 숭배

2) 첫 계명을 준수해야 할 이유

① 하느님의 엄위하심

② 하느님의 관대하심

③ 세례 서약의 불가침성

④ 마귀의 지배 압력

⑤ 헤아릴 길 없는 보상 또는 선물

제2계명: 하느님의 이름을 함부로 부르지 마라

1) '함부로'의 4가지 의미

① 거짓되게

② 헛되이

③ 죄 또는 불의 iniustitia

④ 어리석게

2) 하느님의 이름을 부르는 6가지 이유
　① 진술의 힘 강화
　② 성화
　③ 마귀 퇴치
　④ 하느님 이름의 고백
　⑤ 보호
　⑥ 저마다의 사업 수행

제3계명: 주일을 거룩히 지내라

1) 이 계명이 있어야 할 5가지 이유
　① 오류 피하기
　② 구세주를 나타내려
　③ 하느님 약속의 뒷받침과 상징화
　④ 하느님 사랑의 발화
　⑤ 아랫사람을 위한 사랑의 일
2) 안식일에 피해야 할 일
　① 육체 노동
　② 죄짓는 일
　③ 게으름
3) 안식일에 해야 할 일
　① 희생 바치기
　② 하느님 말씀의 경청과 묵상
　③ 거룩한 일에 영혼 바치기

제4계명: 부모에게 효도하여라

1) 부모에게 받은 은혜
   ① 자기 존재의 근거
   ② 양육
   ③ 교육
2) 부모에게 감사해야 할 이유
   ① 존재의 근거
   ② 어려서 받은 은혜 늙은 부모에게 갚기
   ③ 기르고 가르치신 공
3) 효도하는 자녀에게 약속된 5가지 보물
   ① 현세의 삶에 은총과 미래 삶에 영광
   ② 장수
   ③ 감사하고 기뻐하는 자식의 대물림
   ④ 훌륭한 평판
   ⑤ 현세의 유복함
4) 부모처럼 공경해야 할 분들
   ① 사도와 성인들
   ② 영적 지도자
   ③ 왕과 영주
   ④ 은인
   ⑤ 나이 지긋한 어른들

제5계명: 사람을 죽이지 마라

1) 살인에 대한 그릇된 해석
   ① 동물을 죽이는 일

② 사람을 죽이는 행위가 허용되는 경우

③ 자살

2) 사람을 죽이는 방식

① 손으로

② 입으로

③ 살인자를 도와서

④ 동조를 통해

⑤ 태만이나 인색함으로

⑥ 영혼 생명을 죽임

3) 분노를 조심하는 법

① 급하게 터뜨리지 말기

② 자유를 앗아 가는 분노

③ 오래 끌지 말아야

④ 분노를 키우지 말아야

⑤ 말로 드러내지 말아야

⑥ 행동으로 옮기지 말아야

제6계명: 간음하지 마라

1) 아내의 간음

① 부정

② 남편에 대한 배신

③ 도둑질

2) 남편의 간음

① 평등한 결혼의 권리와 의무

② 더 큰 남자의 힘

③ 남편의 권위

3) 이단의 주장
    ① 성매매는 간음죄가 아니다?
    ② 남녀의 성적 결합은 모두 죄?
4) 간음과 매음 금지의 이유
    ① 영혼의 죽음
    ② 생명의 상실
    ③ 재산의 탕진
    ④ 후손의 명예 실추
    ⑤ 불명예의 오명

제7계명: 도둑질을 하지 마라

1) 도둑질 방식
    ① 몰래 차지하기
    ② 강탈
    ③ 임금의 미지급
    ④ 거래에서 사기 치기
    ⑤ 매관매직
2) 이 계명을 지켜야 하는 이유
    ① 도둑죄의 중함
    ② 이 죄의 위험성
    ③ 강탈한 재화의 무용성
    ④ 부당한 재산의 해로움

제8계명: 거짓 증언을 하지 마라

1) 법정 거짓 증언

① 거짓 고발인
　② 거짓 증인
　③ 부당하게 판결하는 판사
2) 일상의 소통에서
　① 중상자
　② 중상자 말에 귀 기울이기 좋아하는 사람
　③ 고자질하는 사람
　④ 아첨꾼
　⑤ 투덜대는 불평꾼
3) 거짓이 허용되지 않는 4가지 이유
　① 악마를 닮게 하는 거짓말
　② 사회를 허무는 거짓
　③ 명예와 명성을 죽이는 거짓말
　④ 영혼을 망치는 거짓말
4) 죽을죄가 되는 거짓말
　① 신앙의 일에서 하는 거짓말
　② 이웃을 해치려 하는 거짓말
5) 거짓말을 하는 이유
　① 겸손과 삼가는 마음
　② 경솔함과 수치심
　③ 잇속 챙기기
　④ 이웃의 이익을 위해
　⑤ 농담으로 하는 거짓말

제9계명: 남의 아내를 탐내지(갈망하지) 마라

1) 육신 안에서 죄가 군림할 때

① 마음속에서 욕망에 동의할 때
　　② 나쁜 욕망이 말로 나올 때
　　③ 사악한 욕망이 행동으로 나타날 때
2) 욕망을 이기는 4가지 방법
　　① 죄지을 가능성 없애기
　　② 그릇된 생각 물리치기
　　③ 열심한 기도
　　④ 유용한 일에 몰입하기

제10계명: 남의 재물을 탐내지 마라

　　① 채울 수 없는 욕망
　　② 안식의 상실
　　③ 큰 재산의 무용성
　　④ 정의감을 약화하는 소유욕
　　⑤ 하느님 사랑과 이웃 사랑을 죽이는 욕망
　　⑥ 온갖 부정

십계명의 핵심 내용

1) 하느님 사랑
2) 이웃 사랑